新编21世纪高等职业教育
精品教材

旅游大类

酒店营销与数字化实务

主　编　**胡　敏**
参　编　**王伯启　潘　澜　郑昭彦　仝洁洁**

HOTEL MARKETING AND DIGITAL PRACTICE

中国人民大学出版社
·北京·

前 言

PREFACE

酒店营销是为了满足客户的合理要求，为使酒店盈利而进行的一系列经营、销售活动。酒店营销是市场营销的一种，也是酒店经营活动的重要组成部分。它始于酒店提供产品和服务之前，贯穿于酒店经营的一切业务活动中，最终帮助酒店实现预设的经营目标。市场竞争使酒店营销工作倍受重视。

本书是浙江省酒店管理与数字化运营专业重点建设系列教材之一。根据教学实践、酒店营销发展现状和酒店数字化运营与管理发展趋势，作者将教学内容分为 5 个模块、17 个项目、50 个任务，系统、全面地介绍了营销基本原理和酒店实际营销工作的基本要求和规范，列举了大量酒店营销工作中的案例和工作表单，将酒店营销的数字化理念和方法贯穿教学始终，尤其注重对学生分析问题、解决问题能力的培养。作者以“一体两翼三发展”（营销道德为“一体”，职业素养和遵纪守法为“两翼”，认知发展、情感发展和社会适应发展为学生发展目标）为基本思路和框架，构建隐性的思政教学体系，并将坚持和加强党的全面领导、实现中华民族伟大复兴、埋头苦干、担当作为等党的二十大精神融入“三发展”中。每一个教学项目都设有知识目标、技能目标和素养目标，旨在通过课堂教学、“学思之窗”栏目中的讨论、课中课后实训练习等，完成学生营销能力的提升和“立德树人”目标的实现。教材跟踪了最新技术，紧跟专业发展前沿，内容简洁并具有针对性和实用性，课件、教案、案例、练习答案等完善的教学配套也方便教师开展教学活动。

本书由浙江旅游职业学院胡敏教授担任主编，负责全书框架设计、大纲拟定、书稿审定，参加编写的还有江苏经贸职业技术学院王伯启老师，浙江旅游职业学院潘澜、郑昭彦、仝洁洁老师。本书在编写过程中得到了浙江世贸君澜酒店管理集团、杭州西子宾馆等单位的大力支持和帮助，在此一并表示感谢。

由于作者水平有限，书中错漏、偏颇等不足之处在所难免，敬请广大读者批评指正，以便进一步修订完善。

胡 敏

目 录
CONTENTS

Module 1

模块一

认识营销　走进市场

项目一 市场营销认知

知识目标

- 掌握市场、市场营销的概念
- 明白营销与销售的区别
- 理解酒店产品特征
- 了解酒店营销核心策略

技能目标

- 能够区别需要、欲望和需求

素养目标

- 树立正确的市场营销道德观

“营销”这个词我们并不陌生，但是对“营销”的误解却也普遍存在。“你好，我是陈雄，你们单位需要安排年度会议吗？我们是××四星级酒店。如果你们订20个房间的话，我们可以给你们一个很不错的折扣。我们酒店正在举行粤菜美食节，欢迎光临。如果您持有我们的会员卡，第一次入住能够享受50%的特大优惠。”这是推销，但很多人认为这就是营销，并将“营销”等同于“销售”。美国管理学家菲利普·科特勒认为，推销不是市场营销的最重要部分，而只是“市场营销冰山的尖端”，市场营销的目的是使推销成为多余。那么，什么是真正的市场营销？酒店应该如何做市场营销呢？

任务一 认识市场和市场营销

一、市场

市场是一种以商品交换为内容的经济联系形式。它是社会分工和商品生产的产物，是市场经济中社会分工的表现。在产品存在不同所有者的情况下，劳动的社会分工使各自的产品可以相互交换变成商品，从而产生了交换商品的市场。市场的基本关系是商品供求关系，基本活动是商品交换活动。

那么，究竟什么是市场呢？市场是一个具有多重含义的概念。下面是几种从不同角度对市场的认识。

（1）市场是商品交换的场所。在这里，市场是一个地理概念，是商品或劳务交易的场所或接触点。市场可以是有形的，也可以是无形的。有形的市场如农贸市场、服装市场等，无形的市场如通过网络、电话等进行交易所形成的市场。

（2）市场是某种产品现实和潜在消费者的总和。市场的大小是指市场消费总和的大小，是指有多少消费量。企业明确自己产品的市场有多大、由哪些消费者或用户组成，是具有重要意义的。所谓企业要面向市场，就是要面向自己的顾客。

（3）市场是商品供求关系的总和。这一含义反映了商品供求强度。“买方市场”“卖方市场”反映了供求双方交易时不同的力量状况。买方市场中，商品供给量大于需求量，需求占据有利地位；卖方市场中，商品需求量大于供给量，供给占据有利地位。

酒店市场营销所研究的“市场”是第二重含义，指在一定时期内，某一地区中存在的对酒店产品具有支付能力的现实和潜在消费者。现实消费者是指具有支付能力又有购买兴趣的人，潜在消费者是指可能具有支付能力和购买兴趣的人。

明确了什么是酒店的市场后，怎么判断市场的大小呢？市场的规模可以用以下公式进行计算：

市场＝人口×购买力×购买者的购买欲望

酒店营销市场规模的大小，首先取决于市场的人口数量。人口越多，市场潜力越大。没有人的市场是不存在的，无人市场就不存在消费者。其次取决于人们的支付能力，即购买力。没有足够的支付能力，消费行为便无法实现。购买者的购买欲望只是一种主观的愿望，如果没有足够的购买力去实现其购买欲望，就不能形成现实的市场。因此，市场不仅取决于人口和购买者的购买欲望，而且取决于消费者的购买力。最终决定因素是购买者的购买欲望。酒店业的产品或服务只有引起购买者的购买欲望，根据实际情况把握购买者的购买力，才能把人口和收入的潜力引导到市场上来，才能形成现实的市场。每个因素用乘号连接，说明三者均是市场的重要构成因素，缺少任何一部分都不能形成现实的市场。

思考与讨论

（1）酒店行业现在属于卖方市场还是买方市场？

（2）改革开放以来，我国住宿业规模越来越大，结构不断完善，业态也越来越丰富，为什么？

二、市场营销

（一）市场营销的定义

“市场营销”这个词早在19世纪就已出现，但到目前为止，仍存在多种解释，其中有代表性的有以下几种：

（1）美国著名的营销学家菲利普·科特勒对市场营销的核心概念进行了如下描述：“市场营销是个人或群体通过创造、提供并同他人交换有价值的产品，以满足各自的需要和欲望的一种社会活动和管理过程。”这个核心概念包含需要、欲望和需求，产品，价值和满足，交换和交易，营销和营销者等一系列概念。

（2）美国学者史坦顿指出，市场营销是“在适当的时机和地点，利用正确的沟通方式与促销方法，使适当的商品及劳务满足现在和未来顾客的需求”，强调市场营销是一种满足消费者需要的商业经济活动。

（3）百度百科将市场营销定义为“既是一种组织职能，也是为了组织自身及利益相关者的利益而创造、传播、传递价值给客户，并进行客户关系管理的一系列过程”。

（4）国内许多市场营销学者认为，市场营销是指在以顾客需求为中心的思想指导下，企业所进行的有关产品生产、流通和售后服务等与市场有关的一系列经营活动。

上述诸多定义均从不同的侧面在不同程度上反映了市场营销的特定内涵。

思考与讨论

（1）结合你对商业活动的认知，谈谈你对市场营销概念的理解。

（2）在市场经济中，营销活动普遍存在吗？

（二）市场营销的核心概念

虽然市场营销的定义表述不同，但其中一些核心概念是基本一致的，包括需要、欲望和需求，产品，价值和满足，交换和交易，市场，营销和营销者等。这里介绍其中几个核心概念。

1. 需要、欲望和需求

需要、欲望和需求是市场营销最基本的概念，也是市场营销活动的前提和依据。这三个概念既密切相关又有明显的区别。

人类的各种需要和欲望是市场营销的出发点。市场营销中所讲的需要是指人没有得到某些基本满足时的一种感受状态。例如，人们为了生活对食品、住房、衣服、受人尊重、归属、安全等的需要，表现为人们对于基本产品和服务的某种特定形式的强烈爱好。这些需要存在于人类自身生理和社会的各个方面，企业可用不同的方式去满足它，但不能凭空创造它。

欲望是指人们对上述人的基本需要对应物的愿望，是个人受不同社会生活环境及文化影响所表现出来的对基本需要的特定追求。例如，为满足吃的需要，中国人有可能选择馒头、米饭或面条，西方人则可能选择比萨或汉堡包。尽管人们的需要有限，但欲望却很多，企业虽无法创造需要，但可以影响人的欲望，开发及销售特定的产品和服务满足人的欲望。

需求是指人们有能力并愿意购买某种产品的欲望。当具有购买能力时，欲望便转化为需求。产品需求建立在有支付能力且愿意购买这两个条件之上。企业不仅要预测有多少人喜欢自己的产品，更重要的是要了解到底有多少人愿意并能够购买自己的产品。作为营销人员，最重要的任务是要分辨出消费者的购买力层次，生产出相对应的产品来最大限度地满足他们的需求。

将需要、欲望、需求加以区分的重要意义在于阐述这样一个事实：市场营销者并不能创造需要，因为需要早已存在于市场营销活动之前；市场营销者连同社会上的其他因素，只能影响消费者的欲望，并试图向消费者指出何种特定的产品可以满足其特定需要，进而通过使产品富有吸引力、适应消费者的支付能力且使之容易被消费者得到，以此来影响需求。

思考与讨论

（1）需要有限而欲望无限。可以用哪些成语来形容欲望的无限性？

（2）一位客人说自己想要“一间便宜点的房间”，你可以从中解读出哪些愿望？

2. 产品

市场营销中所讲的产品，一般是指广义的产品。广义的产品是指能够满足人们的某种需要和欲望的任何东西。除了商品和服务外，还包括人员、地点、活动、组织和观念等。例如，人们感到烦闷想要放轻松时，可以到歌舞厅去观看演员表演节目（人员），可以到风景区旅游（地点），可以参加希望工程的资助项目（活动），可以参加消费者假日俱乐部（组织），也可以接受另一种生活哲学（观念）来调整情绪。就消费者的观点而言，这些都可以作为能够满足各种需要和欲望的替代品。企业必须清醒地认识到，人们在选择购买产品的同时，实际上是为了满足某种需要。作为营销者，如果只研究和介绍产品和服务本身，而忽视了产品给消费者带来的利益和体验，结果是注意到了现有的需求却忽视了潜在的需求，就容易犯“市场营销近视症”而失去市场。

3. 价值和满足

消费者通常会面临很多能满足其某一需要的产品，在进行产品选择时，依据的是产品价值和满意度形成的期望。价值是消费者对产品满足其需要的整体能力的评价。满意是消费者期望得到满足的一种感觉状态。满意的顾客将会重复购买并将自己的良好体验告诉他人，不满意的顾客则会转向竞争对手并向他人贬低该产品。营销人员必须非常仔细地设定正确的期望水平。过低的期望虽然会使购买者满意，但往往无法吸引到足够的购买者；如果把期望抬得过高，购买者又会对真实产品或服务感到失望。价值是一个复杂的概念，产品选择也是一个复杂的过程，既要考虑价值，又要考虑价格。以价值和满足为核心的消费者行为研究也因此显得非常重要。

学思之窗

营销是一个经常被视为本质上不道德的领域，但事实上它和其他领域一样受到法律和行为准则的规范。根据对营销的理解，你认为企业和营销人员在实施营销过程中要遵守哪些法律法规和行为规范？结合社会和生活实际，谈谈你遇到过哪些低俗或不道德的营销行为。

（三）营销与销售的区别

营销和销售不是一回事，那么它们之间究竟有什么区别呢？

1. 营销和销售理念不同

销售观念认为，如果顺其自然的话，消费者通常不会足量购买一个组织的产品，因此，有必要进行积极推销和进行大量的促销活动，即认为销售数量与企业促销努力成正比。营销观念则认为，营销应以消费者为中心、以竞争为基础、以协调为手段，企业利润是营销的结果而不是企业的目的。销售的目的是把产品推销给用户换回金钱，而营销的目的是让用户拿着金钱主动购买你的产品。

2. 营销在销售之前开始

这是营销与销售最本质的差别。营销的工作包括新产品的创新和老产品的生命周期管理，而销售仅仅考虑如何更好地售卖已经生产出来的产品。一家公司或部门可能会拥有一支一流的销售队伍，但如果销售人员没有好的产品可以卖，不了解谁是最佳客户，不能提供最佳价值，那么他们的能力也就没有多少作用。

3. 营销在销售之后仍然继续

营销部门由销售部门和市场部门组成。市场部门要开发和维护大客户，要不断调研市场需求的变化，要开拓市场，树立良好的品牌形象，这些工作不是把产品卖出去就算工作完成了的。

4. 销售只是营销的一个环节

销售实现了营销的结果，但是之前、之后还有大量的工作要做。出色的营销工作相当于播种，如果不播种，将来就收不到庄稼；优秀的销售工作则相当于有效地收割庄稼，如果不收割，就好比庄稼烂在地里没有收成。我们既要关注营销，也要关注销售，因为营销意味着长期的盈利能力，销售则体现了年度的利润。

任务二　了解酒店市场营销

一、酒店产品的特征和酒店市场营销的定义

（一）酒店产品的特征

酒店市场营销是市场营销理论在酒店企业的应用，主要特点在于酒店销售的产品是服务。服务产品的特征也是酒店产品的基本特征，包括：无形性、不可分离性、不可贮存性、差异性和缺乏所有权。

1. 无形性

无形性是服务的最主要特征，包括两层含义：（1）与有形的消费品或产业用品相比，服务的特质及组成服务的元素很多时候都是无形的，让人不能触摸或凭肉眼看不见；（2）不仅其特质无形无质，甚至使用服务后的利益也很难被觉察，或要等一段时间后，享用服务的人才能感觉其“利益”的存在，医疗服务就是如此。因此，购买服务必须参考许多意见与态度等方面的信息，再次购买则依赖先前的经验。服务的无形性并不是完全的，很多服务需要有关人员利用实物，比如，酒店住宿服务必须让顾客使用客房及其内部设施设备。

2. 不可分离性

服务的不可分离性是指服务的生产过程和消费过程同时进行，也就是说服务人员提供服务给顾客时，也正是顾客消费服务的时刻。二者在时间上不可分离，这是因为服务本身不是一个具体的物品，而是一系列的活动或过程，在服务的过程中消费者和生产者必须直接发生联系，因而生产的过程也就是消费的过程。服务的这种特性表明，顾客只有并且必须加入服务过程中才能最终消费到服务，也就是说，顾客在某种程度上参与了服务的生产过程。这在餐饮业中特别明显。例如，无论餐厅自认为推出的餐饮多美味，只要味道不符合顾客口味，便无法称为好商品。再如，假设某对情侣基于宁静与浪漫的理由在餐厅里共进晚餐，不料隔壁桌的顾客却大声喧哗，这时候服务品质一样会大打折扣。

3. 不可贮存性

基于服务的无形性以及服务中生产与消费的不可分离性，服务不可能像有形的消费品和产业用品一样被贮存起来以备未来出售，而且消费者在大多数情况下，也不能将服务携带回家安放。当然，提供服务的各种设备可能会提前准备好，但生产出来的服务如果不消费掉，就会造成损失。假设酒店有 100 间客房，前一晚入住率为六成，即使隔天租出全部客房，前一晚未租出 40 间客房的损失也永远无法在隔天或未来予以弥补。不过这种损失不像有形产品的损失那样明显，它仅表现为机会的丧失和折旧的发生。因此，

不可贮存性要求服务企业解决由于缺乏库存所引起的产品供求不平衡状况，制定分销战略、选择渠道和分销商以及设计生产过程以便有效地弹性处理服务需求不可贮存引起的这一问题。

4. 差异性

差异性是指服务的构成成分及其质量水平经常变化，很难统一界定。一方面，由于服务人员自身因素（如心理状态）的影响，即使由同一服务人员所提供的服务也可能会有不同的水准；另一方面，由于顾客参与服务的生产和消费过程，因此顾客本身的因素（如知识水平、兴趣和爱好等）也会直接影响服务的质量和效果。由于人的因素对服务质量影响更大，因此服务产品与实物产品相比，其产品质量控制难度相对更大。

5. 缺乏所有权

缺乏所有权是指在服务的生产和消费过程中不涉及任何东西所有权的转移。既然服务是无形而又不可贮存的，服务在交易完成后便消失，那么消费者就没有“实质性”地拥有服务。比如，客人入住酒店，使用客房及其他设施设备，但酒店提供的是酒店各种设施设备的使用权，而非所有权，因此客人离开时，只能带走这次住店的体验与回忆，不能将酒店客房及其他设施设备打包带回家。

无形性是服务的最基本特征，其他特征都是从这一特征中派生出来的。事实上，正是因为服务的无形性，它才不可分离，而不可贮存性、差异性和缺乏所有权在很大程度上是由无形性和不可分离性两大特征决定的。

思考与讨论

酒店产品的每一个特性都对酒店的经营管理带来一定的挑战，请讨论这些挑战及酒店可采取的应对措施。

（二）酒店市场营销的定义

结合市场营销的定义和酒店服务产品的 5 个特征，我们可以把酒店市场营销定义为“一种以满足酒店消费者的无形需要为主的商业经济活动”，“在适当的时机和地点，利用正确的沟通方式与促销方法，用适当的酒店商品及服务满足现在和潜在顾客的需求”。简单地说，酒店市场营销就是为了满足客户的合理要求，为使酒店盈利而进行的一系列经营、销售活动。营销的核心是满足客户的合理要求，最终目的是酒店盈利。

酒店 SERVICE

二、酒店营销组合策略

酒店营销活动是依据市场营销理论制定酒店服务策略来实现的。与有形产品的营销一样，在确定了合适的目标市场后，酒店营销工作的重点同样是采用正确的营销组合策略，满足目标市场顾客的需求，占领目标市场。市场营销策略主要包括“4P”，即产品（Product）、价格（Price）、渠道（Place）和促销（Promotion）。

（1）产品。注重开发的功能，要求产品有独特的卖点，把产品的功能诉求放在第一位。

（2）价格。根据不同的市场定位，制定不同的价格策略，产品的定价依据是企业的品牌战略，注重品牌的含金量。

（3）渠道。企业并不总是直接面对消费者的，要注重经销商的培育和销售网络的建立，企业与消费者的联系也需要通过分销商来进行。

（4）促销。也称为营销沟通，是指企业通过广告、公共宣传、销售促进和人员推销，把产品存在的价值传播给目标顾客。

酒店营销由在市场营销理论指导下开展的一系列活动组成。酒店营销组合的“4P”、酒店产品销售、新媒体营销属于显性营销活动，而消费市场调查、营销环境分析、目标市场定位、营销预算和计划的制定、营销过程和营销绩效的管理则属于隐性营销活动。隐性营销活动是显性营销活动能否成功的基础。隐性营销活动和显性营销活动是一个有机组合体，共同构成了酒店营销活动的主要内容。

思考与讨论

从价值角度讨论，消费者希望酒店的“4P”能够满足哪些要求？

三、酒店营销新视野

营销并不会在真空环境中产生。每天，营销领域都在发生翻天覆地的变化。当市场发生变化时，服务于这些市场的营销者也必须顺应潮流。数字化时代的到来是对旧有营销战略提出挑战的最重要的趋势和力量。数字化技术的爆炸式发展已经从根本上改变了我们的生活方式，包括交流、信息分享、学习、购物和娱乐。智能手机的普及，让大多数人沉浸在数字世界中。消费者对数字和移动科技的钟爱为他们参与营销提供了肥沃的土壤，互联网、数字以及社交媒体席卷了整个营销界，包括酒店营销。

数字和社交媒体营销通过消费者的电脑、智能手机、平板、数字电视等数字设备，借助网站、社交媒体、移动广告和 App、在线视频、电子邮件、博客等数字营销工具来随时随地吸引消费者。酒店企业也在广泛地通过多种多样的网站、微信公众号、话题性推文、发布在抖音等上的病毒式传播的广告和视频、多媒体电子邮箱和移动 App 等与顾客联系，帮助他们解决问题和进行产品或服务购买。

在最基础的层面上，酒店会建立信息和推广产品的企业或品牌网站，这些网站中很多也同时充当品牌的在线社区角色，供顾客聚集在一起交流与品牌相关的兴趣和信息。除品牌网站外，大多数酒店还会将社交媒体营销和移动营销整合到营销组合中，尤其在酒店餐饮产品销售方面。

思考与讨论

(1) 你了解哪些酒店的网站、酒店 App 或酒店推广视频？谈谈数字媒体的价值。

(2) 你常用的社交媒体有哪些？

(一) 社交媒体营销

微信、微博、抖音、小红书、豆瓣、知乎或其他社交网站是酒店企业新的广告媒介。社交媒体同时为延伸顾客参与和品牌讨论提供了一个绝佳的机会。有一些社交媒体十分庞大，比如微信月活跃用户已突破 12 亿，抖音月活跃用户超过 6.5 亿，在线新闻社交网站今日头条月活跃用户超过 4 亿。更具有针对性的社交媒体网站同样发展迅猛，如打造当地消费服务平台的美团、饿了么的月活跃用户都已经超过 1 亿。

在线社交网络为人们提供了一个相互联系、交流、分享重要信息和人生重大时刻的在线家园。因此，它们为实时营销提供了一个理想平台，营销人员可以通过将品牌链接到重要的热门话题、现实世界的事件、个人场合或消费者生活中的其他重要事件来吸引消费者。社交媒体营销可以很简单，比如，发布一个活动或推广以获得社交媒体用户的点赞、转发等，但拥有和管理跨越多种主题和数字平台的社交媒体账号可能是必需的。

(二) 移动营销

移动营销或许是增长最快的数字营销平台。利用手机进行购物相关活动，通过 App 或者移动互联网浏览产品信息、进行产品比价、阅读产品评价、兑换优惠券等。智能手机时时存在、永远在线、定位精准、高度隐私，这使其成为吸引顾客随时随地采购的理想媒介。例如，美团的用户可以搜寻自己所在地周边的酒店、酒店自助餐等，了解和比价后下单支付。营销人员利用移动渠道刺激即刻购买，让购物变得更加便利，丰富品牌体验。

尽管线上、社交媒体和移动营销潜力巨大，但大多数营销人员仍然需要学习如何有效地使用它们。关键在于如何将新的数字化方法与传统营销融合起来，打造更好的营销战略和营销组合。数字化、移动和社交媒体营销将贯穿全书——它们几乎覆盖了营销战略和策略的每个领域。

项目小结

酒店市场营销是市场营销理论在酒店中的应用。认识市场，驾驭市场，识别需要、欲望、需求、产品、价值、满足等市场营销核心概念，使酒店的经营管理与市场需求结合起来，是酒店营销的核心和关键。理解酒店产品的特征，通过制定价格、产品、渠道、促销等策略，满足顾客的合理需求，使酒店盈利而进行的一系列经营、销售活动就是酒店市场营销。数字化时代的到来，需要酒店营销人员将新的数字化方法与传统营销融合起来，打造更好的营销战略和营销组合。

实训练习

一、名词解释

市场　需要　欲望　需求　产品　价值
满足　酒店市场营销　数字和社交媒体营销

二、单项选择题

1. 市场是一种以（　）为内容的经济联系形式。
A. 供求关系　B. 现实和潜在消费者
C. 社会分工　D. 商品交换
2. 市场的基本关系是（　）。
A. 生产劳动关系　B. 生产销售关系
C. 商品供求关系　D. 商品交换关系
3. 最终决定市场规模大小的因素是（　）。
A. 购买者的购买欲望　B. 购买力
C. 人口　D. 市场潜力
4. 商品供大于求时，这个市场属于（　）。
A. 卖方市场　B. 买方市场　C. 现实市场　D. 潜在市场
5. 消费者对某星级酒店有需求，说明消费者有（　）。
A. 购买欲望　B. 购买能力
C. 购买行为　D. 购买欲望和购买能力
6. 酒店产品以“夜”为单位进行销售，是因为酒店产品的（　）。
A. 无形性　B. 不可分离性　C. 不可贮存性
D. 差异性　E. 缺乏所有权
7. 酒店服务产品的最基本特征是（　）。
A. 无形性　B. 不可分离性　C. 不可贮存性
D. 差异性　E. 缺乏所有权
8. 酒店市场营销的最终目的是（　）。
A. 促进产品销售　B. 提高市场占有率
C. 满足顾客合理需求　D. 酒店盈利

三、多项选择题

1. 市场规模的大小取决于（　）。
A. 人口　B. 购买力
C. 购买者的购买欲望　D. 当地经济发展情况
2. 酒店所面对的市场包括（　）。
A. 卖方市场　B. 买方市场
C. 现实的消费者市场　D. 潜在的消费者市场

3. 市场营销活动的前提和依据是（　　）。

A. 价值　　B. 需要　　C. 需求　　D. 欲望

4. 酒店产品特征包括无形性和（　　）。

A. 不可分离性　　B. 不可贮存性　　C. 差异性　　D. 缺乏所有权

5. 市场营销组合策略包括（　　）。

A. 产品　　B. 价格　　C. 渠道　　D. 促销

6. 下列选项中，（　　）属于酒店隐性营销活动。

A. “4P”营销组合　　B. 消费者分析　　C. 营销绩效管理　　D. 新媒体营销

7. 数字营销主要包括（　　）营销。

A. 线上　　B. 线下　　C. 社交媒体　　D. 移动

四、判断题

1. 营销者让人们购买他们并没有欲望的东西。（　　）

2. 在买方市场中，商品供给量大于需求量，需求方占据有利地位。（　　）

3. 潜在消费者是指可能具有支付能力和购买兴趣的人。（　　）

4. 市场营销可以创造人的需要。（　　）

5. 购买意愿决定了产品需求的规模。（　　）

6. 只研究和介绍产品本身而忽视对消费者需要的服务，就会犯“市场营销近视病”而失去市场。（　　）

7. 消费者往往通过评估产品对其需要的满足能力来判断其价值。（　　）

8. 销售与营销是两个概念，相互之间也没有关系。（　　）

9. 服务不易获得专利权体现的是服务的缺乏所有权性。（　　）

10. 酒店的网站不属于数字营销范畴。（　　）

五、简答题

1. 需要、欲望、需求各有什么不同？

2. 市场营销是如何影响需求的？

3. 营销与销售之间有什么区别？

4. 酒店产品的基本特征有哪些？

5. 酒店营销产品的“4P”指的是什么？

六、分析与实践

1. 一家酒店由于连续 10 年提供品质如一的服务而闻名，每到消费旺季就爆满，而平时也不错。酒店的营销部经理说，他们并没有做什么营销活动。这家酒店真的没有在营销上做什么努力吗？

2. 向几个同等档次的酒店打电话预订房间。通过和酒店总台的交流，请评价每个酒店的预订服务情况，确定你最终会预订哪个酒店的房间并说明理由。

3. 选择一家普通酒店和一家五星级酒店进行比较考察。考察完之后你有什么感受？如果让你公费入住，你会选择哪家酒店？是哪些因素驱使你作出这样的选择呢？

项目二 酒店营销部认知

知识目标

- 了解酒店营销部的组织结构和各岗位职责
- 熟悉酒店营销部的日常管理方法
- 掌握如何进行营销资料的准备与管理
- 了解营销人员激励设计的基本内容

技能目标

- 能够建立和管理客史档案
- 能够设计营销竞赛项目

素养目标

- 树立良好的岗位责任意识
- 培养诚信、友好、善于沟通、坚韧不拔的个人品质

酒店营销部是酒店全面负责制定、实施和管理市场营销战略和行动的组织机构。在酒店的经营实践中，这类组织的名称不尽相同，如市场营销部、销售部、销售公关部、营销部等，有些酒店还把预订部门也纳入这一组织机构里。不管称谓如何，全面负责和管理市场营销工作的机构，就是酒店营销组织，其组织结构和岗位设置取决于酒店的具体情况和个性化需求。

任务一 了解酒店营销岗位

一、酒店营销部组织结构及岗位设置

营销部在酒店经营管理中通常起龙头作用，是酒店总经理进行经营决策所必需的顾

问参谋和信息中心，负责酒店内外形象的创立和维护，同时也是酒店市场调查研究和销售的主要职能部门，可以下设预订部、销售部、公关部。比较齐全的酒店营销部组织结构如图 1-2-1 所示。

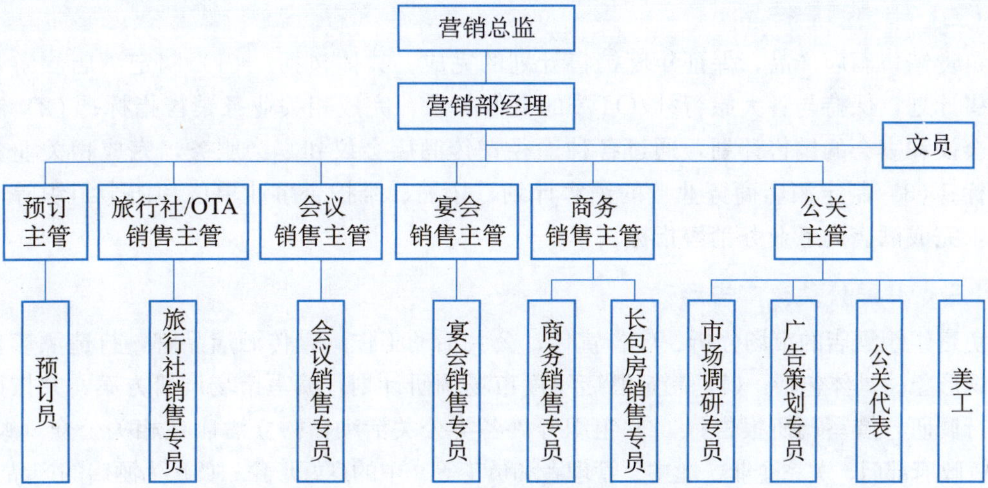

图 1-2-1　酒店营销部组织结构图

有些酒店将宴会销售、餐饮预订划归餐饮部管理，预订部中的客房预订划归前厅部管理，市场调研和广告公关划归独立的公关部管理，因此酒店营销组织结构和编制人数差别较大，并无固定模式，取决于酒店的实际需要。但可以明确的是，图 1-2-1 所列各个部门的业务都与酒店市场营销相关。

在岗位设置方面，根据酒店规模和市场情况，可以设定总监级人员、经理级人员、主管级人员和员工级人员，一人可以兼任多职。同样地，对于以会议或旅游团队等为主的酒店，可适当增加会议和旅行社销售人数，也可以根据具体业务，设置新的工作岗位。

思考与讨论

酒店的销售岗位往往实行的是市场管理型组织，也就是把消费者市场按不同的类型和拥有的不同需求和偏好进行分类，并据此设计岗位。为什么？

二、酒店营销部职能

酒店营销部的基本职能是在总经理的领导下，与酒店各部门通力合作，确保营销战略目标的实现。营销部也是酒店决策和各部门决策的重要市场信息来源。对应图 1-2-1 所示的组织结构，酒店营销部具有处理预订信息、销售酒店产品及开展公关、广告活动三个方面的具体职能。

（一）处理预订信息

接受客户的咨询和预订，为客户提供预订服务。具体包括：（1）及时向客户提供各种信息，比如报价、服务项目等；（2）接受营销部签约客户的预订，填写预订单，落实各项预订服务；（3）处理销售人员合同订单中的预订，与酒店其他部门进行沟通、协调，落实客户的各项预订服务；（4）统计整理各种销售、预订信息，及时归档。

（二）销售酒店产品

负责销售酒店产品，保证年度销售计划的完成。具体包括：（1）制定酒店旅游业务的销售计划，保持与各大旅行社/OTA的良好关系，完成相关业务销售指标；（2）制定酒店会议和宴会的销售计划，通过各种途径宣传酒店会议和宴会服务，完成相关业务销售指标；（3）制定酒店商务业务的销售计划，拓展、维护企事业单位和协会组织等商务客户，完成酒店商务业务销售指标。

（三）开展公关、广告活动

负责组织酒店的市场分析、广告宣传、公关活动工作，宣传酒店品牌，打造酒店良好的品牌形象。具体包括：（1）制定酒店年度市场调研计划，编写市场调研方案，并按照方案进行调研，撰写调研报告；（2）组织开展各类公关活动，树立酒店在相关公众（顾客、社区、政府部门、关系企业、业主、管理者和员工等）中的良好形象；（3）为酒店的产品、优惠政策及公益事业做广告宣传，树立酒店良好的品牌形象；（4）与各大新闻媒体保持经常性联系，代表酒店参加政府、行业协会组织的各种活动，建立并保持与重要客户的良好合作关系。

思考与讨论

（1）什么是企业的战略规划？

（2）酒店层面的战略规划与营销战略和计划之间的关系是怎样的？

三、酒店营销部各岗位职责

（一）营销总监岗位职责

营销总监是酒店营销部的最高管理人员，在酒店总经理的领导下，负责酒店营销部门的所有业务管理和人员管理。其主要职责包括：（1）制度建设及费用管理；（2）制定营销战略与计划；（3）组织开展市场营销活动；（4）进行营销队伍建设。

（二）营销部经理岗位职责

营销部经理在营销总监的领导下，负责管理酒店营销部具体工作。其主要职责包括：（1）管理预订、销售、公关业务，包括营销策略的制定和落实，以及营销、公关活动的组织实施；（2）进行客户管理，包括客户关系维护和客户档案管理，同时为客户提供各种综合服务；（3）收集、处理和传递经营信息，保证营销部工作计划的全面完成。

（三）营销部文员岗位职责

（1）协助经理做好横向业务联络和处理来函、来电等日常行政管理工作。

（2）负责拟写公函、便函、简报等文件，经部门经理审批后外发。

（3）负责对外业务洽谈、部门会议等各类会议的记录工作。

（4）负责整理并保管营销人员的销售报告、工作汇报及销售计划等。

（5）负责整理并保管部门所有营业推销工作的信息资料、表格及其他有关文件。

（6）根据部门接受预订的情况记录，及时做好入住客人流量的统计及客源层次的分析工作。

（7）根据部门各销售代表的工作总结和客源统计、分析资料，负责撰写月度部门工作总结及市场分析报告，经部门经理审批后上交总经理室，并做好部门留档工作。

（8）协助部门经理安排、落实好 VIP 的接待工作。

（9）负责部门所签订的商务散客、旅行社、长包房、会议、宴会等合同的复印并进行分类留存。

（10）如有必要，参加日常的销售工作。

（四）预订处人员岗位职责

1. 预订主管岗位职责

（1）健全预订处管理制度，制定咨询、预订服务的工作规划。

（2）明确预订处工作目标，制定预订处具体工作计划。

（3）监督预订员及时处理和发出预订信息，做好日常预订接待工作，为下属提供指导和支持。

（4）处理预订异常情况和客户投诉，对重要情况及时上报。

（5）按规定及时检查各接待部门预订服务的准备情况。

（6）落实预订信息的取消、更改，监督接待部门的执行情况。

（7）统计分析客户预订、消费情况，及时提供给销售人员和公关人员，协助营销部经理做好部门总结工作。

2. 预订员岗位职责

（1）接听电话，处理电邮和网络、新媒体等渠道的预订，解答顾客咨询，若涉及需要签约的销售业务，将相关信息转接给相关销售人员（销售人员不在时，负责留言）。

（2）接受销售部签约客户、熟客、散客从各种渠道（现场、电话、网络、移动媒体等）发来的预订信息，填写预订单，落实各项预订服务。

（3）处理销售人员合同订单中的会议、活动、宴会预订，与酒店各部门协调，落实客户的各项预订服务。

（4）将营销部发出的督办单、更改单、备忘录分送到相关部门，监督、检查预订工作的准备情况。

（5）整理预订处的客户资料、预订信息，并做到分类存档，统一保管。

（6）按月提交预订处团队、会议、宴会等预订信息统计报表，按要求为营销工作提供信息。

（五）销售人员岗位职责

1. 销售主管岗位职责

（1）制定各类销售的销售目标、销售策略、宣传计划和走访计划，并落实执行。

（2）积极完善酒店各类销售的管理制度和工作程序。

（3）参与酒店客房部、餐饮部等部门相关销售的价格政策制定。

（4）保持与各类销售客户的联系，及时解决客户的疑虑和需求，与有意向的客户洽谈合作事宜。

（5）协调做好来店消费或洽谈客户的接待工作，保证服务质量，努力促成合作。

（6）记录、整理相关客源消费信息，形成销售记录。

（7）关注市场动态，组织做好各类市场情况的收集工作，及时统计、分析各类市场信息，定期向营销部经理提交分析报告。

（8）组织下属定期参加部门内部培训，对下属工作绩效进行考评。

（9）根据任务需要，协助其他部门开展工作。

2. 销售专员岗位职责

（1）按计划定期走访客户，保持与客户的电话、邮件、传真、微信等的交流，与客户建立良好关系。

（2）定期向相关客户、销售渠道和社交媒体等新媒体宣传酒店，介绍新产品、新服务项目，与有合作意向的客户谈判，签署协议或合同。

（3）协调酒店相关部门，做好来店洽谈客户的接待工作，保证服务质量。

（4）对协议客户住店期间的消费进行跟进，及时向营业部门或服务部门传达客户的意见或投诉，并在 8 小时内将投诉处理结果告知客户。如果客户对投诉处理结果不满意，直接报告营销部经理，由营销部经理给出解决方案。

（5）及时整理销售及服务过程中的各类文件、客户反馈意见等，建立客户档案；协助销售主管进行客户资料分析，并根据分析结果提出客户服务改进建议。

某酒店长包房优惠政策

（6）协助财务部门做好客户的资信调查、结账工作。

（7）时刻关注市场动态、合作客户及竞争对手的相关信息，并注意收集、整理，按时统计、分析收集的资料，定期提交工作报告。

（六）公关人员岗位职责

1. 公关主管岗位职责

（1）按照酒店年度市场营销策略，编制年度公关活动计划、广告宣传计划，根据需要制定市场调研计划。

（2）完善公关部门各项管理制度及工作程序，监督其落实和执行。

（3）根据市场调研计划和实际情况，制定详细的调研方案，组织开展市场信息以及客户资料的调查、收集，对信息资料进行整理分析，做好市场分析和市场预测，为公关、销售活动的开展提供依据。

（4）根据酒店年度公关活动计划，组织开展酒店促销、庆典、赞助、捐赠等公关活动，协调各项活动的开展，确保活动的顺利进行和活动目标的达成。

（5）参与各类媒体、贵宾、政要客户的接待工作，拓展和维护酒店的各类社会关系，参与处理各类危机事件，并向营销部经理、营销总监及时汇报。

（6）落实并监督酒店广告的执行计划，全面负责广告策划、平面制作与媒体投放等工作，对广告投放效果进行调查与监测，定期进行广告投放分析。

（7）协助营销部经理做好媒体、社团等重要客户的接待工作，及时进行报道。

（8）组织跟进重要客户的接待工作，保证接待工作的顺利进行。

2. 市场调研专员岗位职责

（1）关注、了解酒店行业发展信息和主要竞争对手的动向，收集有关动态信息。

（2）根据公关主管的调研任务安排，按调研方案进行市场调研，负责收集情报、资料，统计数据、信息，按时提交市场调研报告。

（3）根据公关主管的安排，对酒店公关活动、各类广告宣传等效果进行调查及结果评估。

（4）补充、完善酒店营销信息系统，为营销部各项决策和其他部门开展业务提供信息决策支持。

3. 广告策划专员岗位职责

（1）根据市场调研结果，协助公关主管完成酒店各类广告创意，细化广告内容与形式，完成广告方案的编写。

（2）与美工合作，完成广告的平面设计工作；设计脚本，进行短视频拍摄和制作。

（3）对于需要外部专业制作单位制作的宣传品，负责联系制作单位，监督完成广告的制作。

（4）根据广告媒体投放预算，选择合适的发布媒体，负责与媒体做好广告发布的沟通事宜。

（5）管理酒店在数字媒体和社交媒体上相关自媒体账号或公众号，适时发布酒店、酒店产品和酒店促销的相关信息。

4. 公关代表岗位职责

（1）负责接待来访参观客户，向客户介绍酒店情况，以增进公众对酒店的认识。

（2）根据贵宾的接待等级，具体落实国内外贵宾的接待工作。

（3）协助公关主管完成公关方案的策划与拟订，与各部门协调，具体落实各项公关活动的准备与活动过程中的具体执行事宜。

（4）负责酒店公关部门日常往来文件的收发和公关软文的撰写。

（5）负责收集客户信息资料和客户对宣传资料的意见和建议，整理并归档。

（6）定期对客户的资料进行分析，为酒店公关活动方案的策划与活动的实施提出合理的公关建议。

5. 美工岗位职责

（1）负责酒店横幅、广告牌、指示牌、招贴海报、工艺美术品及可自行制作独立完成的广告宣传品的设计制作。

（2）负责酒店服务指南、酒店简介、酒店画册、菜谱、请柬、明信片、纪念品、圣诞卡、信封信纸、广告等的设计，监督印刷质量。

（3）在公关主管的指导和安排下，负责完成传统节日、纪念活动、庆典、酒会或会场的布置美化工作。

（4）负责酒店内举办的所有活动的摄影工作，选择有利于宣传酒店形象的照片交外单位冲印后留存，以便作为新闻资料或在内部刊物上刊登。

（5）妥善保管、节约使用各种美术工具、颜料和材料，所有用过或展出过的美工用品应妥善安置，保持工作场地整齐、清洁。

学思之窗

树立良好的岗位责任意识，积极履行工作职责，才能在工作岗位上充分体现价值。每个岗位都有不同的岗位性质，有职务高低、工作难易、任务轻重、岗位好坏、责任大小之分。结合对所学营销部各岗位职责的理解，讨论岗位责任意识应该包括哪些内容。

任务二 熟悉酒店营销部日常管理

一、酒店营销部的日常管理方式

日常管理工作是营销部其他管理工作顺利开展的基石，也关系到整个营销团队的成长。一个营销团队的学习交流、心态调整、信息反馈、工作布置等基本上是通过日常管理来完成的，主要有会议管理、表格管理和场所管理三种方式。

（一）会议管理

营销部会议一般包括每天晨会、每周例会、每月总结会。当然，不同酒店营销部会有不同的会议周期。

会议内容主要包括：（1）各销售小组总结上阶段的工作执行情况、计划下阶段的工作目标及内容，提出工作中存在的问题；（2）营销部领导对上阶段营销工作作出整体分析与评价，并对下阶段的营销工作作出安排；（3）公布各销售团队及其成员上阶段业绩，奖励工作先进者并向落后者提出整改建议；（4）开展营销专题讨论或培训，帮助员工提升技能、调整心态，激励整个团队的士气。

会议管理应注意以下几点：（1）会议可以提出、分析并解决问题，但不提供诉苦的机会；（2）要有明确的主题，不要漫谈，要能得出统一的结论，不要空谈；（3）不开成员缺席会，不开时间推迟会，严肃会议纪律。

某酒店营销部工作例会管理制度

（二）表格管理

常用的营销管理表格有工作汇报表、客户访问情况表、客户档案表三类。

1. 工作汇报表

工作汇报表有工作日报表、周报表、月报表等，主要内容通常包括汇报人的订单与结账情况、市场信息反馈、客户及业务员的建议等。表1-2-1为销售代表每日销售拜访报告，表1-2-2为销售部每日工作报告表。

表1-2-1　每日销售拜访报告

销售代表：　　　　　　　　　　　　　　　　　　　　　　　　日期：

客户名称	联系人	职务	结果	跟进日期

表1-2-2　每日工作报告表

致：　　　　　　　　　　　　　　　　　　　　　　　　　　　日期：

商务销售主管	明日主要营业活动（宴会、会议等）： 须与其他部门协调事项：
团体单位销售主管	明日主要营业活动（宴会、会议等）： 须与其他部门协调事项：
其他	

备注：该表为每日填报。请每位营销主管将本人当日最重要的事项填报后签名，下班前交营销部秘书。

2. 客户访问情况表

客户访问情况表是对营销人员进行监控及时间安排的表格。相关表格见表1-2-3、表1-2-4和表1-2-5。

表1-2-3　拜访客户时间表

公司				电话	
地址				约见人/职务	
合约号		折扣		已/否续约	
本月消费					

表1-2-4　客户访问卡

单位名称：

编号	日期	被访者	访问结果或备注	交通费	招待费	促销品	其他	营销经理签名

表 1－2－5　每日销售访问报告表

编号	1	2	3	4
单位名称				
电话				
联系人/职务				
合作意向				
客户具体要求				
价格				
客户基本资料				

填表人：　　　　　　　　　　　　　　　　　　　　　　日期：

3. 客户档案表

客户档案表是指营销人员通过详细、适时、真实的调查后，针对自己的工作对象分类建立的表格，其内容除了客户名称、地址、联系人、电话等基本信息之外，还应包括其经营特色、行业地位和影响力、分销能力、资金实力、商业信誉、与本公司的合作意向等更为深层次的因素。相关表格见表 1－2－6 和表 1－2－7。

表 1－2－6　现有客户档案表

<table>
<tr><td rowspan="13">客户资料</td><td>名称</td><td colspan="3"></td><td>地址</td><td colspan="3"></td></tr>
<tr><td>电话</td><td></td><td>传真</td><td></td><td>邮编</td><td colspan="3"></td></tr>
<tr><td>成立日</td><td></td><td>注册资金</td><td></td><td>主要股东</td><td colspan="3"></td></tr>
<tr><td>开户行</td><td></td><td>账号</td><td></td><td>付款信誉</td><td colspan="3"></td></tr>
<tr><td>负责人</td><td></td><td>职位</td><td></td><td>教育程度</td><td></td><td>出生日期</td><td></td></tr>
<tr><td>联系人</td><td></td><td>职位</td><td></td><td>教育程度</td><td></td><td>出生日期</td><td></td></tr>
<tr><td>经营方式</td><td colspan="7">□积极　□踏实　□保守　□不定　□投机</td></tr>
<tr><td>业务范围</td><td colspan="7"></td></tr>
<tr><td>发展情况</td><td colspan="7">□兴隆　□成长　□稳定　□不定　□衰退</td></tr>
<tr><td>组织性质</td><td colspan="7">□上市公司　□私人有限公司　□中外合资　□外商独资　□国营</td></tr>
<tr><td>员工总数</td><td colspan="7">管理人员　　人；普通员工　　人；中方　　人；外方　　人；共　　人</td></tr>
<tr><td>同业地位</td><td colspan="7">□领导者　□具有影响力　□中等　□小型厂商　□其他</td></tr>
<tr><td colspan="8">喜用酒店原因</td></tr>
<tr><td rowspan="5">与酒店往来情况</td><td>合约号</td><td></td><td>折扣</td><td></td><td>签约日</td><td></td><td>营销人员</td><td></td></tr>
<tr><td>长包房</td><td></td><td>VIP 号</td><td></td><td>其他</td><td></td><td></td><td></td></tr>
<tr><td colspan="2">前年酒店消费次数</td><td colspan="2"></td><td>消费额</td><td colspan="3"></td></tr>
<tr><td colspan="2">去年酒店消费次数</td><td colspan="2"></td><td>消费额</td><td colspan="3"></td></tr>
<tr><td colspan="2">今年酒店消费次数</td><td colspan="2"></td><td>消费额</td><td colspan="3"></td></tr>
<tr><td>对酒店的意见</td><td colspan="8"></td></tr>
</table>

填表人：　　　　　　　　　　　　　　　　　　　　　　日期：

表 1－2－7　客户与酒店往来记录表

客户编号		电话		电子邮箱	
日期	事项	联络人	部门经手人	备注	

制表人：　　　　　　　　　　　　　　　　　　　　日期：

（三）场所管理

这里说的场所，主要是指营销人员日常集合办公及短暂休息的地方，如会议室、办公室等。它既是营销人员工作、学习的地方，也是营销人员心灵的港湾。当身心疲惫时，他们需要在这里略作休憩，调整心态，准备重新出发。因此，场所管理必须突出安静、温暖、宽松、规范等主题。

二、酒店营销资料准备与管理

（一）营销资料的类别

营销部在日常业务活动中，需要使用和接触的资料很多，主要包括酒店基本情况介绍、宣传小册子、宴会和会议室宣传册、餐饮促销资料、价目表、明信片、销售袋、营销手册、往来电邮、传真、信件、协议书、合同副本、客房档案、重点客人档案、各种报表、记事本、人员销售记事卡、销售报告表等。为了提高工作效率，适应市场竞争，一定要做好资料管理。营销资料可分为11个类别：（1）宣传资料类；（2）经营表格类；（3）协议、合同书类；（4）业务通信类；（5）内部通知、启事、文件类；（6）客户档案类；（7）重点客户档案类；（8）团队客人类；（9）零散客人类；（10）包厢常客类；（11）其他。

（二）记录、资料的管理

1. 建立记录、资料档案

营销部应有专门的记录、资料档案柜，档案柜应选用抽屉式，经常查用的档案以字母顺序或其他索引方法排列。

2. 记录、资料的保管和使用

对于记录、资料的保管和使用，一般有如下要求：（1）公用资料，不涉及保守商业机密的资料，如宣传册、内部报表等，由销售代表领取、保管和使用；（2）合同书、协议书等文件由营销部文员或秘书保管，本部门人员查阅时在当天必须归还，不得带出办公室；（3）其他部门人员借阅有关资料，须经本部门经理认可并办理借阅手续，重要资料必须当晚归还。

（三）客史档案的建立与管理

1. 客史档案分类

（1）常规档案。包括客人姓名、性别、年龄、出生日期、婚姻状况以及通信地址、电话号码、公司名称、头衔等。收集这些资料有助于了解目标市场的基本情况，了解“谁是我们的客人”。

（2）预订档案。包括酒店客人的订房方式、介绍人，订房的季节、月份和日期以及订房的类型等。掌握这些资料有助于酒店选择销售渠道，做好促销工作。

（3）消费档案。包括报价类别、客人租用的房间、支付的房费以及在商品、娱乐等其他项目上的消费，客人的信用情况、账号，喜欢何种房间和酒店的哪些设施等，从而了解客人的消费水平、支付能力、消费倾向、信用情况等。

（4）习俗、爱好档案。这是客史档案中最重要的内容，包括客人旅行的目的、爱好、生活习惯、宗教信仰和禁忌以及住店期间要求的额外服务。了解这些资料有助于为客人提供有针对性的“个性化”服务。

（5）反馈意见档案。包括客人在住店期间的意见、建议、表扬、赞誉、投诉及处理结果等。

思考与讨论

（1）酒店营销部门记录和整理客史档案的目的是什么？
（2）为什么酒店对客人的客史档案要进行保密层级管理？

2. 建立渠道

客史档案的资料可以通过多方面的渠道获得，主要有4个渠道：

（1）总服务台。在总服务台收集的客人信息主要通过客人的预订资料、入住登记单、账单以及对退房客人的问候式意见征询来获得，总台服务人员会将相关信息记录在酒店信息处理系统的客人信息库里。

（2）大堂副理。通过客人投诉及处理结果的记载资料、客人意见征求书以及走访客人并与客人交谈沟通所获得的信息，以记录单的形式呈现。

（3）客房、餐饮、娱乐等前台服务部门。通过员工在对客人服务时获得的信息、管理人员与客人交流对客人意见的记录以及客人的账单和预订单建立客人的消费档案。

（4）其他渠道。酒店还可以通过会员俱乐部申请登记表、贵宾卡申请登记表、金卡客人登记表等方式，进行散客信息收集。

3. 建立方法

客史档案的建立可以采用档案卡和酒店管理信息系统两种形式。

（1）档案卡。建立客史资料档案卡是最常见的方法之一。档案卡可采用不同的颜色来代表不同的内容与含义，卡片也应按照一定的特点和规律的系统排列方式自上而下地存放，并设立字序指引卡，标明字母顺序，方便查找。对于一些忠诚客户，应该建立档案卡以方便使用。

（2）酒店管理信息系统。酒店管理信息系统记录了客人的背景和在酒店消费的所有信息，量大且庞杂。在酒店客史档案建立过程中要注意对个性化需求的把握，主动搜集客人的消费习惯和消费心理，并将信息及时反馈到客史档案中。在掌握了客人的个性化需求后，就可以提供个性化服务不断满足客人需求，提高客人的复购可能性。

某酒店营销部档案管理规范

三、营销人员的培训和激励

（一）培训营销人员

优秀的营销人员具有良好的观念，而良好的观念有赖于教育训练。教育训练是打造优秀营销人员的重要手段。首先要制定培训计划，确定具体的培训方法、内容、步骤等，并把培训计划纳入酒店总体计划统筹考虑。其次要健全培训制度，包括岗前培训制度、培训考核评估制度等。最后要对培训效果进行评估，以提高培训质量。培训效果评估包括：（1）学识有无增进，增进多少；（2）技能有无增强，增强多少；（3）工作效率有无提高，提高多少；（4）工作情绪有无提升，提升多少；（5）工作业绩有无改进，客户数量和顾客满意度有无增加。培训的根本目的是要提升士气和销售业绩。

某酒店营销部新入职人员培训制度

学思之窗

根据酒店销售岗位的岗位职责和培训内容，你认为优秀的酒店销售人员应该具备什么样的素质和能力？你觉得你具备了哪些优秀品质？

（二）激励营销团队

1. 设计有激励性的薪酬制度

销售人员薪酬制度的选择和确定是销售队伍建设的关键，制定时要注意以下几点：（1）要量身定做。酒店应根据行业性质、目标、规模、政策等来设定相应的业务薪酬制度。（2）贡献与收入相符。业绩和利润越高，收入应该越高。（3）付给较高待遇。营销人员的工作压力相对较大，薪酬相对应该更高。（4）要有高度的激励效果。激励员工努力工作，留住真正的人才。（5）薪酬制度要有一定的灵活性。制度设定以后，必须依据实际的状况做适当的调整，尤其是碰到同业竞争或担负特殊任务时，应该有弹性和灵活性。

2. 实施竞争性奖励

（1）设计竞赛项目。酒店根据业务发展实际可以设置提高销售业绩奖、开发新客户奖、新人奖、训练奖、账目完好奖、淡季特别奖、市场情报奖、最佳服务奖等，对达到目标、超过上次销售业绩、获得前几名、团队销售名列前茅等都可以给予相应的奖励。各种竞赛目标也可以综合安排，让每个不同层次的营销人员相互激励，以推动营销工作更好地开展。

（2）制定奖励办法。竞赛是利器，可以制胜也可伤人，关键要看竞赛规则、办法、奖励方式与竞赛的目标是否一致。成功的奖励办法是鼓励大多数人，因此制定奖励办法时要注意：①业绩竞赛要和年度销售计划相配合，要有利于酒店整体销售目标的完成；②建立具体的奖励颁发标准，奖励严格按实际成果颁发，保持公正；③竞赛的内容、规则、办法力求通俗易懂，简单明了；④竞赛的目标不宜过高，应使大多数人通过努力都能达到；⑤专人负责宣传推动，并将竞赛的进行实况适时公布；⑥要安排宣布推出竞赛的项目，不时以快讯、海报等形式进行追踪报道，渲染竞赛的热烈气氛；⑦精心选择奖品，奖品最好是大家都希望得到但又舍不得自己花钱买的东西；⑧奖励的内容有时应把家庭也考虑进去，如奖励去香港旅行，则应把其家庭也列为招待对象；⑨竞赛完毕，马上组织评选，公布成绩，并立即颁发奖品，召开总结会进行讨论。

（3）实施奖励。实施奖励的方法大致可以分为两种：财务性奖励和非财务性奖励。金钱是最有效的激励工具，酒店应该设计有激励性的薪酬制度和业绩奖励办法。各类业务竞赛则可以采取积分制进行认可，竞赛期结束后发放奖金、奖品或其他奖励举措。有研究显示，各类竞赛中的非现金奖励往往比现金奖励更有效。

除了财务性奖励之外，非财务性奖励也非常重要。员工的薪酬未达到基本水准，员工会感到不满意，但是员工的薪酬达到基本水准，给予再多的财务性奖赏，员工仍会感到不满意。非财务性奖励可以起到补充激励的作用。常用的方法有三种：①职务升迁。营销职务升迁顺序一般是助理→专员→主管→经理→总监。②公开表扬。营销经理的口头赞美、公开表扬，对营销人员是莫大的鼓舞。③荣誉榜制度。许多酒店为了表彰成就杰出的营销人员，建立荣誉榜制度，让业务表现最杰出的少数营销人员进入荣誉榜，授予奖状、奖牌或勋章，给予最高的礼遇，被营销人员视为最高荣誉，是激励优秀的营销人员追求成功的最佳手段。

思考与讨论

酒店营销人员的薪酬激励和竞赛项目激励是什么关系？

项目小结

酒店必须建立营销组织以实施营销战略和计划。酒店完整的营销部组织结构一般分总监、经理、主管和专员四个层级，基本职能包括处理预订、销售产品、开展公关和广告活动。一线的岗位有文员、预订员、销售专员、市场调研专员、广告策划专员、公关代表和美工等。营销部日常通过会议、表格进行业务管理，营销资料的准备和管理、人员的培训和激励也是营销部的重要日常工作。

实训练习

一、名词解释

酒店营销部　　营销总监　　客户访问情况表　　客户档案表

二、单项选择题

1. 酒店营销部最多可以设（　　）个层级。

A. 1　　B. 2　　C. 3　　D. 4

2. 协助部门经理安排和落实 VIP 接待工作的是营销部（　　）的职责。

A. 文员　　B. 销售主管　　C. 公关主管　　D. 公关代表

3. 制定销售计划的是（　　）。

A. 营销总监　　B. 营销部经理　　C. 销售主管　　D. 销售专员

4. 酒店附近各类单位、组织客户的挖掘属于（　　）销售。

A. 旅行社/OTA　　B. 商务/长包房　　C. 会议　　D. 宴会

5. 管理酒店自媒体的人员是（　　）。

A. 营销部文员　　B. 公关主管　　C. 广告策划专员　　D. 美工

6. 客房档案属于哪一类营销资料？（　　）。

A. 宣传资料类　　B. 经营表格类　　C. 协议合同类　　D. 业务通信类

7. 合同书、协议书一般由（　　）保管。

A. 销售代表　　B. 营销部文员（秘书）

C. 销售主管　　D. 营销部经理

8. 客人的姓名、性别、年龄等属于（　　）档案。

A. 预订档案　　B. 消费档案　　C. 习俗爱好档案　　D. 常规档案

9. 薪酬制度属于（　　）。

A. 业绩奖励　　B. 财务性奖励　　C. 非财务性奖励　　D. 目标奖励

10. 根据新开发客户的数量和业绩给予奖励可以设（　　）。

A. 提高销售业绩奖　　B. 新人奖

C. 开发新客户奖　　D. 账目完好奖

三、多项选择题

1. 酒店营销部的职能一般包括（　　）。

A. 处理预订信息　　B. 销售酒店产品

C. 开展公关、广告活动　　D. 办理入住登记

2. 酒店营销部的销售业务主要包括（　　）。

A. 旅行社/OTA 销售　　B. 会议和宴会销售

C. 周边产品销售　　D. 商务/长包房销售

3. 酒店营销部日常管理方式包括（　　）。

A. 客户档案管理　B. 表格管理　C. 会议管理　D. 场所管理

4. 酒店营销部的日常管理会议通常包括（　　）。

A. 每日晨会　B. 每周例会　C. 每月总结会　D. 年度总结大会

5. 酒店要建立以下哪些类别的档案？（　　）

A. 预订档案　B. 消费档案　C. 习俗爱好档案　D. 反馈意见档案

6. 酒店营销部表格管理所用的表格主要有（　　）。

A. 工作汇报表　B. 每日签到表

C. 客户访问情况表　D. 客户档案表

7. 客史档案的建立渠道主要有（　　）。

A. 总服务台　B. 大堂副理

C. 客房、餐饮等前台服务部门　D. 旅行社/OTA

8. 营销人员培训要关注的内容包括（　　）。

A. 学识技能　B. 工作情绪　C. 工作效率　D. 工作业绩

9. 常用的非财务性奖励有（　　）。

A. 业绩奖励　B. 职务升迁　C. 公开表扬　D. 荣誉榜制度

10. 酒店销售人员的薪酬制度设计中要注意（　　）。

A. 要量身定做　B. 贡献与收入相符

C. 付给较高待遇　D. 具有高度的激励性

四、判断题

1. 营销工作不需要其他部门配合可以独立完成。（　　）

2. 营销策略的制定和落实是营销部经理的职责。（　　）

3. 客人对投诉处理结果不满意时，销售专员应该向营销部经理报告，由营销经理给出解决方案。（　　）

4. 客人的个性化需求属于客人的隐私，不应该反映在客史档案中。（　　）

5. 营销人员对忠诚客户应该建立档案卡以方便查询。（　　）

6. 有关客人租用房间的信息属于常规档案。（　　）

7. 营销会议为营销部员工提供了一个诉苦的场合。（　　）

8. 培训的根本目的是要提升士气和销售业绩。（　　）

9. 营销人员薪酬制度设计要有高度的激励效果。（　　）

10. 营销竞赛项目的目标不宜制定得过高，应使大多数人通过努力都能达到。（　　）

五、简答题

1. 营销部的基本职能是什么？

2. 营销总监的岗位职责是什么？

3. 营销经理的岗位职责是什么？

4. 营销部表格管理中包含哪三类表格？

5. 简述各类客史档案与营销的关系。

6. 制定销售人员薪酬制度时要注意哪几个方面？

六、分析与实践

1. 选择经济型酒店连锁集团的一家门店，考察其组织结构，分析其营销职能如何实现。

2. 考察一家酒店营销部的组织结构，对该酒店营销岗位设计进行评价，并提出合理化建议。

3. 建立一个以班级同学为客人群体的客史档案。

4. 调查一家酒店营销人员的薪酬制度和员工管理制度。假如你是这家酒店的一名销售人员，你觉得激励你的条款有哪些，约束你的制度有哪些？

项目三 酒店营销控制

知识目标

- 了解酒店营销预算的构成和编制营销预算应考虑的因素
- 熟悉酒店营销预算的编制方法
- 了解营销计划的内容和制定步骤
- 掌握营销计划的分解、调整
- 掌握营销工作的控制内容
- 熟悉营销绩效的分析方法

技能目标

- 能够编制营销预算
- 能够制定营销计划
- 能够进行营销绩效分析

素养目标

- 注重调研分析，提高实事求是的职业品格

营销控制是指为确保酒店实现营销目标而开展分析、比较和调整营销策略的一系列活动。酒店营销控制关系到酒店营销运营的绩效，也直接关系到酒店运营的效率和效益，其重要性不言而喻。酒店一般会通过制定营销预算、制定和执行营销计划、控制营销绩效三个层面对酒店的营销进行控制。

任务一 制定酒店营销预算

酒店营销预算是酒店市场营销部门预先制定的各项收入、支出的计划。营销预算一旦获准执行，一般情况下不会改变。一个好的预算，其数据必须能反映酒店营销战略、

营销工作目标以及资源和工作任务的配置情况，一定程度上也是酒店评价营销部门工作绩效的标准和依据。

一、营销预算的构成

营销预算分为市场费用预算和行政后勤费用预算两大类。市场费用是为了实现销售所产生的费用，如广告费用、推销费用、促销费用、市场研究费用等，而行政后勤费用主要是指订单处理费用、顾客投诉处理费用、后勤人员薪酬等。行政后勤费用因为主要是与市场营销有关，所以也被列入营销费用。酒店营销预算也由这两部分构成。

（一）市场费用预算

市场费用预算包括：

（1）酒店订房系统入网费。

（2）促销活动费。

（3）市场调研费。

（4）国内外销售旅行差旅费用。

（5）广告促销费。包括：①直接邮寄费。包括通讯录、信封、写信、签字或由其他机构代理完成这类性质工作产生的费用。②广告费。包括广告制作费以及在报纸、杂志、户外、电视和电台等媒体上做广告的费用。媒体费是广告中最大和最重要的部分。③销售点促销用品费。促销用品费包括特别账单卡、特色菜单补充目录、陈列展示品的制作费用等。④杂项。如复印、印刷、交通费用等。

（二）行政后勤费用预算

行政后勤费用预算包括：

（1）营销部工作人员的工资福利。工作人员是指营销部所有的管理人员、营销人员、公共关系人员、秘书以及临时工、合同工。工资福利包括所有工作人员工资、奖金、保险费、养老金以及给本部门提供食品饮料的费用等。

（2）办公费用，如使用的印刷表格、文具办公用品、销售手册等。

（3）通信费用，如电话、电传、传真、信函及其他邮资费用。

（4）酒店宣传资料小册子和特色菜单等费用。

（5）交际费，包括经理、营销人员和其他员工的交际费用。

（6）其他各项支出，如陪同餐费、制装费、培训费等。

行政后勤费用有一定的常规性和延续性，因此预算比较容易完成。市场费用预算由于涉及营销活动，因此相应的活动内容和方案在预算初期可能存在一定偏差，预算相对难做一些。但活动内容和方案、活动所需要的费用越详细，将来对费用的控制越具有针对性，对于以后操作层面的具体执行也越明确。

某酒店市场营销预算

二、酒店营销预算应该考虑的因素

酒店的营销预算应该考虑四个方面的因素：(1) 酒店当年的战略目标。酒店的战略目标决定酒店的年度营销目标，营销预算则直接服务于年度营销目标的实现。(2) 酒店的财务状况。营销预算的大小必须在酒店财力所能承担的范围之内，不可能无限提高。这就需要酒店营销部门同财务部门一起来研究、确定营销预算的额度。(3) 酒店的市场和竞争形势。酒店营销预算主要用于开发市场和进行销售活动，市场和竞争形势必然对营销预算支出总额和预算项目的具体分配产生影响。预算资金只有进行合理的配置才能获得最佳的收益。(4) 酒店产品的生命周期。酒店产品有介绍、成长、成熟和衰退四个生命周期，每一个生命周期的营销策略和方法都不尽相同，所以其营销预算也应随之相应配置。

思考与讨论

在酒店产品的不同生命周期，该如何确定相应的营销预算？

三、酒店营销预算的编制方法

编制预算的核心在于确定各项费用的具体数额，各个酒店的做法各有不同，使用较多的有以下几种。

（一）经验推断法

经验推断法以酒店当年各项费用项目的实际开支为基础，然后预测计划年度各项费用可能发生的增减，来确定它们的数额。该方法简单易行，适用于经营比较稳定的酒店。但是，过去的数据不一定完全反映未来的经营情况，尤其是在酒店市场波动较大、竞争激烈的形势下，采用这种方法容易造成预算额的不准确，甚至会出现将过去的错误延续到今后的现象。

（二）量力而行法

量力而行法是指按酒店所能拿出的资金数额来编制。该方法在酒店的广告中比较多见，也就是说，在其他市场营销活动优先分配经费后，尚有剩余部分就供广告之用。这种预算方法考虑了酒店的财力情况，但却忽视了广告的目的在于促进销售，而预算时必须考虑需要多少营销费用才能达到销售的目标。

（三）行业比率法

行业比率法是指根据同行业的标准确定营销预算总额。采用行业比率法，酒店只要稍微结合本酒店的实际情况，参照同行业的相应费用，就可确定自己的营销预算。但是，这种行业比率法也许并不适用于本酒店，主要原因是不同酒店的差异很大，星级、城市、地理位置等都影响酒店的营销业绩，行业费用很难成为标准的参照对象。

（四）竞争对等预算法

竞争对等预算法又称作“复制猫法”，是指酒店对照竞争对手的营销支出来决定自己的营销预算，以保持竞争优势。这种方法简便易行，但由于各酒店的信誉、产品和服务、经营机会以及营销目标和销售力量并不完全相同，某一酒店的营销预算不一定是其他酒店的比照，因此，同样的营销费用支出并不意味着就能带来同样的效果。

（五）销售百分比法

销售百分比法，即酒店按客房销售额（或总销售额）的百分比来计算和决定营销开支。其优点是将销售收入与预算紧密地联系起来，并将营销费用控制在一定水平上。其缺点有两个：一是颠倒了销售收入和营销结果之间的因果关系，使营销活动受制于营销预算；二是会导致营销预算随每年的销售波动而增减，容易造成营销费用分配不合理，有的年份可能营销费用太高，而在经营形势不佳、需要大量营销预算时，却无法得到相应资金。

（六）目标任务法

目标任务法是指酒店先根据营销目标确定必须执行的工作任务，然后估算所需的各项费用，加总就是营销预算。酒店可以要求每个销售经理准备一份营销预算申请表，尽可能详细地设定其营销目标，例如提高商务散客预订量 18%、拜访商务机构 900 家等，列出为实现这些目标所必须履行的工作任务，并估算完成上述工作任务所需的费用，这些费用之和就是各个销售经理的经费申请额，所有营销经理的经费申请额即构成酒店总营销预算额。

思考与讨论

目标任务法设定的任务存在一个合理性问题。那么，如何控制营销目标设定的合理性？

（七）零基预算法

零基预算法的特点是对于任何一个预算期、任何一项费用的开支，都从零开始，根据各项费用是否必要、能否达到最佳的经济效果来决定其预算费用水平。这种方法必须以大量的调查研究为基础，大致需要经过 3 个步骤：（1）根据营销计划编制具体的行动方案，以及各项活动需要的费用数额；（2）对每项行动方案进行成本效益分析，评定优劣，并据此进行排序；（3）根据排列次序，结合可动用的资金来分配营销预算资金。

任务二 制定和执行酒店营销计划

酒店营销计划是为实现酒店战略规划所设定的经营目标而制定的资源分配、调整与使用的方法，通常包括营销使命、营销目标、营销策略、营销行动方案四个部分。

一、制定酒店市场营销计划的步骤

（一）确定营销使命

确定营销使命就是对酒店的市场、产品、竞争、消费行为等的过去、现在和将来作一个内容提要，即对主要营销目标和措施等作简明、概括的说明。

（二）确认营销机会和营销威胁

营销环境中存在的对酒店营销不利的因素称为营销威胁，有利的因素称为营销机会。酒店营销威胁的评估包括：（1）潜在的重要性，即威胁成为事实时蒙受损失的多少；（2）发生的可能性，即它成为事实的可能性。酒店营销机会的评估包括：（1）潜在的吸引力，即该机会带给酒店的获利能力；（2）成功的可能性，即营销机会能否成为酒店真正的获利机会，应看它是否符合酒店的目标和资源状况。

（三）制定营销目标

营销目标是营销计划的核心部分，它是在分析酒店营销现状并预测未来可能的机会和威胁的基础上制定出来的。营销目标能让酒店经营者了解酒店奋斗的总方向，也有助于营销组合的分工，便于营销计划结果的衡量。营销目标包括财务目标和营销目标。财务目标主要是指酒店全年的总营业额、毛利额、利润等。酒店的财务目标只有转化为营销目标才具有可操作性。营销目标需要预测年度营业额、出租率、平均价格、市场份额以及酒店知名度、美誉度等。营销目标不能抽象，而要尽量量化和具体化。

（四）筛选营销策略

酒店营销策略常包括市场策略、竞争策略、产品策略、价格策略、销售渠道策略及促销策略等。围绕营销目标的实现构思营销策略，并进行评估和筛选，选出最佳或较佳的策略。策略衡量标准应该客观明确，如投入的资金、时间、精力或策略实施的难易程度等。

某酒店季度销售行动方案

（五）设计营销行动方案

营销行动方案是指为实现酒店营销目标、实施酒店营销策略所设置的具体行动步骤和详细的安排。这一步骤是把营销策略转化为具体的营销行动的过程，包括制定价格政策、客户优惠政策、VIP客人和会员政策等。设计营销行动方案时，应列出行动方案每项活动的具体内容，包括时间、参加人员、目标、费用等，以便于执行和检查。

（六）制定营销预算

酒店营销计划中应编制各项收支预算，在收入一方要说明预计销售量（如房间年出租间数）及平均价格（如房间平均房价或餐厅人均消费等），在预算支出一方要说明开展各项营销活动应投入的成本费用。收支的差额为预计的利润或亏损。酒店决策者负责营销预算的审批，预算一经批准，便成为酒店营销活动的重要依据。

（七）追踪和评估营销计划的执行情况

这是营销计划工作中最后一部分，是对营销计划执行的控制。最为常见的情况是酒店各部门将营销计划规定的目标和预算按月份或季度分解，便于酒店上层管理者进行有效的监督检查，并督促未完成任务的部门改进工作，以确保酒店营销计划的顺利完成。

思考与讨论

营销预算与营销计划之间的关系是怎样的？

二、营销计划的分解和动态调整

（一）营销计划的分解

1. 按时间分解

（1）周计划。执行到营销代表层面，主要是对最基层的营销问题进行反映。这个层面的计划由各营销主管把握，主要反映计划执行中最直接的效果。

（2）月计划。执行到营销部主管和营销部经理层面，主要是对各销售小组及整个酒店的营销状况进行反映，便于营销部经理对营销态势的掌控，也便于营销总监对营销计划执行状况的掌控。

某酒店销售计划

（3）季计划。执行到营销部经理和营销总监层面，主要是对计划执行成效进行阶段性反映，以便营销总监和酒店总经理对营销成果和市场形势进行一个阶段性的整体评估，并对营销人员的工作成效进行指导。

2. 按渠道分解

（1）按渠道类别分解。比如团体渠道、散客渠道、自有预订系统、第三方预订平台、自媒体渠道等，确定各渠道的营销计划实施重点，以实现不同的营销目标。

（2）按渠道性质分解。专业渠道、商业渠道、特殊渠道，什么渠道应该成为营销计划的重点，应在具体执行过程中根据市场竞争形势和资源状况作出合理安排。

3. 按业务类别分解

旅行社/OTA 销售、会议销售、宴会销售、商务/长包房销售、会员卡销售等业务分类的营销计划是酒店整体营销计划实施的基础，关系着计划能否真正执行到位。营销部主管和营销部经理应要求销售人员做好计划分解，同时发挥销售人员的主动性和能动性，确保营销计划目标的实现。

（二）营销计划的动态调整

1. 滚动式调整

滚动式营销计划执行的核心是：先“由大到小”，再“由小到大”。也就是先从年度计划、季度计划、月度计划到周计划，再从周计划、月度计划、季度计划到年度计划。前一个阶段是对计划的整体性进行掌握，后一个阶段是通过有层次的滚动执行和调整，达到整个计划在适应性方面的保障。

2. 依据对市场态势的判断进行调整

（1）竞争环境判断。竞争环境包括整个大环境和各区域的小环境。酒店应根据市场竞争环境的差异相应调整，使计划符合实际状况。

（2）酒店行业趋势判断。各地酒店行业的发展是不平衡的，发展变化情况也不尽相同，因此计划执行中要根据酒店业的发展状况提出相应措施，符合酒店业不同发展阶段的特点。

（3）消费趋势判断。消费趋势是指消费心理和特殊消费行为模式的变化趋势。消费趋势决定未来一定时间内酒店产品的适销性和销售量，营销计划对此要有一定的预见性，以应对变化中的消费者市场。

学思之窗

“实事求是”出自《汉书·河间献王传》，称献王刘德“修学好古，实事求是”，原意是指从实际情况出发，探求事物的内部联系及其发展的规律性，认识事物的本质，现在通常指按事物的实际情况办事。在营销预算、营销计划的制定和执行过程中，实事求是有什么指导意义？

三、营销计划有效执行的保障

某酒店营销部工作业绩考核制度

（一）制度保障

1. 基础性管理制度

（1）绩效考核制度。将营销计划要达到的目标与营销人员的绩效考核联系起来，以规范营销人员的行为围绕营销目标展开，促使计划落到实处。

（2）部门协作制度。围绕计划重点解决好各部门间的协作关系，明确责、权、利。也可以采取项目小组的形式，提高计划的运作效率。

2. 职能性管理制度

职能性管理制度是提高营销计划实施效率的管理制度，如营销推广管理制度、渠道管理制度、营销业务管理制度等。这些制度一方面为营销人员提供开展工作的规范，另一方面为衡量营销人员的工作成效提供标准。另外，职能性管理制度还影响营销人员的思想意识和行为模式，其根本点是围绕着营销计划的有效执行展开的。

（二）流程保障

如果有完善的营销计划而无完善的业务流程，那么营销计划如同虚设。流程保障具体包括：（1）围绕营销计划的关键业务内容优化运作流程。这一优化甚至比计划重组更重要。（2）通过优化业务流程调整部门结构。一些关键业务流程，如推广流程、计划流程、订单处理流程等，其运作效率的高低反映出整个组织结构和职能部门是否合理。

某酒店商务销售工作流程

（三）权限与资源保障

计划的落实及执行往往与执行人的权限有关，也与酒店所赋予的管理资源有关。这一保障工作包括：（1）各部门业务职能的落实；（2）营销部和各部门间的权限分配；（3）各项业务活动的权限分配；（4）为达成计划目标必须配备的各种资源。

思考与讨论

（1）营销部与各部门间该如何分配某计划项目的权限？

（2）有些营销计划项目分配到的资源往往并不能保障计划的实施，比如预算不够等，该怎么办？

任务三 控制酒店营销绩效

营销控制是指度量和评价营销战略和计划的结果，采取修正措施以保证目标达成的管理过程。酒店制定营销计划后，营销部门必须进行营销控制，使营销计划的各项目标如销售量、营业收入、市场占有率等如期完成。

一、营销控制的步骤

酒店营销控制包括四个步骤：（1）管理层必须在年度计划中建立月度或季度目标作为控制基点；（2）管理层必须监督营销计划在市场上的执行情况并进行绩效衡量；（3）管理者必须对严重的偏离行为及原因作出判断；（4）管理者必须采取改正行动，以便弥合目标和执行实绩之间的缺口，有可能需要改变行动方案，甚至改变目标本身。

二、营销工作控制

（一）销售效率控制

营销经理对销售人员销售效率水平考核指标包括：（1）销售成本占总销售成本的百分率；（2）一定时期内合同成交额所占的百分比；（3）推销访问平均所需时间；（4）推销访问平均所需招待费；（5）平均每天（每月）推销访问的次数；（6）每期招揽的新客户数；（7）每期损失的客户数。对上述指标的统计分析可以获得许多有价值的信息，并可以据此提升销售绩效。

思考与讨论

（1）从销售人员绩效考核指标中可以获得哪些有价值的信息？

（2）营销经理可以进行怎样的绩效提升？

（二）广告绩效控制

广告效率控制很难，但营销经理至少应该掌握以下信息以提高广告绩效：（1）每一个媒介工具触及1 000人的广告成本；（2）统计每一个媒介工具看到、联想到、阅读广告的人对广告的熟悉程度；（3）消费者对广告内容和有效性的反应；（4）对于广告介绍的酒店产品，消费者态度的事前和事后衡量；（5）由于广告所激发的消费者向酒店询问的次数；（6）每次广告效果调查的成本。管理者可以通过一系列步骤来改进广告效率，包括做好酒店产品的市场定位，明确广告目标，利用数据分析指导选择广告媒体，以及做好广告事后检测工作等。

（三）促销效率控制

为了改善促销效率，营销经理应当对每一次促销活动的成本和对销售的影响作统计、分析。管理者应该注意的统计包括：（1）优惠销售所占的百分比；（2）每一单位销售额所包含的优惠成本；（3）赠券回收率；（4）每次促销活动引起的询问次数。

卓有成效的营销执行活动评价

（四）分销效率控制

酒店分销渠道的分销效率分析将实实在在地影响酒店的利润水平，尤其在高竞争压力的市场环境下。酒店分销效率控制包括两个层面：一是分销渠道结构优化；二是各渠道分销绩效控制，目标是提高客房出租率。

三、年度营销计划执行绩效分析

（一）销售额分析

销售额分析就是衡量和评价实际销售额与计划销售额之间的差异。

1. 销售差距分析

销售差距分析是为了求出不同影响因素对出现的销售差距的相对影响力。例如，某五星级酒店某年度计划第一季度销售房价为300元的客房12 000间，销售总额为360万元。第一季度结束时，发现仅销售了9 000间，且房价降为250元，销售总额为225万元，因此发生了135万元的销售差额，即低于预期销售额37.5%。那么造成上述差别的原因及其影响该如何确定呢？计算如下：

价格降低所产生的差距＝(300－250)×9 000＝45（万元）

减量所产生的差距＝300×(12 000－9 000)＝90（万元）

降价所造成的损失在损失差距中的比重＝45÷135×100%＝33.3%

销量减少所造成的损失在损失差距中的比重＝90÷135×100%＝66.7%

由此可见，无法完成销售计划主要是由销量下降造成的，营销经理应该对销量下降的原因进行调查研究，并提出相应的纠正措施。

2. 目标市场销售额分析

目标市场销售额分析是指按照不同目标市场的销售额差距进行分析。例如，某五星级酒店有四个目标市场，其计划销售额分别为2 500万元、1 200万元、800万元、1 500万元，总计6 000万元。而年度实际销售额分别为2 350万元、1 320万元、600万元、1 800万元。第一目标市场低于预测销售额6%，第二目标市场高10%，第三目标市场低25%，第四目标市场高20%。目标市场销售额分析法可以用于分析评估各目标市场对实现销售计划的贡献，从而确定出有问题的重点市场或产品。营销经理要从市场、产品以及其他方面考察未能完成预定销售目标的原因。

（二）市场份额分析

酒店市场份额分析包括总的市场份额分析和相对市场份额分析。酒店总的市场份额是指酒店的销售额在当地总的酒店销售额中所占的比重。相对市场份额是指酒店的销售额与最大竞争者的销售额或三个最大竞争者的总销售额之比。总的市场份额和相对市场份额除了本酒店的销售资料外，还需要寻找行业或相关酒店的资料，这些资料可以从政府主管部门或酒店协会的网站、出版物上获得。

某酒店市场份额变动分析

市场份额变动分析是要分析出导致顾客消费变动的因素，这些因素包括：（1）顾客渗透率，指向本酒店购买的顾客占所有酒店顾客的百分比；（2）顾客忠诚性，指顾客从本酒店购买的产品量占这些顾客从其他同类酒店那儿所购数量的百分比；（3）顾客选择性，指本酒店的顾客平均购买量与某个一般酒店的顾客平均购买量之比；（4）价格选择性，指本酒店的平均价格与所有酒店的平均价格之比。总的市场份额的计算公式为：

总的市场份额＝顾客渗透率×顾客忠诚性×顾客选择性×价格选择性

思考与讨论

（1）某酒店市场份额下降了，可能的原因是什么？

（2）某一酒店期初顾客渗透率为60%，顾客忠诚性为50%，顾客选择性为80%，价格选择性为125%，那么酒店总的市场份额为多少？

（三）营销盈利率分析

1. 确定功能性费用

××酒店在进行营销活动时的功能性费用见表1-3-1。

表1-3-1 ××酒店营销活动功能性费用表 单位：元

	人员推销	广告	公关	特殊促销
工资	15 000	15 000	9 850	8 800
租金	—	5 000	800	900
管理费	1 120	111 000	1 500	800
合计	16 120	131 000	12 150	10 500

2. 将功能性费用分摊给营销实体

××酒店每次营销活动所需费用见表1-3-2。

表1-3-2 ××酒店每次营销活动所需费用

	人员推销次数	广告次数	公关次数	特殊促销次数
旅行社	232	40	50	42
外贸公司	56	25	24	18
航空公司	22	35	16	10
次数合计	310	100	90	70
每次活动所需费用（元）	16 120÷310=52（元）	131 000÷100=1 310（元）	12 150÷90=135（元）	10 500÷70=150（元）

3. 将每个营销实体编制成一张利润表

把各种营销活动费分摊到各销售渠道，然后列出各销售渠道利润表，见表1-3-3。

表1-3-3 各销售渠道利润表 单位：元

		旅行社	外贸公司	航空公司
销售额		360 000	110 000	210 000
成本		265 000	77 000	100 000
毛利		95 000	33 000	110 000
营销活动费	人员推销（每次52）	11 024	3 952	1 144
	广告（每次1 310）	52 400	32 750	45 850
	公关（每次135）	6 750	3 240	2 160
	特殊促销（每次150）	6 300	2 700	1 500

续表

	旅行社	外贸公司	航空公司
总营销活动费	76 474	42 640	50 650
纯利润（或亏损）	18 526	−9 642	59 346

4. 分析利润表以确定改正行动

表 1-3-3 表明了各销售渠道的销售额、费用和盈利（或亏损）情况，它为营销经理提供了有效的销售信息，以供制定销售渠道策略时参考。如表所示的酒店的几种销售渠道中，航空公司盈利最大，外贸公司非但没有盈利，反而亏损。所以，今后要加强对航空公司的促销活动，减少对外贸公司的促销活动或放弃这一渠道。同样，营销经理还可以利用获利性这一控制方法，对酒店各产品和各目标市场的获利情况进行评估分析。

（四）营销费用率分析

营销费用占销售额的百分比称作营销费用率。这一指标可以揭示一定的营销费用所获销售额的营销活动效率，或确定营销费用支出的合理性，还可以把营销费用的预算值与过去的历史数据相比较，或者把本酒店的营销费用与其他酒店的营销费用加以比较，以对营销费用进行控制。同时，还可以对总营销费用中的各项活动费用，如广告费、促销费、公共关系费等进行控制，分析它们占销售额的比重和这个比重的变化趋势。

思考与讨论

某酒店广告开支与销售额之比通常在 5%至 8%之间波动，某期这一比率超过了波动上限，请分析可能的原因。

（五）消费者态度追踪

一旦发现消费者对本酒店及其产品的态度发生了变化，就应及时采取措施争取主动。酒店对消费者态度追踪的方式主要有三种：（1）投诉和建议系统资料分析。酒店应该对消费者的书面或口头投诉和建议进行记录、分析，并作出适当的反应。酒店应当鼓励消费者进行投诉和提出建议，这样才能收集到他们对酒店及其产品的看法的完整资料。（2）消费者固定样本调查。酒店可以建立由具有一定代表性的消费者组成的固定消费者样本，定期了解其态度。这种收集消费者态度的方式有一定的代表性。（3）消费者意见征询。酒店定期向随机抽取的消费者发送意见征询表，请消费者对酒店的产品和服务作出评价，一般分为很不满意、不满意、一般、满意、很满意五级。

项目小结

营销预算是酒店营销工作运作的基础，营销计划是酒店营销的核心战术。营销预算和营销计划的制定和调整必须依据酒店所处的市场营销环境和酒店自身的经营实际。酒店通过营销绩效控制，也就是通过对营销计划执行过程中每一环节的跟踪管控，确保绩效的实现。营销预算、营销计划、营销控制三者相辅相成，缺一不可，是提升营销业绩、实现酒店营销目标的根本保证。

实训练习

一、名词解释

市场费用　竞争对等预算法　目标任务法　营销计划　营销控制　营销费用率

二、单项选择题

1. 酒店订房系统入网费属于（　　）。

A. 市场调研费　B. 市场费用　C. 行政后勤费用　D. 促销活动费

2. 对于市场容量和潜力巨大且竞争激烈的市场，酒店应投入（　　）预算资金开展重点促销活动，以获得竞争优势。

A. 较多　B. 较少　C. 常规　D. 零

3. 又称作“复制猫法”的营销预算编制方法是（　　）。

A. 行业比率法　B. 销售百分比法

C. 竞争对等预算法　D. 目标任务法

4. 执行到营销主管和营销部经理层面的按时间分解的营销计划是（　　）。

A. 周计划　B. 月计划　C. 季计划　D. 年计划

5. 营销计划并非一成不变，应该根据竞争环境、行业趋势和（　　）进行调整。

A. 执行状况　B. 渠道类别　C. 渠道性质　D. 消费趋势

6. 统计优惠销售所占的百分比可以用于（　　）。

A. 销售效率控制　B. 广告效率控制　C. 促销效率控制　D. 分销效率控制

7. 为了分析评估各目标市场对实现销售计划的贡献，可以进行（　　）。

A. 销售差距分析　B. 目标市场销售额分析

C. 市场份额分析　D. 营销费用率分析

8. 可以用于确定营销支出合理性的营销绩效分析方法是（　）。

A. 营销费用率分析　B. 营销盈利率分析

C. 销售额分析　D. 市场份额分析

三、多项选择题

1. 酒店的营销预算中的市场费用包括（　　）。

A. 通信费用　B. 广告费　C. 促销费　D. 交际费

2. 酒店营销预算应考虑的因素包括（　　）。

A. 酒店当年的战略目标　B. 酒店的财务状况

C. 酒店的市场和竞争形势　D. 酒店产品的生命周期

3. 销售百分比法可能产生的问题是（　　）。

A. 使营销活动受制于营销费用　B. 将营销费用控制在一定水平上

C. 营销活动的目标效益无法得到保证　D. 容易造成营销费用分配不合理

4. 酒店营销计划通常包括（　　）。

A. 营销使命　B. 营销目标　C. 营销策略　D. 营销行动方案

5. 营销机会的评估包括（　　）。

A. 潜在的重要性　B. 发生的可能性　C. 潜在的吸引力　D. 成功的可能性

6. 保障营销计划执行的基础性管理制度包括（　　）。

A. 绩效考核制度　B. 营销推广制度　C. 部门协作制度　D. 渠道管理制度

7. 营销工作效率控制包括（　　）。

A. 销售效率控制　B. 广告效率控制　C. 促销效率控制　D. 分销效率控制

8. 酒店的市场份额变动分析是要分析出导致顾客消费变动的因素，这些因素包括（　　）。

A. 顾客渗透率　B. 顾客忠诚性　C. 顾客选择性　D. 价格选择性

9. 消费者态度追踪方式有（　　）。

A. 市场份额分析　B. 投诉和建议系统资料分析

C. 消费者固定样本调查　D. 消费者意见征询

四、判断题

1. 酒店营销预算主要用于开发市场和进行销售活动。（　　）

2. 差旅费属于营销预算中的行政后勤费用。（　　）

3. 酒店如果以稳定客源和提高收益为目标，则必须将营销预算资金重点投到主要的客源市场。（　　）

4. 客房平均出租率属于酒店营销计划的财务目标。（　　）

5. 营销计划的执行很大程度上取决于各部门能否充分发挥各自的职能。（　　）

6. 业务流程优化与营销计划实施绩效没有相关性。（　　）

7. 广告效率是不可控的。（　　）

8. 销售差距分析是为了求出不同影响因素对出现的销售差距的相对影响力。（　　）

9. 酒店市场份额分析，既要进行总的市场份额分析，也要进行相对市场份额分析。（　　）

10. 营销经理可以通过盈利率分析，对酒店销售渠道、产品、目标市场的获利情况进行评估分析，并有针对性地安排人、财、物以控制营销绩效。（　　）

五、简答题

1. 营销预算在编制过程中要考虑哪些因素？

2. 营销预算有哪些编制方法？

3. 制定营销计划一般要经过哪些步骤？

4. 营销计划有效执行的保障有哪几类？

5. 营销控制包括哪四个步骤？

6. 营销绩效可以从哪些方面进行比较分析？

六、分析与实践

1. 某酒店在2021年11月1日将前10个月的销售收入与11月和12月的预计收入相加为2 700万元，以总额的3%作为2022年的营销预算，或者以2022年的预计销售收入

3 000 万元的 2.5%作为广告预算。试问：如何按照 3%和 2.5%这两个比例计算营销预算和广告预算？

2. 某旅游城市酒店业某年度的营销广告支出中各项目份额见表 1-3-4。

表 1-3-4　某旅游城市酒店业某年度的营销广告支出中各项目份额表

	所有酒店	营销组合		
		休闲市场导向酒店	会议市场导向酒店	混合
工资及相关支出	23%	15%	36%	33%
销售支出	10%	8%	14%	8%
印刷广告	20%	24%	20%	25%
广播和电视广告	5%	6%	4%	2%
户外广告	2%	2%	2%	2%
其他广告	11%	12%	3%	9%
商品促销	4%	5%	2%	4%
公共关系	4%	5%	4%	3%
特许经营费	7%	9%	3%	1%
所有其他支出	14%	14%	12%	13%
总计	100%	100%	100%	100%

该酒店为一家以休闲商务散客为主导市场的五星级酒店，有 438 间客房、1 个大型宴会厅和 8 个多功能厅，年计划销售额为 1.6 亿元，按总销售额的 3%计算营销预算总额，请为这家酒店销售编制一个年度预算表。

3. 为 7—9 月份的温泉酒店拟订一个淡季营销计划，并分解到月计划和周计划。

4. 根据某酒店年度计划，第一季度的客房出租率为 76%，平均房价为 1 280 元/间·夜，总销售额为 3 500 万元。季度末实际出租率为 73%，平均房价为 1 265 元/间·夜，总销售额为 3 350 万元，比计划销售额减少了 4.3%，差距为 150 万元。造成这个差距的原因是出租率和房价的下降，但其实这两者对这一结果的影响是不同的。请通过计算分析两者的影响程度，并提出营销建议。

Module 2

模块二

分析调研　找准市场

项目一 酒店消费市场调研

知识目标

- 了解酒店市场调查内容和市场
- 熟悉酒店市场调查计划流程
- 理解酒店市场调查问卷设计技巧
- 掌握酒店市场调查抽样方法
- 掌握数据收集整理基本方法
- 熟悉市场调查报告的基本格式

技能目标

- 能够制定目标明确的酒店市场调查计划
- 能够进行调查问卷设计，实施问卷调查
- 能够完成数据收集整理并进行调查报告撰写

素养目标

- 培养“没有调查就没有发言权”的务实工作态度

消费者是一个庞大的群体，有许多不同的特征，对产品有不同的需求，消费者的购买心理和购买习惯也存在明显差异，因此对消费者的行为进行调研，获取消费者的个人信息和消费信息是制定营销计划的基础。消费市场调查，就是运用科学的方法，有目的、有计划、系统地收集、整理有关消费者市场的资料信息，发现机会和问题。消费市场调查一般需要经历制定目标明确的调查计划、设计问卷并实施市场调查、撰写市场调查报告并进行消费者画像三个步骤。消费市场调查的结论应该包括指向净利润的建议。

任务一　制定目标明确的调查计划

一、明确市场调查的目的和任务

（一）市场调查目的

酒店市场需求调查是指酒店企业通过调查，估计市场需求情况，把酒店产品的市场需求情况用数量反映出来，包括酒店消费者规模、构成及变化情况调查，消费动机调查，消费行为调查等。市场调查的目的是提供辅助营销决策的资讯，以解决如何提供市场所需要的产品、如何使客房与餐饮的价格合理化、如何方便客人到店消费之类的问题。随着人口结构变化和社会发展，企业需要不断了解市场。一般而言，进行市场调查的目的有：(1) 发现市场的实际状况，并且确切掌控市场的动向；(2) 开发潜在的市场；(3) 减少不当的营销活动以节省不必要的开支，降低经营成本，同时可以将收集的资讯作为各种营销决策的依据；(4) 开发新产品（包括产品升级）；(5) 提高营销活动的效果。

（二）酒店市场调查的主要市场

1. 老客市场

一般而言，酒店老客（尤其是对酒店服务感到满意的老顾客）市场的开发比新顾客市场的开发要容易，是酒店极其重要的市场。此外，老客市场也是非常重要的市场信息来源。整理和分析研究老客记录档案很重要，尤其是他们对酒店产品的意见或批评。这些老顾客包括个人和团体顾客，团体顾客更应该受到重视。这些团体顾客不仅是旅行团体或会议团体，宴会、展示会、学术研讨会、股东年会等团体也应该包括在内。对团体顾客的资料收集中，团体活动的承办人和酒店签订的合同或相关资料内容也非常重要。

2. 本地市场

酒店市场调查的另一个主要领域是酒店所在区域的公司、制造厂商、公务机构及学术团体。由于地理条件，这些团体顾客很容易掌握也便于开发。调查研究的内容包括这些机构例行性或年度的活动，比如团体聚餐、毕业晚会、员工生日、股东年会、招待外宾或机构联谊等。对这类本地市场的市场调查，有一个关键性环节不能忽视，就是这类机构团体的活动的承办人，他们才是酒店的直接顾客，因为是他们与酒店洽谈活动的各项安排，也是他们与酒店进行签约。

3. 全国性市场

在调查全国性酒店市场时，最值得关注的是全国性会议市场。举办这种会议的团体机构通常是全国性的各种协会、学会、工会、企业集团或政府，其中有许多是在酒店召开的。这种业务不限于单纯的会议场所出租，还会附带聚餐宴会、联欢晚会、出席代表的住宿等。在开拓或推广这类会议市场时，酒店要评估自身的会议设施、接待能力等有关因素，从而规划出可以提供的服务规格，如会议人数、会议举行的月份以及客房与餐厅的服务限制等。

4. 酒店的供应商

酒店的供应商是指为酒店提供各类商品和服务的厂商。这些厂商也免不了要购买酒店的产品和服务，因此酒店的供应商也就成为酒店进行市场调查的客户市场。对这类市场，除了作为酒店顾客可以调查的相关信息外，酒店还可以进一步调查有很多顾客的酒店供应商（他们为不同的酒店提供商品和服务）为什么不来本酒店消费而选择其他酒店。

（三）市场调查的优先顺序

在进行市场调查（研究）之前，应先确定调查的先后顺序，也就是掌握调查内容的轻重缓急，以获得最大的研究成果。第一优先顺序是在营业淡季争取辅助业务的消费者市场的开发研究。第二优先顺序是争取营业量或营业额较大的业务的消费者市场，这一市场调查不妨动用较多的人力资源。第三优先顺序是征求专业市场调查者的意见，尤其是行业领头者的意见，整理与评估这些意见的优劣，然后决定取舍。这是一种间接却有相当效果的方法。第四优先顺序是最能获利的市场开发。纵使客房出租率相当高，在提升盈利方面永远也会有相当大的开发空间。

某酒店集团的消费者市场调查计划

思考与讨论

（1）市场调查为什么要确定优先顺序？

（2）你认为应该调查哪些市场？

二、制定市场调查计划

市场调查计划是事先对调查所做的统筹安排，也称调研方案。确定了调查问题和调查目标之后，调查人员便要着手设计详细的调查计划，编制市场调查计划书。市场调查计划书涉及以下 6 个方面。

（一）拟定调查方法

在决定需要收集第二手资料时，可以采用资料调查法；当决定需要收集第一手资料时，可以采用访问法、观察法和实验法。一般来说，首先考虑资料调查法，在满足不了调查需要的情况下，再考虑实地调查法。每类方法的适用面不同，究竟采用哪种方法，要依据调研的目的、性质及调研经费的多少而定。

（二）选择调查工具

在收集第一手资料时，可以使用的调查工具主要是调查问卷。调查问卷就是根据调查目的和内容而设计的调查表。如采用观察法或实验法，则需要设计记录观察结果的记录表，还需要考虑进行观察、实验时使用何种调查仪器等。在设计上述各种调查工具时，应考虑到被访问者或者观察者、实验者的文化水平、专业技术等方面的因素。在收集第二手资料时，可以使用文献检索或网络搜索相关工具。

（三）制定抽样调查计划

抽样调查是指在调查总体中抽选一定数量的单位作为样本，采取对样本进行调查以推断总体情况的非全面调查。抽样调查计划就是根据调查目的确定抽样单位、样本数量以及抽样方法。抽样单位即向什么人调查，样本数量即对多少人调查，抽样方法即采取随机抽样还是非随机抽样技术。在其他条件相同的情况下，样本越大越具有代表性，样本数量影响结果的精确度，但样本数量过大也会造成经济上的浪费。经验表明，如果抽样程度和方法科学的话，样本规模（调查对象数量）在1%左右即具有代表性和可靠性。

（四）确定调查对象接触方式

调查对象接触方式包括邮寄调查表、电话访问、人员面谈、在线访问等。其中，人员面谈访问有安排访问和拦截访问两种形式。安排访问的对象一般是随机挑选的，因为花费了受访者的时间，应该给予适当报偿或奖金。拦截访问是在公共区域拦截人们要求交谈，有非随机抽样的特点。目前在线访问越来越普及，可以把调查问题放在自己的网页上，同时给回答问题者一定的奖励；或者把问题放在人们常去浏览的网页上，实行有奖问答。

（五）调查人员安排及分工

确定调查人员主要是确定参加市场调查人员的条件和人数，包括对调查人员的必要培训。首先，调查人员要能正确理解调查提纲、表格、问卷内容，能比较准确地记录调查对象反映的实际情况和内容，能做一些简单的数字运算和初步的统计分析。其次，要求调查人员具备一定的市场学、管理学、经济学方面的知识，对调查过程中涉及的专业概念、术语、指标应有正确的理解。最后，调查人员需要具备一定的社会经验、文明的举止、大方开朗的性格，善于和不同类型的人打交道。市场调查一般需要多人合作，小组人员应根据调查项目要求，合理分工，确保资料收集、统计分析、报告撰写的质量。

某酒店市场调研计划表

（六）编制费用预算

调查费用一般包括劳务费、问卷费、差旅费和设备使用费等。在编制调查预算时，通常要把某项调查的所有活动或事件一一列明，然后估算每项活动的费用，最后汇总。需要注意的是，预算仅仅是一种估计，应有一定的灵活性，即预算金额要有一个上下浮动幅度。

任务二 设计问卷并实施市场调查

调查问卷用来反映调查的具体内容，为调查人员询问和调查对象回答提供依据，是实现调查目的与任务的一种重要工具。设计统一的问卷，可以使调查内容标准化和系统化，便于收集和整理汇总所需调查的资料。问卷的设计是否完善，直接影响调查效果。

一、设计市场调查问卷

（一）调查问卷的基本结构

调查问卷一般包括开头部分、正文部分和附录部分。开头部分包括标题、问卷编号、问候语、填表说明等内容。正文部分把需要调查的内容明确和具体为一个个问题，问题的设定是取得准确、完善资料的关键。附录部分可以把调查对象的信息列入，标明调查人员的姓名和日期，也可以对某些问题附带说明，还可以再次向调查对象致谢。调查问卷完成时间应该在 20 分钟以内。

（二）调查问卷的类型

1. 开放式问卷

开放式问卷所提的问题事先没有确定答案，由调查对象自由回答。这类问卷可以真实地了解调查对象的态度与情况，但调查不易控制，五花八门的答案很难归纳统一。

2. 封闭式问卷

对于封闭式问卷内的题目，调查者事先给定了可供选择的答案或范围。这类问卷虽然呆板，但便于调查、统计。在问卷调查中，较多使用的是封闭式问卷。

某酒店客户需求调查问卷

（三）市场调查问卷设计的程序

1. 明确设计主题

调查人员要根据调查的目的要求和问题的涉及面，弄清设计主题。为此，要征求有关人员的意见，并进行充分讨论和研究，确定调查的具体内容和所需的资料，以确保所设计的问题重点突出，能明确反映调查的目的。

2. 设计问卷初稿

根据调查对象的特点，按照主题要求，确定问卷的形式，列出调查项目，编写提问问题和填写说明，设计出问卷初稿。编写提问问题时，要考虑调查对象是否容易回答，问题顺序是否符合人的逻辑思维，问题的结果是否有利于对研究结果进行恰当分类。一般情况下，一个问题只应涉及一项内容，封闭式提问的答案要简洁、明了、完整。

3. 进行试验性回答

把初步设计好的问卷，请少数单位或个人试填，或在小范围内进行试验性调查，看有没有问题，是否便于回答，能不能达到主题要求，消除含义不清、倾向性语言和其他疑点。

4. 设计正式问卷

把试验性回答中发现的问题进行整理和分析，对问卷初稿进行必要的修改和补充，设计出正式的问卷。

思考与讨论

你认为问卷设计应该注意些什么？

二、实施市场调查

消费者市场调查对象一般是现有的酒店顾客群体，针对性较强，同时也有利于持续地对不同顾客群体进行分类抽样调查，获取较高精确度的市场数据。但抽样调查是以样本做出的估计值对总体的某个特征进行估计，因此一定会存在误差，这个抽样误差一般会随着样本的增大而减小。为提高抽样调查结果的精度，选好样本很重要。抽样调查要解决好以下问题：（1）科学地确定抽取样本的方法，使抽取出来的样本能够真正地代表母体；（2）恰当地确定样本数目；（3）加强抽样调查的组织工作，提高工作质量。抽样方法有随机抽样和非随机抽样两种。

（一）随机抽样

所谓随机抽样，就是完全排除人们主观的有意识选择，按照随机原则抽取样本，在总体中每一个体被抽取的机会是均等的一种调查方法。这一方法可以再细分为 4 种。

1. 简单随机抽样法

简单随机抽样法也称纯随机抽样法，就是用纯粹偶然的方法从总体中抽取若干个体作为样本，抽样者完全不作任何有目的选择的一种调查方法。

2. 分层随机抽样法

所谓分层随机抽样法，就是先将总体按与调查目的相关的特性分层，然后每一层再按一定比例简单随机抽取样本的一种调查方法。分层时，要尽量使各层之间具有显著不同的特性，而同一层内的个体则具有共性。分层随机抽样法可提高样本的代表性及对总体指标估计值的精确性，避免简单随机抽样法中样本过于集中某些特性而遗漏另一些特性的缺点。

3. 分群随机抽样法

所谓分群随机抽样法，就是先将调查的总体按一定标准分成若干个群体，然后按随机原则从这些群体中抽取部分群体作为样本，对作为样本的群体中的每一个体逐一进行调查的一种调查方法。分群随机抽样法所划分的各群体，其特性大致相近，而各群体内则要包括各种其他特性不同的个体。

4. 等距离随机抽样法

所谓等距离随机抽样法，就是将总体样本进行编号，然后按一定的抽样距离进行抽样的一种调查方法。这是一种效率较高的抽样方法。

(二) 非随机抽样

所谓非随机抽样，就是按照调查的目的和要求，以某一事实为标准来选取样本，也就是对总体中的每一个体不给予被抽取的平等机会的一种调查方法。这一方法可以再细分为 3 种。

1. 任意抽样法

所谓任意抽样法，就是随意抽取样本的一种调查方法。是否作为样本，主要视调查人员的方便与否和调查对象的合作与否而定。此法适用于总体中各个体特性差别不大的情况。其优点是使用方便、成本低，缺点是抽样偏差大、结果不可靠。

2. 判断抽样法

所谓判断抽样法，就是根据专家意见或调查者的主观判断来选定样本的一种调查方法。判断抽样法的优点是能适合特殊需要，调查的回收率也较高；缺点是易出现主观判断的误差。这一方法一般适用于样本数目不多的市场调查。

3. 配额抽样法

所谓配额抽样法，就是先将调查对象按规定的控制特性分层并分配一定的样本数目，然后由调查员按判断抽样的原则选取具体样本的一种调查方法。其优点是简便易行，成本低，没有总体名单也可进行；缺点是控制特性较多时，计算复杂，且缺乏统计理论依据，无法准确估计误差。

学思之窗

“没有调查就没有发言权”是中国共产党党史上 80 句口号之一。毛泽东在《实践论》和《矛盾论》这两部哲学著作中，深刻阐明了反对主观主义特别是教条主义、坚持实事求是的重要意义，为调查研究提供了坚实的马克思主义哲学基础，为坚持党的优良传统、深入实际的调查研究提供了重要的理论指导。探讨“没有调查就没有发言权”的时代背景和当代的现实意义。

任务三 撰写市场调查报告并进行消费者画像

一、撰写市场调查报告

（一）整理调查资料

在市场调查中，可以看到收集的调查资料是大量且零乱的，只能表明各个调查对象的具体情况，不能说明调查对象的总体情况。因此，需要审核调查资料的真实性和准确性，将资料分类、汇成统计数据，制成图表，只有通过这样的途径才能获得可靠的信息资料，作为市场调查的分析依据，方便调查报告的撰写。

（二）分析调查资料

对收集到的消费者市场资料进行分类整理后，运用回归分析、相关分析、因素分析、判断分析等分析方法，对与调查目的相对应的主要因素进行客观、全面、准确的分析，提出结论。结论应与调查目的相一致，主要是要寻找出营销的机会点或问题点，并提出营销建议。

（三）撰写调查报告

有理论基础和又有充分事实依据的报告，其观点更有说服力。一份完整的调研报告可分前文、正文和附录三部分。但也有非常简洁的市场调查报告格式，只有正文。

1. 前文

前文包括封面、授权信、前言、目录和图表目录。封面、前言和目录是三个必需要素。封面包括报告的题目、报告的提供方和日期。授权信是由调研项目执行部门的上司给该执行部门的信，表示批准这一项目，授权给某人对项目负责，并指明可用于项目开展的资源情况。前言的作用是引起阅读者的注意和兴趣。前言的文字不能过长，内容包括：（1）介绍市场调查的委托情况；（2）描述市场调查的目的；（3）市场调查的组织安排情况；（4）调查分析结果摘要。目录包含报告所分章节及其相应的起始页码。如果报告含有图表，那么需要在目录中包含一个图表目录，目的是帮助读者很快找到对一些信息的形象解释。

2. 正文

正文是市场调查报告的主体，一般包括引言、调查目的、调查方法、结果、结论和建议、调查及分析工作的总结。引言对为何开展此项调研和旨在发现什么作出解释。引言中包括基本的授权内容和相关的背景材料。调查目的是指本调查研究的目的，可以是总括的，也可以在总括下再细分具体的调查目的。调查方法部分要阐明调查设计情况、资料采集方法、抽样方法、实地工作和分析。结果在正文中占较大篇幅，这部分内容应按照某种逻辑顺序提出紧扣调查目的的一系列问题和发现。结论和建议部分中，结论是基于调研结果的意见，而建议是提议应采取的应对措施。正文中对结论和建议的阐述应该比提要更为详细，而且要辅以必要的论证。调查及分析工作的总结需要总结本次调查的成功和不足之处，以及本次调查结论的信度和效度情况。

3. 附录

附录的作用在于提供调查客观性的证明，它提供所有与研究结果有关但不宜放在正文中的资料，包括图表、附件、调查表、调查对象的名单、参考资料的索引和出处、特殊调查方法或分析方法的介绍、备注说明等。附录也要标出顺序以便查找。

某酒店客户满意度调查报告

二、消费者画像

消费者画像即消费者信息标签化，是企业通过收集与分析消费者社会属性、生活习惯、消费行为等主要信息数据，抽象出消费者商业特征全貌的过程。

（一）消费者画像的数据维度

消费者画像数据维度的划分方法根据企业使用数据的目的而有所不同，一般来说可分为：（1）人口学特征，如性别、年龄范围、教育程度、收入、家庭状况、所属行业等；（2）生活方式特征，如消费特征，包括消费状况、消费习惯、购买力、消费地点偏好、饮食偏好等；（3）线上行为特征，如上网行为特征，包括网站浏览行为、邮件使用、搜索行为、App 类型选择和使用等特征；（4）社交行为特征，包括社交人群、社交习惯、关注明星、关注影视等。

（二）消费者大数据挖掘和标签化

酒店消费者画像的数据来源主要是内部数据，客史档案中的客源地、年龄、性别、消费频次、消费额、预订渠道等可以大致画出本酒店不同消费群体的人口学和消费特征。客史档案是酒店最基本、最有价值的数据来源，其次是网络调研获取的相关数据。客人的爱好、收入等没有数据积累的消费者属性可以定量或定性地通过在线问卷调查的方式来挖掘。网络数据是内部数据的补充。

挖掘出来的消费者数据要进行标签化处理。消费者画像过程其实是一个从具体的消费者个体数据出发，抽象地描述出消费者群体客观的消费者属性数据，再以生动的标签立体、直观地描述消费者的过程。因此，从海量的数据中统计出消费者属性后，接下来的重要工作就是给消费者贴上生动的标签。首先要设立参照系（确定一般消费者或竞品消费者），找出差异点，然后是提炼差异性关键词，并与产品的一系列特性关联起来。例如，酒店可以对酒店下午茶产品有偏好的女性群体的人口学、生活方式、线上行为和社交行为特征进行标签化处理。

（三）消费者画像的应用

消费者画像是企业数字化运营的重要组成部分，通过挖掘结构化与非结构化消费数据，营销人员可以分析数据背后的消费分布、消费趋势及其他有用信息，精准判断消费者的需求痛点和兴趣偏好，打通消费者反馈闭环，实现数据驱动的运营决策。

1. 准确识别目标客户

多层次、多维度的数据可以对客户进行更精准描述，各种用户特征一目了然，容易据此识别出最有可能对自己的产品/品牌/传播内容感兴趣的人群，将有限的预算用在对自己产品感兴趣的客户身上，让营销更有效。

2. 洞察市场需求变化

通过对各种渠道用户所说所做数据的采集，可以了解哪些客户更倾向于需要哪些产品，用户的购买动机是什么，有什么反馈意见和新的需求点，从而迅速抓住客户的诉求和期待，及时调整策略、规划或优化产品。

3. 准确把握消费者需求特征

结合区域消费能力、产品需求等多个维度进行交叉分析，可以一目了然地看出全国乃至全世界某类产品在消费者中的需求偏好、销售规模或受欢迎程度，在此基础上确定各区域的战略角色、进入策略以及区域产品策略。

4. 提升营销的精准度

消费者画像过程中采集的行为数据，如移动数据（经常去哪些地点）、上网数据（经常浏览哪些网页）、App 使用数据（经常使用哪些 App），甚至经常在什么时间段通过什么终端看什么节目等，都可以帮助酒店弄清楚客户信息来源渠道和购买渠道，帮助酒店选择最有效的渠道进行广告投放和销售布局，提升营销的精准度。

总的来说，通过大数据进行消费者画像可以帮助更准确地锁定目标客户，选择更有效的传播渠道和时机进行广告或产品投放，根据客户喜爱的内容或主题进行推广活动设计，以实现销售最大化。通过对消费者需求的洞察与预测，酒店还可以从营销的未来看向现在，实现更精准的、更具前瞻性的营销战略规划。

项目小结

市场调查研究是进行市场定位的基础，也是制定营销计划、实施营销策略的依据。营销人员应该能够有计划、系统地收集并整理有关消费者市场的资料信息，提出营销建议。明确调查目标，科学合理地设计问卷、实施问卷调查、整理分析数据，最终完成高质量的市场调查报告，是每一位营销人员必须掌握的基本职业技能。依托大数据，将消费者信息标签化，即进行消费者画像是市场调查研究的新方法，可以帮助加强对消费者需求的精准化洞察和预测。

实训练习

一、名词解释

酒店市场需求调查　　抽样调查　　随机抽样　　非随机抽样　　消费者画像

二、单项选择题

1. 酒店消费者市场调查第一优先顺序是（ ）。

A. 淡季消费市场　B. 营业额较大的消费市场
C. 专业市场调查者推荐的市场　D. 最能获利的消费市场

2. 酒店开展的全国性消费市场调查主要针对（ ）。

A. 商务市场　B. 旅游团队市场　C. 会议市场　D. 以上都是

3. 收集第二手资料主要采用的方法是（ ）。

A. 访问法　B. 观察法　C. 实验法　D. 资料调查法

4. 将顾客按商务散客、团队客人、会议客人进行分类再进行抽样调查的方法属于（ ）。

A. 简单随机抽样　B. 分层随机抽样　C. 分群随机抽样　D. 等距离随机抽样

5. 对每个楼层的单数号房住店客人进行抽样调查的方法是（ ）。

A. 简单随机抽样　B. 分层随机抽样　C. 分群随机抽样　D. 等距离随机抽样

6. 在酒店前台拦截客人进行的抽样调查属于（ ）。

A. 简单随机抽样　B. 分层随机抽样　C. 分群随机抽样　D. 等距离随机抽样

7. 目录是调查报告（ ）的一部分。

A. 前言　B. 前文　C. 正文　D. 附录

8. 酒店消费者画像的主要数据来源是（ ）。

A. 网络数据　B. 内部数据　C. 外部数据　D. 以上都是

三、多项选择题

1. 酒店市场需求调查的主要市场包括（ ）。

A. 老客市场　B. 本地市场　C. 全国性市场　D. 酒店的供应商

2. 调查对象接触方式有（ ）。

A. 邮寄调查表　B. 电话访问　C. 人员面谈　D. 在线访问

3. 调查问卷一般包括（ ）。

A. 标题　B. 开头部分　C. 正文部分　D. 附录部分

4. 调查问卷分为（ ）。

A. 开放式问卷　B. 封闭式问卷　C. 随机式问卷　D. 以上都是

5. 非随机抽样法有（ ）。

A. 任意抽样法　B. 简单抽样法　C. 判断抽样法　D. 配额抽样法

6. 一份完整的调查报告可分（ ）。

A. 封面　B. 前文　C. 正文　D. 附录

7. 消费者画像的数据维度主要包括（ ）。

A. 人口学特征　B. 生活方式特征　C. 线上行为特征　D. 社交行为特征

8. 消费者画像可以（ ）。

A. 准确识别目标客户　B. 洞察市场产品变化
C. 准确把握消费者的特征与需求　D. 提升营销的精准度

四、判断题

1. 调查问卷是收集第一手资料的主要调查工具。（　　）
2. 市场调查人员可以随时上岗，不需要进行培训。（　　）
3. 问卷中引导性和倾向性的问题更容易得到有效数据。（　　）
4. 调查问卷设计的问题一定要围绕调研主题。（　　）
5. 随机抽样法就是任意抽样法。（　　）
6. 判断抽样法对样本的选择加入了专家或调查者的主观判断。（　　）
7. 随机抽样法与非随机抽样法的主要区别是是否给予总体中的每一个个体被抽取的平等机会。（　　）
8. 市场调查报告的任何一个分析点都要有材料依据。（　　）
9. 有问题未回答的问卷应视为无效卷。（　　）
10. 消费者画像可以提高营销的精准度。（　　）

五、简答题

1. 进行市场调查的主要目的是什么？
2. 调查计划一般包括哪 6 个方面？
3. 调查问卷设计一般要经过哪些步骤？
4. 如何提高抽样调查的精度？
5. 市场调查报告撰写要注意什么？

六、分析与实践

你现在想要创办一家经济型酒店，在此之前你想先了解这一市场。

1. 请设计一份关于经济型酒店的市场调查问卷，调查该市场的需求状况。
2. 请将你在上题中设计的调查问卷发放给周围的几位朋友，数量自行控制，收集完毕后，请撰写一份调查报告。
3. 根据被调查者的基本情况，进行消费者画像分析。

项目二 酒店营销环境分析

知识目标

- 了解酒店营销宏观环境因素
- 熟悉酒店营销微观环境因素
- 掌握SWOT分析方法

技能目标

- 能够对酒店的营销环境进行SWOT分析

素养目标

- 深刻领会社会主义核心价值观及其对我国社会经济的深远影响

市场在不断地发展变化。营销人员只有搜集到与营销环境相关的信息，投入更多的时间去了解顾客和竞争环境，才能使营销战略适应市场新出现的机遇和挑战。市场营销环境是影响企业市场营销管理能力、使其能卓有成效地发展和维持与目标顾客交易及关系的外在参与者和影响力，主要包括宏观环境和微观环境。宏观环境直接影响和制约市场营销活动，而微观环境以微观营销环境要素为媒介，间接影响和制约酒店的市场营销活动。

任务一 分析酒店营销宏观环境

宏观环境是指给企业形成市场营销机会和造成环境威胁的外部因素，主要包括人口、经济、自然、技术、政治与法律以及社会与文化等因素，这些主要社会力量是企业不可控的变量。

一、人口环境

人口构成是消费市场的第一位因素。消费市场由想购买商品同时又具有购买力的人组成。企业必须重视对人口环境的研究，密切关注人口特性及其发展动向，不失时机地抓住市场机会，当出现人口环境变化造成的威胁时，应及时、果断地调整营销策略，以适应人口环境的变化。人口因素需要关注人口总数、人口结构和家庭状况（收入、结构等）。

二、经济环境

经济环境关系到消费市场状况及其变动趋势，包括直接和间接影响市场营销活动的经济环境因素两类。

直接影响市场营销活动的经济环境因素，主要包括：（1）消费者收入水平，有人均个人收入、个人可支配收入、个人可任意支配收入 3 个衡量指标。收入的增加会促进购买力的增强。（2）消费者支出模式和消费结构。消费结构是指各类消费支出在消费总额中所占的比重。（3）消费者储蓄和信贷情况。社会购买力与银行利率成反比关系，与信用消费水平成正比关系。

间接影响市场营销活动的经济环境因素，主要包括：（1）经济发展水平。经济发展水平决定居民收入水平。（2）地区与行业发展状况。这直接影响酒店的投资方向、目标市场以及营销战略的制定。（3）城市化程度。

三、自然环境

自然环境是由营销所处的地理位置、气候、交通条件等因素构成的。不同国家、不同地区的自然物质条件有差异，这些差异会影响社会经济发展水平，引致人们的消费差异，从而影响酒店的营销活动。酒店的营销活动应该考虑当前社会自然资源日趋短缺、环境污染日益加剧的现实趋势，必须适应和注重绿色营销的开展。

四、技术环境

新技术引起市场营销策略的变化。企业要关注三方面的技术：第一，可以提供竞争优势的新技术；第二，会对消费者产生重要影响的新技术；第三，促进设施现代化、为消费带来便利的新技术。目前，营销要特别关注互联网及移动终端技术，研究年青一代消费群体由新技术带给他们的不一样的消费习惯，开发新产品、开拓营销新渠道，并利用新技术改善管理，提高经营效益。

思考与讨论

（1）哪些新技术正在改变酒店的经营管理方式？

（2）思考自媒体发展对酒店营销的影响。

五、政治与法律环境

一个国家或地区总是会运用自己的法律行政手段干预社会经济活动。政治与法律环境是指企业和外部发生经济关系时所面对的各种法律、法规和政治经济政策。企业应该遵守的法律法规有《中华人民共和国食品卫生法》《中华人民共和国产品质量法》《中华人民共和国环境保护法》《中华人民共和国消费者权益保护法》《中华人民共和国合同法》《中华人民共和国妇女儿童权益保护法》等。

六、社会与文化环境

每个人都生长在一定的社会与文化环境中，并在一定的社会与文化环境中生活和工作，其思想和行为必定要受到这种社会与文化的影响和制约。酒店的市场营销人员应分析、研究和了解社会与文化环境，以针对不同的社会与文化环境制定不同的营销策略。这些社会与文化环境因素包括民族特征、文化传统、价值观、宗教信仰、教育水平、社会结构、风俗习惯等。

学思之窗

请写出我国社会主义核心价值观的内容，并讨论社会主义核心价值观对我国经济和社会的深远影响。

任务二 分析酒店营销微观环境

“供应商—酒店—营销中间商—顾客”这一链条构成了营销的核心系统，但一家酒店的成功，还受到另外两个群体的影响，即竞争对手和社会公众。因此，酒店营销的微观环境主要由酒店自身、顾客、竞争对手、营销中间商、供应商和社会公众组成。

一、酒店自身

营销经理是在酒店最高管理层领导下与酒店内各部门紧密合作开展工作的，因此，营销经理在作出决策时，不仅要考虑企业外部的力量，也要充分考虑企业内部环境，尤其在企业内部各部门本身是产品一部分的酒店业。

（一）酒店产品分析

酒店产品的特征是每一个营销人员首先要了解的，包括对酒店规模、地理位置、经营情况、客人情况、情调、设施等六个方面的分析。

1. 酒店规模有多大

（1）酒店建筑物所占区域。包括建筑面积，主体建筑长度、楼层数等。

（2）酒店最大容量。包括客房数、床位数、餐位数、车位数以及中餐厅、西餐厅、咖啡厅、酒吧的容量，多功能厅的数量及每个厅的规模等。

2. 酒店位于何处

（1）酒店所在地的人口规模。

（2）酒店附近的商业中心、旅游景点。

（3）酒店附近的休闲娱乐场所。

（4）酒店靠近的高速公路、国道、火车站或机场。

3. 什么时候经营最好

（1）一年中经营业绩最好和最差的分别是哪几个月。

（2）一周中经营业绩最好的是哪几天。

（3）一天中经营业绩最好的是什么时段。

4. 酒店的客人是些什么人

（1）商务客人比例。

（2）会议客人比例。

（3）家庭旅游者或休闲旅游者比例。

（4）境外客人情况。

5. 酒店的情调如何

（1）安静与高贵的气氛。

（2）商业性酒店。

（3）高消费酒店。

（4）奇异而有趣的酒店。

某酒店畅销产品分析表

6. 酒店实际设施如何

（1）现代、清洁、时髦的酒店。

（2）旧式的酒店，但经营情况很好。

（3）相当现代化的酒店。

（4）价钱便宜，但需要重新装修的酒店。

（二）酒店各部门分析

酒店营销部处理好内部关系有两层好处：一是确保各项营销计划得到有效执行，二是有利于保证产品质量。营销部经理要从营销绩效角度分析酒店各部门的销售位序，以便更有效地分配营销努力。降低低位序部门的销售努力，也就减缩了相应的营销费用，有助于高位序销售利润的提高。酒店营销部经理还应在一般营运作业中不断反省自问，所有营业部门是否都充分地实行了营业推广或改进。

酒店营销部经理对各部门分析的内容包括：(1) 综览所有部门，明确哪些部门的收益百分比最大，哪些部门的营业额已达到最高销售额，哪些部门最需要帮助。对于收益最佳的部门应使其推进达到最高销售额，不要让那些在营业额上处于赤字状况或接近赤字的部门拖累其他营业部门。(2) 分别观察各个部门，什么产品销售得最好，什么产品销售得最多，获得最大纯利润的产品是什么，获得最高利润的产品是什么，什么产品不赚钱，不赚钱的产品是否可以放弃。(3) 各个部门分析比较。将每一个部门的销售额进行分析比较，合理分配营销努力。

二、顾客

顾客是酒店的目标市场，既是酒店的服务对象，也是营销活动的出发点和归宿。酒店的目标市场有不同的分类方法：按购买规模分，可以分为个体消费者和组织消费者；按顾客出行目的分，可以分为度假旅游者、商务旅游者、会议旅游者、体育旅游者等。酒店要了解顾客的需要，分析自身的优缺点，识别出的缺点应尽可能予以改正；还要识别出不同顾客群体的来源地和购买习惯，从地理区域分析酒店的顾客市场，并有针对性地进行营销推广，提高营销绩效。

三、竞争对手

每一家酒店都要分析自身的状况，比较其与竞争对手的相对产业地位。在酒店业中占有显要位置的大酒店集团所能应用的某些战略，对一些小酒店而言可能望尘莫及，但小酒店可以选一些能形成某些竞争优势的战略。营销成功的关键是比竞争者更好地满足目标市场的需要。需要了解竞争对手的信息见表 2-2-1。

表 2-2-1　竞争对手信息对比表

竞争对手信息	竞争对手 1	竞争对手 2	竞争对手 3
基本情况			
房间数			
是否连锁			
星级			
开业时间			
最后装修时间			
是否参加网上预订系统			
至机场费用			
免费机场班车			
停车场			
地址			
预订电话			
预订传真			
预订网址			

续表

竞争对手信息	竞争对手 1	竞争对手 2	竞争对手 3
价格体系			
门市价格			
最好可用价格——旺季			
最好可用价格——平季			
最好可用价格——淡季			
商散协议价格——旺季			
商散协议价格——平季			
商散协议价格——淡季			
会议价格——旺季			
会议价格——平季			
会议价格——淡季			
团队散客价格——旺季			
团队散客价格——平季			
团队散客价格——淡季			
旅行社价格——旺季			
旅行社价格——平季			
旅行社价格——淡季			
自助早餐价格			
自助午餐价格			
自助晚餐价格			
加床价格			
网络价格			
合同有效期			
延时退房加收费用			
配送水果标准			
房间数量			
标准房型/可升级房型数量			
行政/商务房型数量			
套房数量			
公寓数量（带厨房）			
公寓数量（没有厨房）			
其他房型			
双床数量			
大床数量			
房间设施			
空调			
宽带费用			
无线网络			
打印机			

续表

竞争对手信息	竞争对手 1	竞争对手 2	竞争对手 3
咖啡、茶			
熨斗			
餐饮			
餐位数			
餐厅名称			
大堂吧			
送餐服务			
酒吧			
其他			
会议设施			
总面积			
会议室数量			
会议室最大面积			
洽谈室数量			
娱乐			
SPA			
健身中心			
美容院			
网球场			
其他			
备注			

思考与讨论

（1）讨论竞争与合作的关系。

（2）两个竞争酒店之间哪些方面是可以合作的？

四、营销中间商

营销中间商是协助酒店推广、销售和分配产品服务给最终顾客的企业，包括旅行社、旅游批发商与经营商以及酒店代理商等。在选择中间商时，酒店必须选择那些声誉好、能向顾客提供所承诺的产品并支付费用的企业。随着电子商务的发展，酒店要特别注意电子商务中间商的选择，更重要的是，要根据销售情况合理分配各中间商的销售规模。

五、供应商

供应商是向酒店业供应产品和服务生产所需的各种资源的企业或个人，比如餐饮原料供应商、酒水供应商，会展产品中的展位设计商，营销培训咨询机构等。供应商对酒店营销活动的影响主要表现在：（1）供货的稳定性与及时性；（2）供货的价格变动；（3）供货的质量水平。

六、社会公众

公众就是对一个组织完成其目标的能力有着实际或潜在兴趣或影响的群体。实际上，对一家来说，如果把公共关系事务完全交给公共关系部门处理，那将是一种错误。酒店的全部雇员，从负责接待一般公众的高级职员到向财界发表讲话的财务副总经理，到走访客户的推销代表都应该参与公共关系事务。酒店的公众一般包括金融界、媒体、政府机构、地方公众、一般公众和内部公众等。

任务三 SWOT分析营销环境

市场营销环境分析常用的方法为SWOT分析法，即对酒店的优势（Strength）、劣势（Weakness）、机会（Opportunity）和威胁（Threat）进行分析。

一、外部环境分析

外部环境分析其实就是机会与威胁的分析。环境机会的实质是指市场上存在“未被满足的需求”，它既可能来源于宏观环境也可能来源于微观环境。随着顾客需求的不断变化和产品生命周期的缩短，老产品不断被淘汰，要求酒店不断开发新产品来满足顾客的需求，市场上因而出现了许多新的机会。环境机会对不同酒店是不相等的，同一个环境机会对一些酒店可能成为有利的机会，对另一些却可能成为威胁。环境机会能否成为可把握的机会，要看此环境机会是否与酒店目标、资源及任务相一致，酒店利用此环境机会带来的利益能否比其竞争者更大。环境威胁是指对营销活动不利或限制营销活动开展的因素。这种环境威胁主要来自两个方面：一是环境因素直接威胁酒店的营销活动，如政府颁布某种法律，如《中华人民共和国环境保护法》，它对造成环境污染的酒店来说，就构成了巨大的威胁；二是酒店的目标、任务及资源同环境机会相矛盾。

思考与讨论

有什么环境因素对一家酒店可能是机会而对同地的另一家酒店可能是威胁？

二、内部环境分析

外部环境中的有利因素为企业提供了发展机会，要把握这一机会，企业还需具备一定的经营能力和竞争能力，所以酒店要定期检查自己的营销、财务、组织等方面的优势和劣势。识别环境中有吸引力的机会是一回事，拥有在机会中获得成功所必需的竞争能力是另一回事。每家酒店都要定期审视自己的优势与劣势，这可以通过“优势、劣势检查表”（见表 2-2-2）来进行，以检查自身的竞争能力。

表 2-2-2　优势、劣势检查表

<table>
<tr><th colspan="3">类型</th><th>现状</th><th>对策</th></tr>
<tr><td rowspan="18">概况</td><td colspan="2">位置类型</td><td rowspan="8">位置优势、劣势：

存在的问题：

位置相关经营机会：</td><td></td></tr>
<tr><td>城市</td><td>乡村</td><td></td></tr>
<tr><td>城市中心</td><td>临湖</td><td></td></tr>
<tr><td>高速公路</td><td>滑雪场</td><td></td></tr>
<tr><td>机场</td><td>公园附近</td><td></td></tr>
<tr><td>工业区</td><td>河边</td><td></td></tr>
<tr><td>郊区</td><td>风景区</td><td></td></tr>
<tr><td>其他</td><td></td><td></td></tr>
<tr><td colspan="2">发展历史</td><td rowspan="6">设施状况：</td><td></td></tr>
<tr><td>建筑开工年</td><td></td><td></td></tr>
<tr><td>其他建设</td><td>1</td><td></td></tr>
<tr><td></td><td>2</td><td></td></tr>
<tr><td></td><td>3</td><td></td></tr>
<tr><td></td><td>4</td><td></td></tr>
<tr><td>所有权更迭史</td><td></td><td rowspan="4">管理优势、劣势：</td><td></td></tr>
<tr><td>现有所有权年限</td><td></td><td></td></tr>
<tr><td>先前拥有者数量</td><td></td><td></td></tr>
<tr><td>现有管理公司的年限</td><td></td><td></td></tr>
<tr><td rowspan="6">设施</td><td colspan="2">客房数</td><td rowspan="6">优势、劣势：</td><td></td></tr>
<tr><td>单人间</td><td></td><td></td></tr>
<tr><td>双人间</td><td></td><td></td></tr>
<tr><td>套间</td><td></td><td></td></tr>
<tr><td>豪华套间</td><td></td><td></td></tr>
<tr><td>其他</td><td></td><td></td></tr>
</table>

三、营销环境比较分析

除了对酒店所处的环境进行 SWOT 分析外，还可以对酒店过去、现在和未来的环境进行比较分析，考察酒店营销环境变化情况，分析酒店面对的优势、劣势、机会和威胁的变化，并列出营销措施。无论面临的是优势还是劣势，或是机会还是威胁，酒店都应采取适当的营销措施，这样才能在所处的营销环境中求生存、求发展。营销环境（比较）分析见表 2-2-3。

表 2-2-3　营销环境（比较）分析

营销环境因素	酒店过去及现在所处的营销环境打分	是否有利		SWOT 分析				营销措施
		无	有	优势	劣势	机会	威胁	
1	2	3	4	5	6	7	8	9
1. 酒店营销微观环境	+2，+1，0，−1，−2							
（1）客源市场发展情况	+2，+1，0，−1，−2							
（2）客人对产品的满意程度	+2，+1，0，−1，−2							
（3）典型消费者特征	+2，+1，0，−1，−2							
（4）供应商供货情况	+2，+1，0，−1，−2							
（5）能源成本	+2，+1，0，−1，−2							
（6）中间商客源提供的变化情况	+2，+1，0，−1，−2							
（7）面临的竞争形势	+2，+1，0，−1，−2							
（8）劳务市场人力资源提供情况	+2，+1，0，−1，−2							
（9）企业之间的关系	+2，+1，0，−1，−2							
（10）资本结构与信贷信誉	+2，+1，0，−1，−2							
2. 酒店营销宏观环境	+2，+1，0，−1，−2							
（1）国际国内政治形势	+2，+1，0，−1，−2							
（2）政府态度及旅游政策制定	+2，+1，0，−1，−2							
（3）客源地及目的地文化特征	+2，+1，0，−1，−2							
（4）客源地家庭结构趋势	+2，+1，0，−1，−2							
（5）目标市场地位发展	+2，+1，0，−1，−2							
（6）国际国内经济形势	+2，+1，0，−1，−2							
（7）交通发展情况	+2，+1，0，−1，−2							
（8）科技发展情况	+2，+1，0，−1，−2							
（9）人口变化情况	+2，+1，0，−1，−2							
（10）全国旅游发展形势	+2，+1，0，−1，−2							
（11）当地旅游资源开发情况	+2，+1，0，−1，−2							

备注：

1. 第 1 栏列出的是营销的环境因素。
2. 第 2 栏是有关营销环境因素对酒店营销的有利程度。请把第 2 栏“很有利+2，较有利+1，有利 0，较不利−1，很不利−2”中你认为最合适的数字圈起来。无法决定时，圈“0”。如果各项的累积分达 42 分，则营销环境对酒店很有利，在此环境中营销成功的可能性极大；积分达 21 分，酒店也较有可能成功；积分低于 21 分或得到负分，则说明酒店面临的营销环境对酒店不利，必须采取必要措施。
3. 第 3、4、5、6、7、8 栏中分别标出了酒店未来营销环境的变化情况及其带给酒店的影响。
4. 第 9 栏请写出酒店将要采取的营销措施。

项目小结

要使营销战略适应市场中不断出现的机遇和挑战，酒店管理层和营销人员必须对酒店的营销环境，也就是酒店营销的内外生态系统进行研究和分析。酒店的宏观环境因素包括人口、经济、自然、技术、政治与法律、社会与文化等企业不可控的因素；微观环境因素包括酒店自身、顾客、竞争对手、营销中间商、供应商、社会公众等直接影响酒店经营的因素。营销环境分析通常采用SWOT分析法，分析酒店营销的优势、劣势，找出机会和威胁，并提出相应营销决策。

实训练习

一、名词解释

市场营销环境　酒店宏观环境　酒店微观环境　酒店营销中间商

环境机会　环境威胁

二、单项选择题

1. 酒店营销环境由宏观环境和（　　）构成。

A. 中观环境　B. 微观环境　C. 社会环境　D. 经济环境

2. 构成消费市场的第一位因素是（　　）。

A. 人口环境　B. 经济环境　C. 自然环境　D. 技术环境

3. 宗教信仰属于（　　）因素。

A. 经济环境　B. 技术环境　C. 政治与法律环境　D. 社会与文化环境

4. 营销人员处理好与酒店各部门的关系的好处，一是确保营销计划得到有效执行，二是（　　）。

A. 提高营销绩效　B. 保证销售利润　C. 保证产品质量　D. 促进营业推广

5. 酒店的目标市场按（　　）分，可以把酒店顾客分为度假旅游者、商务旅游者、会议旅游者等。

A. 购买规模　B. 出行目的　C. 购买习惯　D. 来源地

6. SWOT分析中的O是指（　　）。

A. 机会　B. 优势　C. 威胁　D. 劣势

7. 环境机会既可能来源于宏观环境，也可能来源于（　　）。

A. 外部环境　B. 内部环境　C. 微观环境　D. 以上都不是

8.（　　）对所有酒店都是威胁。

A. 顾客消费习惯的改变　B. 线上销售增加

C. 政府加强卫生监管　D. 能源价格上升

三、多项选择题

1. 消费者收入水平的衡量指标有（　　）。

A. 个人收入　B. 个人可支配收入

C. 个人可任意支配收入　D. 家庭收入

2. 间接影响酒店营销活动的经济因素有（　　）。

A. 社会结构　B. 经济发展水平

C. 地区与行业发展状况　D. 城市化程度

3. 属于社会与文化环境因素的有（　　）。

A. 民族特征　　B. 文化传统　　C. 价值观　　D. 教育水平

4. 酒店的情调可以从（　　）等方面进行分析。

A. 安静与高贵的气氛　　B. 商业性酒店

C. 高消费酒店　　D. 奇异而有趣的酒店

5. 酒店需要了解竞争对手的（　　）等信息。

A. 基本情况　　B. 价格体系　　C. 房间数量　　D. 客房、餐饮设施

6. 酒店供应商对酒店营销活动的影响主要表现在（　　）。

A. 供货的稳定性和及时性　　B. 供货的价格变动

C. 供货的质量水平　　D. 以上都不是

7. 社会公众包括（　　）。

A. 金融界　　B. 媒体　　C. 政府机构　　D. 内部公众

8. 为了保持酒店的经营能力和竞争能力，酒店要定期检查酒店（　　）方面的优势和劣势。

A. 营销　　B. 财务　　C. 组织　　D. 竞争

四、判断题

1. 家庭状况（收入、结构等）属于经济因素。（　　）

2. 经济环境因素间接影响着酒店的营销活动。（　　）

3. 新技术会引起市场营销策略的变化。（　　）

4. 政治与法律环境属于酒店需要直接面对的微观环境。（　　）

5. 地理位置是酒店产品的特征之一。（　　）

6. 酒店所在地的人口规模是酒店必须分析的宏观环境因素之一。（　　）

7. “供应商—酒店—营销中间商—顾客”构成了营销的核心系统。（　　）

8. 顾客是酒店营销的出发点和归宿。（　　）

9. 环境机会对所有酒店都是均等的。（　　）

10. 外部环境分析其实就是机会和威胁的分析。（　　）

五、简答题

1. 酒店营销宏观环境由哪些外部因素构成？

2. 酒店营销微观环境要分析哪些因素？

3. 如何进行酒店产品分析？

4. 什么是 SWOT 分析法？

六、分析与实践

1. 以所在地为背景，假定你准备进驻该地区开办一家经济型酒店，请分析所在地市场营销环境（包括微观营销环境和宏观营销环境），并用 SWOT 分析法分析你所面对的优势、劣势、机会和威胁。

2. 中共中央政治局 2012 年 12 月 4 日召开会议，审议通过了关于改进工作作风、密切联系群众的“八项规定”。“八项规定”的落实对市场产生了极大的影响。请讨论这一政策变化如何影响酒店尤其是高星级酒店的营销对策。

项目三 酒店目标市场确定

知识目标

- 掌握酒店市场细分方法
- 熟悉目标市场选择策略
- 了解进入目标市场的营销策略
- 熟悉酒店市场定位类型
- 理解酒店市场定位的内容

技能目标

- 能够根据酒店特点进行目标市场定位

素养目标

- 培养学生求真务实、科学理性的人生态度

酒店消费者人数众多、分布广泛，有不同的需要、支付能力、消费态度和消费方式，任何酒店都不可能满足所有消费者的需要。每家酒店都应根据自己的特点，寻找适合自己经营的目标市场，有效分配和使用酒店的有限资源，提高经济效益。目标市场的确定是市场营销的起点。市场营销过程其实就是不断识别各个不同的顾客群，选择其中一个或几个作为目标市场，运用适当的市场营销组合，集中力量为目标市场服务，满足目标市场需要的过程。目标市场确定的理论，也称为 STP 理论，包括市场细分（Segmenting）、目标市场选择（Targeting）和目标市场定位（Positioning）三个步骤，是战略营销的核心内容，具体见图 2－3－1。市场调查和市场营销环境分析是实施 STP 的前提和依据。

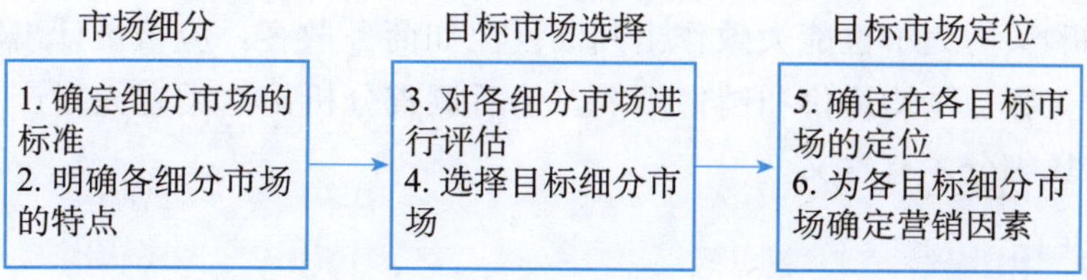

图 2－3－1 STP 步骤

任务一 细分酒店市场

一、市场细分的概念

有些商品，比如白糖或汽油，其消费者的需求基本相同，对企业的营销组合反应比较一致，这样的市场比较容易经营，只要生产者知道市场需求规模，就能提供一定量的产品来满足市场。但酒店面临的不是一个简单的同质市场，商务旅游者、度假旅游者、休闲旅游者这些最终消费者和旅行社、航空公司、某大型企业这些购买产品但并不是最终使用者的消费者，他们有不同的需求、不同的消费行为和不同的价值观，统配统销无法满足他们的需求。

市场细分的概念是美国市场学家温德尔·史密斯于20世纪50年代中期提出来的。所谓市场细分，就是根据顾客需求上的差异把某个产品或服务的市场划分为一系列细分市场的过程。市场细分就是将一个错综复杂的异质市场划分成若干个具有相同需求的亚市场，以确定目标市场的过程。例如，有些规模大、地理位置好、等级较高的酒店，若以商务旅游者和豪华观光度假旅游者为目标市场，那它的主要经营活动和营销活动都应集中在这两个目标市场上。另一些等级不高、地理位置欠佳的酒店，则常以团体包价观光旅游者作为目标市场。

市场细分可以帮助酒店营销人员回答几个重要问题（5W1H）：（1）谁（Who），针对哪些客源市场；（2）什么（What），这些客源市场中消费者需要什么样的产品和服务；（3）怎样（How），如何进行营销活动来最有效地满足顾客的需要和要求；（4）哪里（Where），在哪里宣传和推销自己的产品和服务；（5）何时（When），在什么时候宣传和推销自己的产品和服务；（6）为何（Why），要明确消费者行为的动机或影响其行为的因素，即消费者为何作出购买行为。

二、市场细分的标准

（一）可衡量性

可衡量性是指细分市场是可以识别和衡量的，即细分出来的市场不仅范围明确，而且对其规模和购买力大小也能大致作出判断。比如商务散客，应该统计出客人的住宿人数、平均住宿天数、平均房价和销售额等，然后调查分析出这类客人对产品和服务的要求。这样的市场细分才有意义。

（二）可达性

可达性是指细分出来的市场应是通过努力能够使产品进入并对顾客施加营销的市场。

具体来讲，该市场的大多数顾客可以通过一定媒介获得信息，并可以通过一定的分销渠道购买到产品。

（三）有效性

有效性是指细分出来的市场，其规模要大到足以使酒店获利。也就是说，市场细分时，必须考虑细分市场上的顾客数量，以及他们的购买能力和购买频率。

（四）可执行性

可执行性是指具备赢取这类市场的能力。例如，某酒店发现有一个潜力很大的会议市场，但没有会议设施，也没有资金进行会议设施建设，那这个市场对这家酒店就没有意义。

（五）反应性

反应性是指细分出来的市场对营销策略的变动应有不同的反应。如果该细分市场对营销策略组合没有反应，就不必对这一市场进行识别。

思考与讨论

寻找市场细分标准容易吗？思考酒店市场细分中可能存在的缺乏价值的市场细分标准。

三、市场细分的方法

（一）地理变量细分法

地理变量细分法按顾客所在的地理位置、自然环境来细分市场。比如根据国家、地区、城市规模、气候、人口密度、地形地貌等方面的差异将整体市场分为不同的小市场。亚洲客人同欧美客人对酒店的需求存在许多差异：亚洲客人注重酒店的装修和设施设备，而欧美客人强调房间的整洁、卫生和舒适宜人；亚洲客人对大众娱乐活动情有独钟，而欧美客人则更喜欢到游泳池、网球场、健身房进行锻炼。

（二）人口变量细分法

人口变量细分法按人口统计变量，如以年龄、性别、家庭规模、所处家庭生命周期阶段、收入、职业、教育程度、宗教、种族、国籍等为基础细分市场。顾客的需求、偏好与人口统计变量有着密切的关系。比如，只有收入水平较高的客人才是高档的客人，政务客人一直是很多酒店非常重视的消费市场。再比如，年轻人喜欢追求新鲜的经历和感受，喜欢下榻新的酒店，享用新的设施，而年长者更关注情感需要和安全保障。人口统计变量比较容易衡量，有关数据容易获取，是常用的市场细分依据。

（三）心理变量细分法

心理变量细分法按社会阶层、生活方式、个性、购买动机和偏好等与心理倾向和心理特征有关的变量为基础细分市场。社会阶层是指在某一社会中具有相对同质性和持久性的群体，他们在价值观、兴趣爱好和行为方式上有一定的相同性。住宿动机相近的人，在行为方式、消费水平、消费习惯上也有一定的同质性。现在比较流行以年代区分社群，很重要的原因就是“70 后”“80 后”“90 后”“00 后”有非常明显的时代特征。

（四）行为变量细分法

行为变量细分法以顾客对品牌的忠诚度、购买数量、购买时机、购买方式、追求的利益和对产品的了解程度等购买行为特征为基础进行市场细分。品牌忠诚顾客、团队客人、零散客人、长住客人、网络购买客人、节日购买客人、淡旺季客人都会表现出不同的购买行为和对产品的不同态度。以行为变量来细分的市场一般更容易把握，其购买行为直接反映这一细分市场对产品的偏好和需求规模，方便酒店更有效地采用不同的营销策略满足他们的需求。行为变量也是最常用的市场细分变量。

在运用细分变量进行市场细分时还要注意以下问题：

第一，市场细分变量值是动态的。市场细分的各项变量值不是一成不变的，而是随着社会生产力及市场状况的变化而不断变化的。如年龄、收入、城镇规模、购买动机等都是可变的。

度假酒店的客源市场

第二，不同的酒店在市场细分时应采用不同的变量。因为各酒店的资源、财力和营销的产品不同，所以采用的变量也应有所区别。

第三，在进行市场细分时，可以采用一项变量，即单一变量因素进行市场细分，也可以采用多个变量因素组合或系列变量因素进行市场细分。

学思之窗

市场细分必须求真务实，成功的市场细分需要充分了解研究市场，还要以科学有效的变量分析和定义市场。这些变量来自市场需求的共性特征，因而可以帮助酒店进行有针对性的营销。酒店的消费者市场有很强的地缘特点，即使是知名的酒店品牌也必须考虑酒店的本地化。请思考酒店本地化过程中要考虑的因素。

任务二 选择酒店目标市场

市场细分揭示了所面临的各种可供选择的细分市场。现在，需要对各个细分市场进行评估，决定将多少和哪些细分市场作为目标市场。对不同细分市场进行评估之后，就必须对进入哪些市场和为多少个细分市场服务作出决策。

一、目标市场评估

一般而言，考虑进入的目标市场应符合一定的标准和条件。

（一）目标市场足够大

酒店进入某一市场是期望能够有利可图的，如果市场规模太小或者趋于萎缩，则难以获得发展。大型酒店都重视销售量大的细分市场，而忽略销售量小的细分市场；而小型酒店则避免进入大的细分市场，因为过大则需投入的资源较多。酒店应该在自身资源和能力许可范围内，选择足够大的目标市场以提供充足的客源，保证经济效益。

（二）目标市场有发展潜力

有的目标市场虽然目前不算大，但随着时间的推移和相关环境因素的改善，会有较大的发展，这会给酒店带来许多销售机会。酒店营销人员应分析本地区有较大销售潜力的细分市场，研究本酒店是否有能力接待，以免忽视有潜力的细分市场。

（三）目标市场未饱和

目标市场未饱和是指该细分市场尚供不应求，竞争尚不激烈或未被竞争对手控制，本酒店还可以大显身手的市场状态。未饱和的目标市场可以使酒店充分利用资源，发挥优势，开发新产品，满足消费者需求。在选择这一目标市场时，要考虑竞争对手构成的威胁，应避免与竞争对手因选择相同的目标市场而发生直接冲突。

（四）酒店在目标市场有一定的招徕能力

营销人员应该分析本酒店设施和服务状况，考虑是否有条件招徕各类细分市场的顾客。这一能力具体包括酒店能否满足顾客最重要的需要，有哪些没有满足，是否可以改善产品和服务去适应这种需求。明确酒店的接待能力是选择目标市场最重要的依据。

学思之窗

"求真务实，科学理性"是相辅相成的。面对各类可供选择的细分市场，酒店必须依据本酒店的资源和实力，科学理性地进行目标市场选择。试讨论有限理性假定下的满意决策准则。

二、目标市场选择策略

（一）密集单一市场

密集单一市场策略是指酒店选择单一市场进行密集营销。采用这一策略的酒店更加了解该细分市场的需要，也便于树立良好形象。但是，单一细分市场可能出现不景气，或者某个竞争者决定进入同一细分市场，因此密集单一市场营销的风险相对比较大。

(二）有选择的专门化

有选择的专门化是指酒店选择若干个细分市场进行营销。每个细分市场在客观上都有吸引力，并且符合酒店的目标和资源实力，但各细分市场之间很少有或者根本没有任何联系。这种多细分目标市场策略可以分散酒店经营风险，即使某个细分市场失去吸引力，仍可继续在其他细分市场获利。

(三）产品专门化

产品专门化是一种产品导向的面对全市场的目标市场选择策略。酒店集中提供一种产品并向各类顾客销售这种产品，如主题酒店产品。通过这种战略，酒店可以在某个产品上树立很高的声誉。但如果该产品走完生命周期被市场淘汰，就会发生危机。

(四）市场专门化

市场专门化是指酒店生产不同产品以满足相同顾客群的需求，比如度假酒店、会议酒店等。销售人员被分配给指定的顾客，并且要求满足这些顾客的所有需求。市场专门化经营的产品类型众多，能有效地分散经营风险。但由于集中于某一类顾客，当这类顾客的需求下降时，企业也会有收益下降的风险。

思考与讨论

试考虑目标市场选择策略中酒店进行产品专门化或市场专门化发展的差别。

(五）完全市场覆盖

完全市场覆盖是指酒店用各种产品和服务满足各种顾客群体的需求。只有大酒店集团才能采用完全市场覆盖战略。

三、进入目标市场的策略

(一）无差异市场营销策略

无差异市场营销策略是指酒店将整个市场作为目标市场，用单一的营销策略开拓市场，即提供一种产品和一套营销方案吸引尽可能多的顾客。无差异市场营销策略只考虑顾客在需求上的共同点，而不关心他们在需求上的差异性。

无差异市场营销的理论基础是成本的经济性。提供单一产品，可以降低成本；无差异的广告宣传和其他促销活动可以节省促销费用；不搞市场细分，可以减少在市场调研、产品开发、制定各种营销组合方案等方面的营销投入。这种策略比较适用于：（1）需求广泛、市场同质性高且能大量生产、大量销售的产品；（2）新产品介绍期；（3）需求大于供给的卖方市场。

对于大多数酒店来说，无差异市场营销策略并不合适。首先，顾客需求客观上千差万别并不断变化，一种产品长期为所有顾客所接受非常罕见。其次，当众多酒店都采用这一策略时，会造成市场竞争异常激烈，同时在一些小的细分市场上顾客需求得不到满足，这对酒店和顾客都不利。最后，容易受到竞争者的攻击。当其他酒店针对不同细分市场提供更有特色的产品和服务时，采用无差异市场营销策略的酒店可能会发现自己的市场正在遭到蚕食但又无法有效地予以反击。正是由于这些原因，世界上一些曾经长期实行无差异市场营销策略的大企业最后也被迫改弦更张，转而实行差异化市场营销策略。

（二）差异化市场营销策略

差异化市场营销策略是指酒店将整体市场划分为若干个细分市场，针对每一个细分市场制定一套独立的营销方案。比如，针对不同性别、不同收入水平的顾客推出不同品质、不同价格的产品，并采用不同的广告主题宣传这些产品，采用的就是差异化市场营销策略。这种营销策略适用于：（1）规模大、资本雄厚的酒店或集团；（2）竞争激烈的市场；（3）处于成熟阶段的产品。

差异化市场营销策略的优点是小批量、多品种、生产机动灵活、针对性强，让顾客需求更好地得到满足，由此促进产品的销售。另外，由于是在多个细分市场上经营，差异化市场营销策略一定程度上可以降低经营风险，在几个细分市场上获得成功，也有助于提高酒店形象和市场占有率。

差异化市场营销策略的不足之处主要体现在两个方面。一是增加营销成本。由于产品品种多，管理和服务成本因此将增加；由于必须针对不同细分市场开发独立的营销计划，市场调研、促销和渠道管理等方面的营销成本也因此会增加。二是可能使酒店的资源配置不能有效集中，顾此失彼，甚至在内部出现彼此争夺资源的现象，使拳头产品难以形成优势。

（三）集中性市场营销策略

集中性市场营销策略是酒店集中力量进入一个或少数几个细分市场，实行专业化生产和销售。实行这一策略，不是追求在一个大市场上的角逐，而是力求在一个或几个子市场上占有较大的份额。这种营销策略适用于：（1）资源并不多的中小型酒店；（2）竞争比较激烈的市场。

集中性市场营销策略的指导思想是与其四处出击收效甚微，不如突破一点取得成功。这一策略特别适合于资源有限的中小型酒店。由于受财力、技术等方面的制约，中小型酒店在整体市场上无力与大酒店集团抗衡，但如果集中资源优势在大酒店尚未顾及或尚未建立绝对优势的某个或某几个细分市场进行竞争，则成功的可能性更大。

集中性市场营销策略的局限性体现在两个方面：一是市场规模相对较小，进一步发展受到限制；二是潜伏着较大的经营风险，一旦目标市场突然发生变化，如顾客的趣味发生转移，或强大的竞争对手进入，或新的更有吸引力的替代品出现，都可能使因酒店没有回旋余地而陷入困境。

任务三 定位酒店目标市场

目标市场确定后，就需要在目标市场上进行定位。市场定位是指在全面了解、分析竞争者在目标市场上的位置后，确定自己的产品如何接近顾客的营销活动。

一、市场定位的作用

一是有利于建立酒店及其产品和服务的市场特色。现代酒店市场竞争异常激烈，为了使自己获得稳定的市场，防止被其他酒店的产品所替代，必须树立一定的市场形象，以期在顾客心目中形成一定的偏爱。二是市场定位决策是制定市场营销组合策略的基础。假设某酒店决定提供优质低价的服务，那么这样的定位就决定了该酒店服务的质量要高，价格要定得低，广告宣传的内容也要突出强调产品服务质优价廉的特点。也就是说，酒店的市场定位决定了必须设计和发展与之相适应的市场营销组合。

二、市场定位的目标

（一）确立特色

市场定位的出发点和根本目标是要确定酒店的特色。首先，要了解市场上竞争者的定位，其提供的产品或服务有什么特点。其次，要了解顾客对酒店各特性的重视程度。显然，费大力气去宣传那些与顾客关系并不密切的产品是多余的。最后，还得考虑自身的条件。有些特性，虽然是顾客重视的，但如果力所不能及，也不能成为酒店市场定位的目标。

（二）树立市场形象

酒店所确定的特色是酒店有效参与市场竞争的优势，但这些优势不会自动地在市场上显示出来。要使这些独特的优势发挥作用，影响顾客的购买决策，还需要以酒店的特色为基础树立鲜明的市场形象，积极主动而又巧妙地与顾客沟通，激发顾客的注意与兴趣，求得顾客的认同。有效的市场定位并不取决于酒店怎么想，关键在于顾客怎么看。市场定位成功的最直接反映就是顾客对酒店及其产品所持有的态度和看法。

（三）巩固市场形象

顾客对酒店的认识不是一成不变的。竞争者的干扰或沟通不畅，都会导致市场形象模糊，顾客对酒店的理解也会出现偏差，态度也会发生转变。因此建立市场形象后，还应不断地向顾客提供新的论据和观点，及时矫正与市场定位不一致的行为，巩固市场形象，维持和强化顾客对酒店良好的看法和认识。

三、市场定位的类型

（一）避强定位

这是一种避开强有力竞争对手进行市场定位的模式，即不与对手直接对抗，将自己置于某个市场的“空隙”，发展目前市场上没有的特色产品，开拓新的市场领域。这种定位的优点是能够迅速地在市场上站稳脚跟，并在顾客心目中尽快树立起一定的形象。这种定位方式由于市场风险较小，成功率较高，因此常常为许多酒店所采用。

（二）迎头定位

这是一种与在市场上居支配地位的竞争对手并列或“对着干”的定位方式，即选择与竞争对手重合的市场位置，争取同样的目标顾客，彼此在产品、价格、渠道、促销等方面很少有差别。采用此策略有一定的风险，但这是一种更能激励酒店奋发向上的可行的定位尝试，一旦定位成功就会取得较大的市场优势。

（三）重新定位

重新定位通常是指对那些效益差、市场反应差的酒店产品进行二次定位。初次定位后，随着时间的推移，新的竞争者进入市场，选择与本酒店相近的市场位置，致使酒店原来的市场占有率下降；或者，由于顾客需求偏好发生转移，原来喜欢本酒店产品的人转向其他酒店，市场对本酒店产品的需求减少。在这些情况下，就需要对其产品进行重新定位。所以，一般来说，重新定位是为了摆脱经营困境，寻求重新获得竞争力和增长的手段。不过，重新定位也可以作为一种战术，并不一定是因为陷入困境，相反，可能是因为发现了新的市场。

四、市场定位的内容

市场定位的目标是塑造酒店品牌在目标市场即目标顾客中的形象，使产品具有一定的特色，适合目标顾客的需要和偏好，并与竞争者的产品有所区别。市场定位的内容很多，主要有形象定位、产品定位、价格定位、消费群体定位、服务标准定位、销售渠道定位等。

（一）形象定位

形象定位是指酒店以何种形象面对目标市场，为消费者提供何种产品和服务，主要包括建筑外观和内部装修、名称及其标准字体、标志、标准色等。所有这些视觉因素，直接影响人们对酒店形象的看法。酒店的建筑外观和内部装修应体现酒店的风格特色；名称宜正大平易，古怪、奇险的名称适用于较小的餐厅或特色旅馆；名称应以标准字的形式或放大或缩小用于广告牌、用品及各种可以宣传的地方，标准字要能够与酒店的经营理念、经营思想、服务风格等相协调、统一；标志宜造型单纯、图文明确、设计完善、标准统一，并将酒店的服务理念、企业文化等因素传达给消费者；标准色是指指定某一特定的色彩或一组色彩，运用于酒店各视觉传达设计的媒介上。

(二) 产品定位

产品定位是指酒店为消费者提供何种类型的产品。进行产品定位时，应强调三点：(1) 为产品创造和培养一定的特色；(2) 详细说明产品能为目标市场消费者提供的各种利益；(3) 强调产品与竞争对手产品的差异。为了明确产品定位，应该从规模、服务水准、地理位置和是否属于连锁集团四个方面进行产品分析，全面了解产品，确定产品的长处和短处。比如按地理位置，可以分为城市中心、机场、市郊、风景区等，这四类酒店各自的客源市场不同，经营重点和经营管理方式也不同。

思考与讨论

(1) 按地理位置划分的 4 种酒店产品各有什么特点？

(2) 酒店市场定位和酒店产品的市场定位有差异吗？相互关系是怎样的？

(三) 价格定位

价格是营销组合中最为敏感的一个因素。在实践中，酒店产品的价格总是千变万化，营销人员会根据消费者欲望程度的变化调整产品价格。在淡季，酒店可以采用低价，接待团队，扩大销售量；在旺季，酒店提高价格而销售量不会减少或减少不多，主要接待商务散客，以增加利润。调查发现，休闲观光旅游者的需求价格弹性大，可采取折扣低价策略；而商务旅行者对价格不敏感，需求价格弹性不大，其需求主要取决于所在地的经济发展状况，采取低价策略对增加销售量没有很大刺激，因此可采用高价策略。

(四) 消费群体定位

消费群体定位是指以何种类型的消费群体作为酒店的目标市场。酒店消费群体按旅游目的可分为四类：(1) 公务和会议消费群体。这类群体的需求量受价格影响较小，但停留的时间一般较短。(2) 观光旅游消费群体。这类群体对价格比较敏感，停留时间较长，但旅游频次要比公务旅行者少。(3) 休假娱乐旅游消费群体。这类消费群体以室外活动和娱乐为目的，喜欢参加体育活动、社交活动或喜欢晒太阳、看电影等，对价格变动非常敏感。(4) 探亲访友消费群体。这类群体的旅游目的比较单一，停留时间较长，对价格也比较敏感，其中一部分人不会使用酒店的客房和餐厅。酒店消费群体按消费群体规模还可以分为团体和散客两类。团体消费者还可进一步分为旅游团体、协会会议团体、公司会议团体等，散客还可进一步分为单身旅客、夫妇、家庭旅客等。通常，酒店不会只选择某一类消费群体作为目标市场，而是根据酒店实际情况选择几类消费群体作为提供产品和服务的对象。

(五) 服务标准定位

服务标准定位是指酒店以何种服务标准为消费者提供产品和服务。酒店的所有产品和服务都需要确定服务质量标准，由细分市场的要求和酒店想要获得的市场竞争地位而定。酒店的服务标准包括服务的态度标准、服务的行为标准、服务的个性化标准等。酒店服务标准种类很多，有国家标准、行业标准等，应根据自身实际，参照国家标准、行业标准等，制定出契合酒店实际和目标市场需要的服务标准。

（六）销售渠道定位

销售渠道定位是指酒店通过何种渠道将产品和服务传递给消费者。酒店的销售渠道有两类：一类是直接销售渠道，即产品直接从酒店销售给消费者；另一类是间接销售渠道，即酒店的产品经过中间商转移到顾客手中。旅游市场的分散性和空间距离及语言等方面的障碍，给间接销售留出了很大的销售机会。酒店的中间商包括：（1）代理商，手续费约占每次销售的15%；（2）旅行社，佣金约占消费者支付额的8%；（3）旅游批发商，他们在顾客未做任何预订之前就开始购买酒店的客房，而且是大批量地购买，可以获得25%～40%的价格优惠；（4）酒店集团的预订系统，主要通过网络和电话帮助顾客预订；（5）各类旅游信息中心，除提供旅游、住宿、线路推荐等信息外，还提供预订服务，每次预订收取一定的费用。酒店面对众多的渠道销售成员，应设计一套选择标准，对渠道成员进行选择、评估，确定所需的渠道成员，形成理想的销售渠道结构。

某阅读主题餐厅市场STP分析

项目小结

STP理论是市场营销战略的核心，意指市场细分、市场选择和目标市场定位。酒店可以根据地理变量、人口变量、心理变量和行为变量对客源市场进行市场细分，然后采用密集单一市场、有选择的专门化、产品专门化、市场专门化或完全市场覆盖等策略以无差异营销、差异化营销或集中性营销策略进入目标市场，最终通过形象定位、产品定位、价格定位、消费群体定位、服务标准定位、销售渠道定位等确立酒店特色，树立并巩固酒店形象，赢取消费者并获得竞争优势。

实训练习

一、名词解释

市场细分	地理变量细分法	人口变量细分法	心理变量细分法
行为变量细分法	社会阶层	目标市场	市场定位
重新定位	形象定位	产品定位	销售渠道定位

二、单项选择题

1. 酒店细分市场的规模大到足以使酒店获利，其市场细分符合的标准是（　　）。

A. 可衡量性　　B. 可达性　　C. 有效性　　D. 可执行性

2. 酒店通过努力能够使产品进入并对顾客进行营销的市场，其市场细分符合的标准是（　　）。

A. 可衡量性　　B. 可达性　　C. 有效性　　D. 反应性

3. 市场细分时人口密度应该归为（　　）。

A. 地理变量　　B. 人口变量　　C. 心理变量　　D. 行为变量

4. 酒店最容易把握的市场是根据（　　）细分的市场。

A. 地理变量细分法　　B. 人口变量细分法

C. 心理变量细分法　　D. 行为变量细分法

5. 酒店开发亲子客房以进入亲子市场主要采用了（　　）策略。

A. 有选择的专门化　B. 产品专门化　　C. 市场专门化　　D. 完全市场覆盖

6. 资源并不多的中小型酒店宜采用（　　）市场营销策略。

A. 无差异　　B. 差异化　　C. 集中性　　D. 以上都是

7. 维持、强化或纠正消费者对酒店看法的行为是（　　）。

A. 确立酒店特色　B. 树立市场形象　C. 定位市场形象　D. 巩固市场形象

8. 酒店陷入经营困境时，一般需要进行（　　）。

A. 避强定位　　B. 重新定位　　C. 迎头定位　　D. 形象定位

9. 酒店标准色设计属于（　　）。

A. 形象定位　　B. 产品定位　　C. 服务标准定位　　D. 销售渠道定位

10. 从星级角度分析，五星级的酒店首先要进行（　　）。

A. 形象定位　　B. 产品定位　　C. 价格定位　　D. 服务标准定位

三、多项选择题

1. 酒店市场细分可以帮助营销人员回答（　　）的问题。

A. who　　B. what　　C. how　　D. where

2. 酒店细分市场的变量有（　　）。

A. 地理变量　　B. 人口变量　　C. 心理变量　　D. 行为变量

3. 以下选项中，（　　）属于心理变量。

A. 教育程度　　B. 生活方式　　C. 个性　　D. 购买方式

4. 酒店可以采用（　　）策略进入和经营目标市场。

A. 无差异市场营销　　B. 差异化市场营销

C. 集中性市场营销　　D. 以上都不是

5. 差异化市场营销策略比较适合（　　）开展目标市场营销。

A. 需求广泛、市场同质性高且能大量生产、大量销售的产品

B. 规模大、资本雄厚的酒店或酒店集团

C. 竞争激烈的市场

D. 处于成熟阶段的产品

6. 对大多数酒店而言，无差异营销并不适合，根本原因是（　　）。

A. 顾客需求多样且多变　　B. 酒店规模不够大、资本不够雄厚

C. 可能造成激烈竞争　　D. 目标市场容易被竞争者蚕食

7. 市场定位的作用有（　　）。

A. 有利于酒店进行市场细分　　B. 有利于酒店进行目标市场定位

C. 有利于建立酒店特色　　D. 有利于酒店制定市场营销组合

8. 酒店市场定位的目标是（　　）。

A. 确立酒店特色　B. 树立市场形象　C. 巩固市场形象　D. 避免竞争

9. 酒店市场定位可以选择（　　）。

A. 形象定位　B. 避强定位　C. 迎头定位　D. 重新定位

10. 酒店市场定位主要有（　　）以及服务标准定位、销售渠道定位。

A. 形象定位　B. 产品定位　C. 价格定位　D. 消费群体定位

四、判断题

1. 行为变量是酒店市场细分时最常用的变量。（　　）
2. 市场细分变量值总体比较稳定。（　　）
3. 购买时机为市场细分的心理变量。（　　）
4. 家庭规模属于市场细分的人口变量。（　　）
5. 大型酒店一般会特别重视销售量大的细分市场。（　　）
6. 接待能力对酒店选择目标市场而言不是最重要的。（　　）
7. 采用产品专门化市场策略的酒店，可能会面对产品走完生命周期被市场淘汰的风险。（　　）
8. 市场定位是酒店制定市场营销组合的基础。（　　）
9. 竞争者对酒店市场形象不会产生干扰。（　　）
10. 商务旅行者住宿需求的价格弹性相对较小，可以采用高价策略。（　　）

五、简答题

1. 什么是 STP 理论？
2. 酒店细分出来的市场应该符合什么标准？
3. 怎样的目标市场对酒店是有吸引力的？
4. 酒店市场定位主要包括哪些定位？

六、分析与实践

1. 一家民营连锁集团准备在你的所在地进驻一家五星级酒店，你觉得要做怎样的市场细分？它的目标市场在哪里？它的市场定位应该是什么？

2. 结合第一题，请撰写一份所在地五星级酒店 STP 分析报告。

Module 3

模块三

制定策略　开发市场

项目一 酒店产品策划

知识目标

- 了解酒店产品和产品层次概念
- 掌握酒店产品组合的方法
- 熟悉酒店产品消费者体验的"3P"
- 掌握酒店新产品开发的程序

技能目标

- 能够根据市场和酒店的产品和服务进行特色或者主题产品组合设计
- 能够从消费体验角度进行现场服务产品策划

素养目标

- 分析冲突来源并能够有效化解，做一个专业的服务人员

产品是市场营销组合策划的基础。酒店成功与发展的关键在于产品能满足消费者需求的程度以及产品策划正确与否。产品策划是酒店为了在激烈的市场竞争中获得优势，在生产、销售产品时所运用的一系列措施和手段，包括产品组合策划、产品体验管理和新产品开发策划等。

任务一 了解酒店产品及产品组合

一、酒店产品

市场营销意义上的产品是指能够提供给市场并引起人们注意、获取、使用或消费以满足某种欲望或需要的任何东西。酒店产品可以理解为是客人参与酒店活动整个过程中所需产品和服务的总和，是以提供酒店服务为核心利益的整体产品。酒店产品由 5 个部

分组成。

（1）地理位置：酒店地理位置的好坏意味着可进入性与交通是否方便，周围环境是否良好。

（2）设备与设施：包括客房、餐厅、酒吧、会议室、娱乐休闲设施等。

（3）服务：包括服务内容、服务方式、服务态度、服务速度与效率等。

（4）形象：指客人对酒店设施、服务、地理位置与室内外环境等各种因素的印象的综合。

（5）价格：价格既表示酒店通过其地理位置、设施与设备、服务和形象给予客人的价值，也表示客人从上述因素中所获得的满足程度。

思考与讨论

作为消费者，你希望获得的是什么样的酒店产品？

二、酒店产品的层次

（一）核心产品

核心产品是指向顾客提供的产品的基本效用和利益。酒店核心产品包括客房、餐饮、康乐等。不同客人对酒店核心利益的要求不同：对在意价格的客人来说，是便宜、清洁地度过一夜；对于豪华等级的炫耀性客人来说，是享受体面与舒适的现代生活。对度假客人而言，假期的意义不一定是酒店的客房和食物，而可能是心灵解放、压力释放。

（二）形式产品

形式产品是指核心产品借以实现的形式或目标市场对某一需求的特定满足形式。酒店形式产品可以理解为客人获得或使用核心产品时必须存在的物品和服务，包括酒店的位置、建筑设计、装潢装修、设施设备、用品用具等，也包括酒店提供的各种服务项目，比如停车服务、预订服务、前厅接待服务、餐厅点单服务、贴身管家服务、VIP 服务等。

（三）期望产品

期望产品是指顾客购买产品时期望得到的与产品密切相关的一整套属性和条件。酒店的期望产品包括可进入性（地理位置和营业时间）、环境（视觉的、听觉的、嗅觉的和触觉的方面）、顾客与酒店的互动、顾客参与以及顾客之间的互动等。比如，顾客正在酒店进餐，希望的是安静的环境，但附近餐桌有小孩在哭泣，这一定不是他所期望的。

（四）延伸产品

延伸产品也称附加产品，是指消费者在购买形式产品和期望产品时附带获得的各种利益的总和。如酒店配备温泉中心或按摩中心、提供机场接送服务等。延伸产品来源于对顾客需求的综合性和多层次的深入研究，要求酒店正视顾客的整体消费体系，注意因附加产品的增加而增加的成本顾客是否愿意承担，同时要注意顾客消费能否弥补相应成本。

（五）潜在产品

潜在产品是指现有产品包括所有延伸产品在内的、可能发展成为未来最终产品的处于潜在状态的产品。它指出了现有产品的演变趋势和前景，预示着酒店产品最终可能会有所增加和改变。

思考与讨论

科学技术发展和应用是酒店潜在产品的重要来源。讨论目前有哪些科技发展深刻影响消费者的住店体验和酒店产品的发展趋势。

酒店产品包括基本产品与扩展产品，产品策划必须包括这两部分。基本产品是酒店服务存在的基础，包括核心产品和形式产品；扩展产品使酒店的基本产品区别于竞争者，包括期望产品、延伸产品和潜在产品。酒店营销要在以上这5个层次上满足不同顾客的需求。

三、酒店产品组合

酒店销售的产品其实是一系列产品组成的产品组合。产品组合是指酒店根据目标市场的需求和变化，结合酒店自身条件，决定提供产品的品种。酒店产品组合由酒店产品的广度、长度、深度和一致性决定。

（一）酒店产品组合策略

1. 扩大广度

酒店产品组合的广度是指酒店共有多少产品生产线，如酒店提供客房、餐饮、康乐生产线。对酒店集团而言，则是指不同类型或等级的酒店，每个生产线还要可以由许多品牌或单品项目组成，以发挥酒店集团的资源潜力。

2. 延伸长度

酒店产品组合的长度是指酒店产品线可以提供多少种不同项目的服务，如客房有标准间、大床房、商务房等。延伸产品组合的长度是指现有服务项目基础上增加新的服务项目，比如在康乐项目中增加SPA服务等。

3. 增加深度

酒店产品组合的深度是指产品线中每种产品所能提供多少服务内容，如桑拿有干蒸、湿蒸、擦背等。营销人员可以通过产品的差异性来增加产品组合的深度，以适应不同客人的需要，吸引更多的客人。

4. 保持一致性

酒店产品组合的一致性是指不同产品线在最终用途、生产条件、销售渠道或其他方面的相关联的程度。酒店产品组合相关性的高低，决定了酒店能在多大的领域内加强竞争地位和获得声誉。

（二）酒店产品组合原则

1. 适应需求

顾客需求一般包括：（1）功能需求，这是顾客最基本的需求；（2）形式需求，是指顾客对酒店产品的质量、外观、构成、名称、表现形式等方面的需求，质量是核心；（3）价格需求，是指顾客对酒店产品合理收费以及在一定价格波动区间内获得定价权的需求；（4）外延需求，是指顾客希望获得附加利益和服务的需求，其核心是心理需求。酒店可以以某类顾客的需求为目标进行产品组合，如会议产品、蜜月度假产品、奖励旅游产品等。

2. 顾及成本

经济性是酒店经营和顾客消费的基本准则之一。酒店的产品设计必须考虑消费者的成本主要有：（1）货币成本，即消费者为满足需求、得到利益所耗费的货币价值；（2）时间成本，即消费者在得到和消费服务过程中所花的时间价值；（3）体力成本，即消费者在等待和使用服务中的体力支出；（4）精神成本，即消费者在购买和消费服务过程中所付出的精神代价。酒店应该对顾客成本进行分析，根据酒店的实际情况，降低顾客成本，提高服务质量。

3. 保证品质

品质是指品位和质量。有品位是指酒店提供的产品和服务不能有失顾客的身份，而应凸显和提升顾客的身份和地位。高质量是指酒店提供的产品和服务应使顾客有舒适和舒心之感。酒店“三个凡是”的“黄金标准”是保证品质的基本规范：凡是顾客看到的必须是整洁、美观的；凡是提供给顾客使用的必须是安全、有效的；凡是酒店员工，对待顾客必须是亲切、礼貌的。按标准和规范进行生产是酒店服务产品品质的重要保证。

某酒店的产品组合

4. 注重特色

求新是人们普遍具有的一种心理，酒店产品设计人员应注意和利用这种求新心理，使产品因其“新奇”“独特”而对顾客更具吸引力。酒店产品特色来源于服务项目的创新，源泉是地方文化或传统文化。酒店的产品组合设计必须关注客人的情感诉求，注重满足客人的精神需求，使客人感受到其中的价值感、归属感和满足感。此外，酒店产品组合设计要尽可能地引导和创造消费新趋势。

任务二 关注酒店产品中的消费者体验

所有产品，不论是商品还是服务都会提供给消费者一系列利益。酒店提供的产品以服务为主，消费者实际购买的是服务所产生的一种体验。酒店通过消费者的体验而为之提供利益。服务产品的特征要求酒店关注客人体验，服务营销中的服务人员（People）、服务过程（Process）、有形展示（Physical Evidence），这“3P”强调的就是消费者体验。

一、服务人员

服务人员是服务产品的一部分，也是产品差别化的源泉。客人与前端服务人员互动而产生服务，而有效的互动又取决于前端服务人员的技能和后端人员对此过程的支持。因此，成功的服务企业既关心客人，也重视员工。酒店的利润与雇员和客人满意度相连，也可以理解为酒店取得竞争优势的关键是服务水平，也就是如何进行服务。保证服务水平的服务人员管理可以从服务人员角色管理和工作氛围营造两个方面着手。

（一）管理好客人与服务人员的交界面

1. 理解服务人员的角色

根据岗位不同，酒店服务人员的角色在“从属性服务角色”和“专业导向性服务角色”之间分布和变化。从属性服务角色从属于酒店和客人，比如客房服务员、前厅服务员、餐厅服务员等；专业导向性服务角色，其专业技术或专业知识是酒店或客人想利用的，比如酒店的厨师、营销人员等。不管哪种角色，当角色期望与酒店总体服务导向或与服务人员的标准和价值观不一致时，就会产生冲突。

2. 管控服务人员面对的冲突

给一线服务人员带来压力的冲突来源多种多样，比如与客人关系之间的不平等、服务被当作刻意表现、服务人员被冒犯、酒店规定和客人要求之间的困境等。面对这些由冲突带来的工作压力，员工不会被动接受，而是会采用避免接触客人、进入“人群处理模式”（将客人当作无生命的物体而不是活生生的人处理）等来减轻压力。当服务人员角色压力带来的角色过分错位时，服务质量问题必然发生。

帮助服务人员避免角色过分错位的方式方法很多，有：（1）培训服务人员，使之掌握与客人尤其是麻烦客人打交道的技巧，酒店也必须明确自己对常规客人和麻烦客人的立场；（2）让服务人员掌握酒店对客服务基本规范及相关知识，并能为客人提供符合逻辑的解释，以提升服务人员面对客人质疑时的处理能力；（3）适当“培训”客人，使之了解应当期待什么，以及在给定情境下什么行为是适当的。

思考与讨论

（1）服务人员在正常或非繁忙时与繁忙时处理服务的方式往往不同。高节奏和高销售额常常会与一种非友好的对客模式相联系。你作为领班或主管，会如何协调团队在效率与情感之间的冲突？

（2）该如何“培训”客人？

（二）通过人力资源政策营造良好的服务氛围

由冲突带来的工作压力会导致不满意、沮丧和跳槽倾向，人力资源管理实践和服务能在服务质量和人员士气方面起决定作用。酒店的人力资源政策和管理实践需要：（1）既要重视设施设备的投资，也要重视对人的投资，有时对人的投资更重要；（2）使用技术手段来支持一线人员的努力，而不仅仅是监控或取代他们；（3）各级工作人员的薪酬要与业绩挂钩，而不只针对高层管理者。除教育和激励外，酒店还要为员工提供良好环境和氛围，并由此使工作人员全身心地投入酒店服务中。

学思之窗

任何工作都会有压力。服务人员对客服务的压力来自服务过程中的各种冲突。除服务技能外，服务人员如何面对和化解冲突也是提升服务专业性的重要内容之一。作为一线服务人员，你觉得你可能会遇见什么冲突？该如何化解？

二、服务过程

客人在酒店里得到的服务由两部分组成：服务过程和服务结果。服务结果是客人购买服务的基本目的，比如入住酒店的住宿、餐饮。客人在获得这一结果的过程中，感知的不仅有产品，还有服务交互过程。服务交互过程管理的核心是消费者的实时体验，包括 7 个方面。

（一）了解市场需求

服务不能储存，导致酒店供给难以调节，但需求往往有明显的周期性。需求高峰时会增加服务人员的劳动负荷和工作压力，客人也容易对服务产生不满，导致交互质量下降。酒店应深入了解市场需求变化规律，通过合理配置服务人员、价格变动和其他促销手段来调整需求。

（二）引导和监督现场服务

客人直接参与酒店服务过程，服务做得好，客人会再来且会带来更多的消费者；做得不好，他们会离去而且会带来负效应的口碑宣传。客人也是服务过程的合作者，为了使比较复杂或新的服务项目合作成功，现场的监督和引导也必不可少。

（三）积极进行服务补救

在酒店服务过程中，失误是难免的，重要的是在失误发生后，要积极进行服务补救。首先是耐心听取顾客的抱怨；其次是诚恳地承认问题，向顾客表示歉意；最后是以最快的速度作出反应，以尽可能多地留住顾客。

（四）调动激励因素

在服务过程中，服务人员可能会将情绪带到现场，进而影响交互质量。行之有效的激励是扩展一线人员的工作空间，丰富工作内容，增加他们的决策权，提供更高层次培训的机会等，同时让他们深刻体会满意的顾客给他们带来的喜悦，这可以提高他们对工作的满意度。

（五）听取顾客反馈意见，完善后续服务

顾客接受酒店的服务后，即使不满意，向酒店提出抱怨的人也很少。因此，酒店应采取有的放矢的措施，例如设置投诉热线电话、定期进行顾客感知质量调查等，并对收集到的信息进行分门别类和综合分析，了解顾客对酒店服务质量的评价并及时改进。

（六）引进竞争管理

服务质量低下往往是因为员工缺少紧迫感和危机感。酒店可以利用“鲶鱼效应”对员工进行竞争管理。比如，从先进酒店引入服务高手作为“鲶鱼”，给酒店的员工制造无形的影响力和压力，带动全员积极进取，不断提高服务质量。

（七）加强服务质量责任管理

酒店应以服务质量作为考核服务人员业绩的重要依据，评价标准是客人的满意度。每一名员工都要明确自己的授权范围，发生服务失误也能够明确责任，积极提高服务质量，在创造更好业绩的同时也方便员工寻找服务交互过程中存在的问题，完善交互过程的质量。

三、有形展示

酒店的有形展示体现在酒店的实体环境中，并会通过服务人员的体验对消费者产生相当大的间接作用。在设计有形展示和实体环境时，酒店应给予服务人员和消费者相应的重视。可以从 3 个维度对实体环境进行定义。

（一）周围环境

周围环境指的是环境的背景特征，如温度、照明、噪声、音乐和气味等作用于人的五官的环境条件。消费者通常基于对感官暗示的理解来感知酒店设施和服务，包括以下几个方面。（1）视觉吸引力。指大小、形状、颜色三个主要视觉刺激因素形成的和谐感、对比感和冲突感等。（2）声音魅力。音乐能使员工和客人产生积极的态度，还会影响客人的购买行为。较快节奏的音乐会加速交易完成，较慢节奏的音乐则会使客人不由自主地延长逗留时间。（3）气味吸引力。令人喜悦、兴奋的香味总是会使客人情不自禁地延长在商店闲逛观游的时间，某些特别的香气还可以缓解人们的精神压力。

思考与讨论

思考酒店环境在视觉上的和谐感、对比感和冲突感会带给消费者什么感受，分别适合什么环境。

（二）空间布局

服务环境的存在是为了满足消费者的特定需求，因此空间布局和相应职能的完成就

会显得十分重要。空间布局指的是酒店空间布置和各种服务项目安排的方式，空间布局要有利于各服务项目任务的执行。

（三）标志和指示

在酒店实体环境中有很多东西作为明确或不明确的符号和标志，将有关信息转告给使用者。当消费者不能从实体环境中获取清楚、明确的指示信号时就会迷失方向。复杂、烦琐的运营程序会增加消费者对于“迷路”的恐惧感，而信号模糊、指示不清则会导致消费者产生误解或者对系统的实际运营情况产生怀疑。这些问题可部分地通过消费者的经验加以解决，但是对于新消费者则可能导致他们因耽搁时机而误事，并感到有些恼怒和失望。

任务三 开发酒店新产品

一、产品生命周期

每个产品似乎都会经历一个从诞生到死亡的生命周期。产品生命周期是一种产品投入市场开始，逐渐成长，不断成熟，最后被市场淘汰，企业停止生产此产品的全过程。一个典型的产品，其生命周期可以划分成 4 个阶段。

（1）导入阶段。即随着产品在市场上的推出，销售缓慢增长的时期。产品导入市场需要耗费巨额成本，致使利润几乎不存在。

（2）成长阶段。即产品被市场迅速接受，利润大幅增加的时期。竞争者开始出现，或模仿或改进。

（3）成熟阶段。即由于产品已经被大部分潜在顾客接受而造成销售增长放缓的时期。随着竞争者的增加，产品品种不断丰富，市场趋于饱和；用于对抗竞争的营销费用不断增加，利润趋于稳定，甚至会下降。

（4）衰退阶段。即供应远远超过需求，销量和利润下降的时期。

并不是所有产品都遵循生命周期。有些产品导入速度快，衰退也快；有些产品在成熟期要停留很久；还有些产品进入衰退期后，凭借强有力的促销活动或重新的定位又回到了成长阶段。如果经营得好，一个酒店品牌可以长久存在。产品生命周期的概念可以用来描述一个产品类别（经济型酒店）、一种产品形式（五星级酒店）或者一个品牌（亚朵酒店）。产品生命周期也可以应用于风格、时尚和潮流。理论上，营销人员可以用生命周期概念作为一个有用的框架来分析产品和市场，并制定相应的营销策略。但在实践中，预测产品生命周期阶段的销量、时间长短和生命周期曲线的形状其实是很困难的。不过，营销人员可以在明显的生命周期阶段发挥作用，比如消除消费者接受新产品的障碍并将新产品快速推进到成长阶段；通过创新营销拯救成熟或衰退的产品，使它们回到生命周期的成长阶段等。

思考与讨论

(1) 产品类别、产品形式和品牌的生命周期长短排序如何?
(2) 目前市面上有什么酒店的设计是现代年轻人喜欢的?

二、酒店新产品开发步骤

开发新产品往往对酒店具有战略意义，它是酒店生存和发展的重要支柱。酒店新产品开发一般需要经过八个步骤。

(一) 新产品构思

进行新产品构思是酒店新产品开发的首要阶段。构思是对新产品进行设想或创意的过程。新产品可以是完全创新的产品、改进的产品，也可以是仿制的产品。比如，某酒店想改变现在的客房服务时间，打造全新的客房服务产品，就是一个新产品的构思。构思需要在一定范围内进行头脑风暴，收集新产品的有关信息。

(二) 新产品创意筛选

酒店通常需要设立或临时成立新产品创意筛选小组。小组成员应该是财务、技术、生产、营销等方面的专家与代表，还需要考虑筛选人员的评分能力和性格特征，尽可能做到性格互补。然后由筛选人员根据自己的经验来判断构思与酒店经营目标、生产技术、财务能力、销售能力是否相适应，把明显不适应的构思剔除。为确保创意的客观性，对粗筛留下的构思还要进行评分筛选，包括 SWOT 分析、权重赋分法，分高者优先。

(三) 新产品构思的具体化与测试

这是指酒店从顾客的角度对新产品构思进行详尽描述，包括基本设施、服务特点、价格、名称、提供给顾客的利益等。基本步骤首先是收集现新产品信息，以获得有关市场特征、竞争状况等更多信息；然后根据产品具体构思找出相似及具有模仿潜质的潜在竞争对手，通过与行业专家及潜在顾客的谈话来评估该构思价值；最后，从愿意合作且酒店住宿经验丰富的主要顾客那里获得有关新产品构思的具体化建议。

酒店新产品构思一旦具体化，就必须在一大群目标市场顾客中进行新产品概念测试。这一测试主要是了解顾客对新产品概念的反应，并从多个新产品概念中选出最有希望成功的新产品构思，以减少新产品失败的可能性，同时对新产品的市场前景有一个初步认识。然后找出对这一新产品概念感兴趣的消费者，针对目标消费者的具体特点进行改进，为下一步的新产品开发工作指明方向。

(四) 制定新产品营销战略

新产品构思经消费者测试已基本成型后，就需要制定酒店新产品营销战略来推出这一酒店新产品。营销战略报告包含三个部分：(1) 目标市场、市场定位以及几年内要达到的销售额、市场份额和利润额目标；(2) 第一年的计划价格、分销渠道和营销预算；

（3）长期的预期销售额、盈利目标和相应的营销组合战略。

（五）新产品商业分析

商业分析涉及对销售额、成本和利润前景的考察，旨在确定它们是否符合酒店各项目标，挖掘新产品的销售潜力。新产品的销售潜力是指当酒店的营销努力达到最大限度时可能实现的销售量。良好的新产品销售预测要考虑四大主要变量：潜在顾客的行为、竞争者的行动、环境的影响、酒店的新产品战略。

潜在顾客对新产品的认识或接受程度不仅受新产品本身所提供利益的影响，而且受酒店的品牌优势、营销努力及酒店形象等的影响。竞争者的介入会极大影响酒店新产品的销售，如竞争者改变其价格、投入新的促销或推出类似新产品等，都可能使本酒店新产品的销售量下降。宏观环境的变化，如宏观经济不景气、顾客可支配收入下降或因国家出台新的政策法规等，都会影响新产品的销售。酒店采取不同的新产品开发战略，如冒险战略、紧跟战略、进攻战略及防御战略，对市场份额的追求各不相同，因而预测新产品的销售潜力时须结合酒店的新产品战略。

（六）新产品设计

酒店新产品设计过程是将构思概念转化为产品的具体形式，也就是应用相关的专业技术、理论，将拟开发的新产品概念具体表达为被生产过程接受的技术文件和图样并打造出实体的过程。

（七）新产品测试性营销

对酒店新产品进行小范围试运营，是为了检查新产品能否满足顾客对产品核心利益的要求。这一方面可以验证酒店新产品的可操作性，对不适应运营的部分进行改进和修正；另一方面可以摸索和掌握酒店新产品开发的初步经验，为日后大规模运营创造条件。

试运营也是一种市场测试，是将产品和营销计划引入真实市场环境的阶段。尽管从酒店新产品构思到酒店新产品实体开发的每一个阶段，酒店开发部门都对新产品进行了相应的评估和预测，但这种评估和预测在很大程度上带有新产品开发人员的主观色彩。最终投放到市场上的酒店新产品能否得到目标市场顾客的青睐，只有将新产品投放到有代表性的小范围的目标市场进行测试，才能真正了解该新产品的市场前景。

（八）新产品上市

经过试运营，当酒店决定大批量生产该新产品时，酒店还必须作出 4 个方面的决策：

（1）何时推出。考虑引入新产品的时机是否合适。

（2）在何地推出。酒店必须决定新产品的引入是局限在单一的地点，还是在一个地区、几个地区，甚至国际市场。酒店一般会逐步地、有计划地扩展市场。

沙漠度假酒店卖什么

（3）向谁推出。在市场扩展过程中，酒店必须将其分销和促销活动对准最有发展前景的群体，根据实际的市场环境，寻找早期使用者、经常使用者和意见领袖。

（4）以何种方式推出。酒店必须制定一个把新产品引入所选定的市场的行动计划，并将营销预算投入营销组合中。

思考与讨论

酒店想推出自助午餐，该如何做？

项目小结

产品策略是市场营销组合策略的第一个策略。酒店产品策划包括产品层次和产品组合的策划。产品策划必须适应消费者需求，顾及酒店和消费者的各项成本，保证产品和服务品质，同时注重产品特色，为酒店创造良好效益奠定基础。酒店产品以服务产品为主，消费者体验因此显得尤为重要。对服务营销中的“3P”——服务人员、服务过程、有形展示的有效管控，可以极大地提升消费者体验。所有产品都有生命周期，新产品开发对酒店生存和发展具有重要意义。酒店新产品开发一般需要经过构思、创意筛选、构思的具体化与测试、制定营销战略、商业分析、设计、测试性营销、正式上市 8 个步骤。

实训练习

一、名词解释

产品策划　酒店产品　核心产品　酒店产品组合

从属性服务角色　专业导向性服务角色　人群处理模式　周围环境

产品生命周期　新产品的销售潜力

二、单项选择题

1. 对于某地的五星级酒店，足以影响客人想要的产品利益组合往往来自这些五星级酒店的（　　）。

A. 地理位置　B. 客房设施　C. 餐饮设施　D. 服务水平

2. 客人到乡村度假酒店消费，往往希望获得淳朴、轻松、自然的度假体验。对酒店来讲，这是（　　）。

A. 核心产品　B. 形式产品　C. 期望产品

D. 延伸产品　E. 潜在产品

3. 客人由于酒店员工服务态度冷漠，以致发生争执而产生烦恼。这属于客人的（　　）。

A. 货币成本　B. 时间成本　C. 体力成本　D. 精神成本

4. 酒店产品的预订服务满足了消费者的（　　）。

A. 功能需求　B. 形式需求　C. 价格需求　D. 外延需要

5. 前厅、客房、餐饮服务人员的角色比较偏向于（　　）。

A. 从属性服务角色　　B. 专业导向性服务角色
C. 普通服务角色　　D. 冲突角色

6. 服务补救首先是耐心倾听，其次是（　　），最后是以最快速度作出反应。
A. 了解需求　　B. 诚恳道歉　　C. 分析问题　　D. 明确责任

7. 统一的制服可以归入酒店产品中的（　　）。
A. 实体环境　　B. 设施设备　　C. 服务　　D. 形象

8. 酒店的空间布局一是指酒店空间布置方式，二是指（　　）。
A. 环境布置　　B. 任务完成方式
C. 服务项目安排方式　　D. 引导和标志

9. 产品在成熟阶段的特征有（　　）。
A. 销售增长放缓　　B. 利润大幅增加　　C. 销量下降　　D. 营销费用下降

10. 潜在顾客对新产品的认识或接受程度不仅受（　　）的影响，而且受酒店的品牌优势、营销努力及酒店形象等的影响。
A. 新产品构思　　B. 新产品设计
C. 新产品本身所提供利益　　D. 新产品特色

三、多项选择题

1. 梅德里克认为，酒店产品由5个部分组成，除了地理位置外还有（　　）。
A. 设施设备　　B. 服务　　C. 形象　　D. 价格

2. 酒店的扩展产品往往用于竞争者，包括（　　）。
A. 形式产品　　B. 期望产品　　C. 延伸产品　　D. 潜在产品

3. 酒店产品组合策略要考虑产品组合的（　　）。
A. 广度　　B. 长度　　C. 深度　　D. 一致性

4. 酒店“三个凡是”的“黄金标准”是（　　）。
A. 凡是顾客看到的必须是整洁、美观的
B. 凡是提供给顾客使用的必须是安全、有效的
C. 凡是酒店员工，对待顾客必须是亲切、礼貌的
D. 凡是对客服务必须是标准规范的

5. 给一线服务人员带来压力的冲突有（　　）等。
A. 与顾客关系之间的不平等　　B. 被冒犯
C. 选择困境　　D. 刻意表现

6. 客人在酒店里得到的服务由两部分组成，分别是（　　）。
A. 服务准备　　B. 服务过程　　C. 服务结果　　D. 服务体验

7. 酒店的有形展示包括对（　　）相应的重视。
A. 实体环境　　B. 服务人员　　C. 空间布局　　D. 引导和标志

8. 消费者喜欢酒店设施和服务的第一感觉通常来自（　　）。
A. 视觉吸引力　　B. 声音魅力　　C. 气味吸引力　　D. 味觉吸引力

9. 一个典型的产品生命周期可以划分成（　　）。
A. 导入阶段　　B. 成长阶段　　C. 成熟阶段　　D. 衰退阶段

10. 新产品商业分析时要考虑的因素有（　　）。

A. 潜在顾客的行为　B. 竞争者的行为　C. 环境的影响　D. 酒店新产品战略

四、判断题

1. 酒店销售的通常是产品组合。（　　）
2. 机场接送服务属于酒店的期望产品。（　　）
3. 消费者购买和消费酒店产品过程中并不会出现精神成本。（　　）
4. 地方文化和传统文化是酒店产品特色的重要源泉。（　　）
5. 服务人员是产品差别化的源泉。（　　）
6. 在繁忙时对妨碍效率的客人行为表示恼怒是合乎情理的。（　　）
7. 员工满意度与顾客满意度之间是相互影响的。（　　）
8. 在服务过程中，失误是难免的。（　　）
9. 新产品一般是指完全创新的产品。（　　）
10. 酒店新产品上市需要考虑何时、何地、向谁和以何种方式推出。（　　）

五、简答题

1. 酒店产品的 5 个层次分别包括哪些内容？
2. 酒店产品组合设计的基本原则是什么？
3. 酒店产品消费者体验方面的“3P”指的是什么？
4. 提高消费者体验的服务交互过程管理包括哪 7 个方面？
5. 酒店新产品开发基本步骤是怎样的？

六、分析与实践

1. 仔细阅读案例“沙漠度假酒店卖什么”，请回答：

（1）沙漠酒店给客人提供了多少类服务项目？每类项目又有多少不同内容的品种？

（2）尝试列出该酒店产品组合的分布图，观察产品的广度、长度、深度有什么特点，思考该酒店的经营成功与产品组合有什么联系。

（3）为该酒店设计新的产品组合，并说明这样的组合有什么优势。

2. 你是否入住过经济型酒店和度假型酒店？作为客人，你觉得经济型酒店、度假型酒店的产品构成和消费者体验有哪些不同？

3. 假定你是开酒店的，但是近段时间你发现你的酒店的入住率降低很多，你转悠了一圈发现在你的酒店附近新开了一家酒店，其在硬件上和你的差不多，但是酒店产品却非常多样，这时候你想对你的酒店产品进行创新。作为酒店老板，你觉得你要怎样创新你的酒店产品？怎样提高酒店的消费者体验？

项目二 酒店价格策划

知识目标

- 了解酒店定价的影响因素
- 掌握酒店的定价方法
- 熟悉酒店的定价策略
- 了解酒店价格结构
- 能够进行定价策略优化

技能目标

- 能够根据市场行情和顾客需求制定价格

素养目标

- 遵循公平、合法和诚实信用原则合理定价

价格是酒店营销组合的第二个因素，是影响客人选择酒店的主要因素之一。酒店价格制定得合理与否，直接关系到酒店需求量的多少和酒店利润的高低，并且会影响酒店营销组合的其他因素。

任务一 分析影响酒店定价的主要因素

一、内部因素

（一）营销目标

营销目标作为企业总体战略目标的组成部分，规定了企业产品价格制定策略。不同时期企业的营销目标不同，价格策略也不同，定价方法和技巧有时也会不同。与企业产品价格制定直接有关的营销目标主要有 6 个。

1. 以当期利润最大化为目标

获取最大利润是企业从事经营活动的最终愿望。利润最大化一般可以分为当期利润最大化和长期利润最大化。当期利润最大化必须考虑产品价格对市场需求量以及需求对产品成本的影响，还必须遵循一定的原则，如边际成本等于边际收益的原则等来确定产品价格。

2. 以保持或扩大市场占有率为目标

这个目标是指在保证一定利润水平的前提下，谋求最大的市场份额。从反映企业经营状况的产品竞争能力来看，市场占有率比其他指标更能说明问题。一般情况下，较高的销售额并不一定能带来较高的利润，而高市场占有率可以降低成本，从而使企业获得较高的利润。

3. 以对付竞争者为目标

大多数企业对竞争者的价格都十分敏感，制定产品价格时，可以以竞争对手的产品和价格作为参考，在分析企业的产品竞争能力和市场地位后再制定本企业的产品价格策略。

4. 以产品质量领先为目标

这一目标促使企业在经营中追求优质、高档的产品形象，并据此收取较高的市场价格，收回高额的生产成本并获取相应利润。丽思卡尔顿酒店集团采取的就是为其高成本产品收取高价格的策略，并成功捕捉到了豪华酒店市场。

5. 以维持企业生存为目标

当企业面临市场需求的巨大波动和强大的竞争对手，或经济滑坡、衰退或萧条即将到来以致受到破产威胁时，维持企业生存成了企业的首要目标。此时可通过降低产品价格吸引顾客，只要能收回成本即可。特殊情况下，企业甚至可以以变动成本作为产品价格进行销售。

6. 其他目标

企业的营销目标还包括稳定市场、为新产品创造声势以及引起更多市场注意等。

（二）产品成本

1. 固定成本

固定成本是指在一定时期内不随着产品产量变化或销售量变化而变化的成本费用，如固定资产折旧费、管理人员工资以及办公费等。这些费用与产品产量的多少无关。但从长期看，当企业规模变化时，固定成本也是会变动的。平均固定成本，即单位产品所分摊的固定成本，则随产量的变动而变化。

2. 变动成本

变动成本是指在一定时期内，随着产品产量或销售量的变动而呈比例变化的成本费用，如原材料费用、生产工人工资、销售费用等。平均变动成本，即指单位产品的变动成本，它不会随产量的变动而变动，在一定时间范围内，它保持相对稳定。

3. 总成本

固定成本与变动成本之和就是总成本。平均固定成本和平均变动成本之和称为平均总成本。企业在定价时，依据不同的成本，可能作出不同的价格决策。在这些成本中，平均变动成本更适合作为价格决策的依据，而平均总成本则适用于核算企业的实际收益和利润。

4. 边际成本

边际成本是指在原有产量的基础上，产品产量每变动一个单位（增加或减少一个单位），所引起的总成本的变动额（增加额或减少额）。边际成本可以帮助企业找到最大利润时的均衡产量和价格。企业可以根据边际成本等于边际收益的原则确定最佳产量和最佳价格。

5. 机会成本

企业很多时候会为从事某项经营活动而放弃另一项经营活动，这个被放弃的经营活动所应取得的收益，即为正在从事的经营活动的机会成本。机会成本的分析对于企业在经营中正确选择经营项目、合理配置有限资源具有重要意义。

（三）组织方面的因素

最高管理层必须决定由组织内部的哪些人来设定价格。各个企业在对待定价问题上方式不一。在一些小的企业当中，设定价格的通常是最高管理层而不是营销部；而在一些大型公司当中，价格通常由公司的一个部门来设定，或者由地区或下属单位的经理根据总公司所制定的定价原则来设定。

二、外部因素

（一）需求因素

产品需求量变动与价格变动之间有着密切的关系。不同的顾客对于不同产品的价格的变化，会表现出不同的敏感性。通常，我们用需求价格弹性来衡量市场需求对价格变动的敏感程度。不同产品的需求价格弹性往往存在很大差异。需求价格弹性大小可以用需求价格弹性系数来测定。如果用 E 表示需求价格弹性系数，其计算公式为：

$$E=\frac{\Delta Q\ /\ Q}{\Delta P\ /\ P}=\frac{\Delta Q}{\Delta P}\cdot\frac{P}{Q}$$

式中：Q——需求量；

ΔQ——需求量的变动量；

P——价格；

ΔP——价格的变动量。

一般而言，$E<0$，说明价格与需求量的变化方向是相反的。$|E|>1$，表明价格弹性大，需求有弹性；$|E|<1$，表明价格弹性小，需求缺乏弹性；$|E|=1$，称为单位弹性，价格与需求同比例变化；$|E|=0$，称为无弹性，无论价格如何变化，需求不会变动。

当产品很有特色、质量很好、声望很高或排他性很强时，购买者就会表现得对价格的敏感度较低，比如优质品牌酒店。当很难找到替代品时，消费者对价格的敏感度也会降低，比如在旅游旺季时，消费者更容易接受高价格的酒店。

思考与讨论

对于需求有弹性和需求缺乏弹性的产品，该如何变动价格以提高销售收入？

（二）市场竞争状况

1. 市场供求状况

商品价格与商品的供求状况密切相关，商品的供求变化会推动价格变化。一般而言，在市场供给不变的条件下，市场对商品的需求上升则价格上涨，反之则下降；商品供给增加则价格下降，商品供给减少则价格上升。另外，商品价格也会推动市场供求关系发生变化。一般情况下，价格上升则需求减少，供给增加；价格下降则需求增加，供给减少。

2. 市场结构

在现代市场经济中，按照市场的竞争程度可以把市场分为四种类型，即完全竞争市场、完全垄断市场、垄断竞争市场和寡头垄断市场，不同市场结构下的市场价格表现出显著的差异性。在完全竞争市场中，买卖双方都是价格的接受者，价格完全由市场供求关系决定；在完全垄断市场中，垄断企业完全操纵市场，有自由定价的能力。在现代市场竞争中，比较接近现实的是垄断竞争。在垄断竞争市场条件下，各个企业依靠自己的特色，各占据一方市场，形成相对的局部垄断，这使企业拥有一定的价格控制能力。在这种情况下，企业不是消极的价格接受者，而是对价格有影响力的决定者。在寡头垄断市场条件下，产品的市场价格不是通过市场供求决定的，而是由几家大企业通过达成协议或默契来规定的。

思考与讨论

我国现阶段的酒店行业属于哪一类市场结构？

（三）其他环境因素

企业定价时还必须考虑其他一些环境因素，如国家的政策法规、国内外的经济形势（繁荣或萧条等）、货币流通状况（通货膨胀、利率等）、政府采购、新技术的诞生以及顾客的社会心理状态等。

任务二 确定酒店的定价方法和策略

酒店的定价方法适用于酒店公开开列、要求客人支付的普通价格，即市场价；而定价策略是酒店产品销售时为促成销售而采取的策略。

一、酒店定价方法

（一）成本导向定价法

成本导向定价法是一种以产品的总成本为基础、按卖方意图确定产品价格的方法。其理论逻辑是：在定价时，首先考虑收回企业在生产经营过程中投入的全部成本，然后考虑取得一定利润。

1. 成本加成定价法

成本加成定价法按酒店产品的成本加上若干百分比的加成额进行定价。其计算公式为：

$$P = C(1+R)$$

式中：P——产品价格；

C——单位产品成本；

R——加成率。

例如，一瓶酒的成本为 14 元，餐饮部制定的成本加成率为 200%，那该酒的售价为：

$P=14\times(1+200\%)=42$（元）

2. 目标利润定价法

目标利润定价法根据企业所要实现的利润来确定产品价格。这种方法一般是运用盈亏平衡点、总成本和总收入，通过分析销售量、固定成本、平均可变成本、目标利润、价格之间的内在关系等，确定出能够实现目标利润的价格。其计算公式为：

$$P = V + (F+G)/Q$$

式中：P——产品价格；

V——平均可变成本；

F——固定成本；

G——要实现的目标利润；

Q——预期销售量。

例如，某酒店的固定成本是 30 万元，可变成本是每个客房 100 元，希望在 1 年内盈利 20 万元，根据市场调研，该酒店每年的顾客量为 5 000 人次，那么每间客房的售价为：

$P=100+(300\ 000+200\ 000)/5\ 000=200$（元）

（二）需求导向定价法

需求导向定价法是企业依据买方对产品的需求强度和对产品价值的认同程度来给产品定价的方法。它的突出特点是灵活、有效地运用产品的价格差异，使价格随市场需求的变化而变化。需求导向定价法包括认知价值定价法和需求差异定价法。

1. 认知价值定价法

认知价值是指买方在观念上对产品价值的认同程度。认知价值不是产品的实际价值。当产品的价格水平与买方对产品价值的理解和认识水平大体一致时，买方就会接受这个价格；反之，买方就不会接受这个价格，产品就卖不出去。

思考与讨论

举例说明认知价值定价法在酒店客房定价中的应用。

2. 需求差异定价法

需求差异定价法是指企业根据市场需求在时间、数量、消费水平及消费心理等方面存在的差异来确定产品价格的方法。需求差异定价法主要有以下几种形式：

（1）按顾客差异定价。按顾客差异定价，即将同一种产品以不同的价格销售给不同的顾客群，如酒店的协议价、团体消费优惠价等。

（2）按时间差异定价。按时间差异定价，即产品的价格随时间的不同而变化，如酒店设定的淡旺季价格、节假日价格等。

在实践中，采用需求差异定价法需要满足一定的前提条件：1）市场必须是可细分的，并且各细分市场需求有明显的差异；2）顾客不可能把低价买进的产品以高价转手倒卖；3）市场上没有竞争者以低价竞销；4）实行需求差异定价法会导致管理费用增加，增加的管理费用不能超过从实行需求差异定价法中获得的好处；5）需求差异定价法的形式必须合法，并能获得社会公众的认同。

学思之窗

青岛天价虾事件一度引发网友热议。了解事件发生及处理经过，分析《中华人民共和国价格法》赋予店家哪些定价权力，思考店家违反了《中华人民共和国价格法》中哪些规定，给店家和地方造成了哪些不良影响。

（三）竞争导向定价法

竞争导向定价法是指通过研究竞争对手的产品价格、生产条件、服务状况等，以竞争对手的价格为基础，确定本企业同类产品的价格的方法。其特点是产品的价格与产品成本、市场需求没有直接关系，而主要与竞争者的产品价格有关，企业产品的价格随竞争者的产品价格变化而变化。竞争导向定价法有以竞争者平均价位定价和参考领袖者价位定价两种方法。前者是为了避免竞争，后者则以竞争为导向。

二、酒店定价策略

（一）心理定价策略

1. 尾数定价策略

尾数定价迎合了客人对数字认知上的某种心理。比如99元与100元相差1元，但在客人心里，它们却是不同层次的价位；另外，客人常常会把零散的价格看作为较整数的价格，比如把9元与11元都当作10元来计算，把14元和16元都当作15元来计算，因此，当酒店调整价格时，应尽量控制在这样一个范围内；还有，尾数取整可以体现出酒店对自己产品的信心，因此酒店客房、娱乐设施经常采用这种定价法。

2. 声望定价策略

声望定价策略是指利用顾客仰慕名牌产品或产品生产销售企业的声望的心理来确定产品价格的策略。酒店采用这种策略时往往把产品的价格定得较高。声望定价策略尤其适用于产品质量不易鉴别的产品。由于顾客不容易区别不同品牌产品的质量，就会以品牌及价格来决定取舍，认为著名企业生产的产品质量理所当然更有保证，这也是著名连锁酒店品牌的较高价格更容易获得消费者接受的原因。

3. 招徕定价策略

招徕定价策略是指企业利用顾客求廉的心理，将某几种产品的价格定得较低，以此作为吸引顾客的手段。有时，也将几种低价产品和高价产品捆绑一起销售。比如，入住××酒店的行政房，酒店免费提供次日早餐、晚间的足疗按摩、一定时间的KTV，以及某餐厅提供特价菜。采用这一策略应该注意，作为招徕顾客的“引子”产品，一般应为受顾客喜爱的畅销产品，否则起不到吸引顾客的作用。

（二）折扣定价策略

1. 数量折扣

数量折扣按顾客购买数量多少给予不同的折扣，数量越多，折扣越大，鼓励顾客购买更多的产品。大多数酒店都会对那些可能大量购买酒店客房的顾客给予特殊的价格。数量折扣有两种形式：一种是顾客单笔购买大量的酒店产品，达到一定数额后，酒店在原价基础上给予折扣；另一种是顾客一定时间内累计购买产品达到一定数额后，酒店给予一定折扣优惠。折扣优惠的形式可以是减价，也可以是提供额外的免费服务。

2. 季节性折扣

季节性折扣是指在需求低迷的时候对购买产品和服务的购买者提供的价格减让。季节性折扣使酒店得以在一年中维持稳定的需求。淡旺季或忙闲时段明显的酒店，季节性折扣是吸引淡季或闲时消费的重要手段。需要注意的是，酒店应充分考虑降价的幅度和降价后能否带来充足的客源，如降价幅度大但客源仍不足，则要考虑加强其他营销策略的采用；同时，降价不降质，否则会影响其他时段销售时酒店产品的口碑。

3. 现金折扣

现金折扣是指对约定日期付款或提前付款的顾客给予一定的折扣。比如，一些酒店在条款中注明“1/10，净价 30”，意思是说，如果顾客在与酒店成交后 10 日内付清款项，则酒店给予 10%的现金折扣，同时规定了最迟付款时间是 30 天。采取现金折扣的目的是减少酒店坏账、死账的现象，保证酒店资金周转。在运用现金折扣策略时，酒店要认真研究合理的折扣率和付账时间，同时做好顾客档案记录。

某酒店客房价格制定规范

思考与讨论

对于旅行社，酒店可以给予哪些价格折扣？

任务三 实施酒店价格策略

一、酒店的价格分类

酒店面对的市场不同，经营又有较明显的季节性，这使酒店可以以不同价格向客人销售同样的产品，确保酒店获得尽可能高的利润。在实践中，酒店价格可以分为基本价格、优惠价格、合同价格等。

（一）基本价格

这是指酒店价目表公开开列的、要求客人支付的普通价格。酒店客房标价及菜单上的标价均属于基本价或市场价。酒店基本价格的制定方法常见的有成本导向法、利润导向法和竞争导向法三种。

（二）优惠价格

这是对酒店基本价格作出各种折扣后的价格。酒店在价格的让步应该在市场营销及其他方面获得相应的利益，这些利益足以补偿价格方面的损失。酒店日常采用的优惠价格包括数量折扣、季节性折扣、现金折扣等。

（三）合同价格

合同价格也称为协议价格，是酒店给予中间商或协议客户的优惠价。酒店中间商为酒店推销产品、提供服务并为酒店做宣传，也从中获得利润。协议客户通过协议实现酒店当下或一定期限内的大宗销售。合同价格需要定期协商（一般一年一次），以确定一定时期内中间商和协议客户可以拿到的优惠价格。

二、酒店客房定价及销售限制

（一）客房定价

酒店销售的主要产品是客房、餐饮、康乐和会议服务等。相比较而言，餐饮中菜品、酒水的价格制定相对比较简单，比如，松鼠鳜鱼可以采用成本加成定价法，而烧乳鸽则可以采用认知价值定价法。但确定客房价格相对来讲要复杂得多，主要是因为：（1）房价更多地涉及投资和固定成本比例；（2）有关房价的决策通常要考虑酒店的使用年限；（3）客房具有不可储存的特点，未出租客房的价值是一笔绝对的损失；（4）房价需要考虑入住率、季节、房型以及市场因素等。目前酒店普遍采用的客房价格类型有以下6种。

1. 季节房价

按照酒店经营的淡旺季，分别确定旺季最高（极限）价格、淡季最低（保本）价格、平季价格等。

2. 特别房价

特别房价专门针对某些特定的细分市场，如为常客、机组乘务员、本酒店所属联号成员等订立的价格，包括商务价格、团队价格等。

3. 免费住宿

这种免费消费是一种特优的档次，它的主要对象因酒店不同而各异。通常而言，酒店常为记者、专家提供此种优待，其他人士还包括诸如导游、名人、旅行代理人士等。

4. 白日价

白日价是为白天下榻酒店的客人（会议类客人、误机客人等）所定的房价。此类房最长时限为6小时，要求在18:00前离店。这类房价可以使酒店客房在一天内租出2次，因此旺季时酒店的出租率可超过100%。

5. 等待价

这类房价通常比标准房价低30%左右，服务对象为未预订而需要等待空房的客人。除此之外，夜晚10:00以后要求入住的客人也可享受这种优惠。

某度假酒店房价种类

6. 预付价

预付价是指酒店为鼓励尽早付款、加快现金流动而采用的一种奖励性价格。凡预付房租者，可享受一定的优惠。如果客人取消预订，则不会收到退款。这种价格能保证酒店不因客人取消预订而遭受经济损失，但客人会有一定风险。

思考与讨论

预付价款中的定金和订金有什么区别？酒店常用的是哪一个？

不管是什么类型的客房价格，恰当的定价应当坚持以下两条原则：第一，客房价格必须足以负担各种费用、投入资本以及保证目标利润；第二，客房价格必须对酒店的目标市场具有足够的吸引力。

（二）折扣房的销售限制

酒店在制定完产品价格后，应该在实际的经营过程中实行，并坚持价格的诚实性和连续性。但为提高酒店经营利润，有必要在特别时段对执行优惠价格的房间进行销售限制。

1. 低价房销售限制

酒店低价房销售限制的目的是提高酒店的实际平均房价。如果酒店根据预测，将来某一时期的客房出租率会很高，酒店的经营决策人员就应该对低价房和特价房的销售进行限制，包括：不出租最低房价的客房，不接待旅行社的包价团队客人，前台决不打折，只接待散客入住等。

2. 团体用房销售限制

酒店的营销部应该逐日预测团体客人的人数以及他们的需求量，并及时将预测的结果报告给团体营销有关人员。一旦团体房价限制确定，营销部就应该说明限制团体房价的日期，或是哪一种房价的客房可以接待团体客人。酒店进行团体用房销售限制时需谨慎，以免破坏酒店房价的诚实性，在顾客中产生消极影响。

三、酒店价格调整

酒店产品价格制定后，由于客观情况的变化，要对价格进行调整。

（一）酒店主动调整价格

1. 降价

一般来说，酒店降低产品价格的主要原因是市场上的酒店产品供大于求，行业总接待能力过剩。当酒店的生产与服务成本下降时，酒店也会通过降价提高市场占有率。酒店降价时要考虑的问题是：

（1）酒店如果降低价格，是否可以真的使自已的销售量增加；

（2）当多数酒店都降价时，可能会爆发大规模的价格战，对自身是否有利；

（3）酒店的价格一旦下降，对于一些顾客，尤其是第一次光顾的顾客，可能会产生其档次低下的印象；

（4）一旦降价，回升产品的价格并非易事。

在酒店销售不景气的情况下，一味地降低产品价格是一种短视行为。在不得不降价的时候，酒店要事先进行周密的可行性调研和分析。

2. 涨价

涨价是酒店主动调整价格的另一种形式。一般来说，涨价会引起中间商的不满，也会给酒店营销人员的工作带来压力。酒店涨价成功会使酒店利润大大增加，所以仍有许多酒店坚持涨价策略。酒店涨价的主要原因有：（1）通货膨胀；（2）酒店的产品供不应求；（3）酒店产品有实质性改进，如重新装修，更换了设施设备，增加了服务项目等。

思考与讨论

查询近十年我国星级酒店平均房价变化情况，分析其中的原因。

（二）对竞争者价格变动的反应

某酒店房价折扣管理规定

酒店经常会由于其他酒店改变价格而不得不考虑自己的价格问题。在应对这种价格竞争时，酒店一般会有三种选择：（1）价格跟进。也就是酒店采用随行就市法来保持在市场上的地位。（2）保持价格不变。把钱花在给顾客增加利益上，这往往比低价经营更合算，而且能更好地在顾客中树立良好的形象。（3）采取与竞争对手相反的价格策略。这一定是审时度势的结果，并且要配合有其他营销组合的因素，积极应对竞争。

项目小结

价格策略是营销组合策略的第二个策略。酒店制定价格时要考虑营销目标、产品成本、酒店价格决策部门等内部因素，也要考虑产品的需求价格弹性、竞争状况、市场环境等外部因素。酒店可以按成本导向、需求导向和竞争导向进行定价，也可以综合运用。具体到产品价格，经常采用的是心理定价和折扣定价策略，以吸引对价格有不同敏感度的消费群体。酒店客房价格制定相对复杂，有季节性房价、特别房价等，销售旺季时还要对低价房和团体用房进行销售限制以获取更高收益。酒店降价、涨价或调整价格参与竞争时，要注意对酒店收益、消费者和竞争对手的影响。

实训练习

一、名词解释

固定成本	变动成本	机会成本	需求价格弹性
成本加成定价法	认知价值定价法	需求差异定价法	酒店基本价格
特别房价	预付价		

二、单项选择题

1. 酒店物业和装修属于（　　）。

A. 固定成本　　B. 变动成本　　C. 边际成本　　D. 机会成本

2. 某酒店的 $|E|=2$ 时，表明该酒店（　　）。

A. 价格无弹性　　B. 价格弹性小　　C. 价格弹性大　　D. 单位价格弹性

3. 酒店行业属于（　　）。

A. 完全竞争市场　　B. 垄断竞争市场

C. 寡头垄断市场　　D. 完全垄断市场

4. 酒店为酒店周边客人提供价格优惠的自助早餐，这属于（　　）。

A. 认知价值定价法　　B. 顾客差异定价法

C. 时间差异定价法　　D. 竞争导向定价法

5. 某菜成本为25元，成本加成率为40%，该菜售价为（　　）元。

A. 45　　B. 40　　C. 38　　D. 35

6. 酒店在婚宴达到一定桌数或总价以后提供不同层级的免费婚房属于定价中的（　　）。

A. 招徕定价　　B. 声望定价　　C. 季节折扣定价　　D. 数量折扣定价

7. 折扣房的销售限制包括低价房销售限制和（　　）。

A. 团队房销售限制　　B. 小时房销售限制

C. 特价房销售限制　　D. 预付房销售限制

8. 竞争酒店降低价格，酒店为保持市场地位应该做的价格决策是（　　）。

A. 保持价格不变　　B. 提高价格　　C. 降低价格　　D. 提供团队房价

三、多项选择题

1. 总成本是（　　）的总和。

A. 固定成本　　B. 变动成本　　C. 边际成本　　D. 机会成本

2. 影响酒店定价的市场竞争因素包括（　　）。

A. 需求的价格弹性　　B. 市场供求状况　　C. 市场结构　　D. 经济形势

3. 下列选项中，（　　）会影响酒店定价。

A. 国家政策法规　　B. 通货膨胀　　C. 顾客的社会心理　　D. 新技术应用

4. 常见的酒店基本价格的制定方法有（　　）。

A. 成本导向定价法　　B. 需求导向定价法

C. 竞争导向定价法　　D. 目标利润定价法

5. 竞争导向定价有（　　）。

A. 根据消费者价值认知定价　　B. 根据目标利润定价

C. 以竞争者平均价位定价　　D. 参考领袖者价位定价

6. 酒店日常采用的优惠价格包括（　　）。

A. 招徕定价　　B. 数量折扣　　C. 季节性折扣　　D. 现金折扣

7. 酒店基本价格的制定方法常见的有（　　）。

A. 成本导向法　　B. 需求导向法　　C. 利润导向法　　D. 竞争导向法

8. 下列选项中，（　　）是酒店客房常用的价格类型。

A. 季节房价　　B. 特别房价　　C. 白日价　　D. 预付价

四、判断题

1. 酒店应该以获取当期利润最大化为首要目标。（　　）
2. 认知价值一般就是产品的实际价值。（　　）
3. 机会成本就是放弃另一项经营机会所取得的收入。（　　）
4. 目标利润定价与竞争无关。（　　）
5. 招徕定价以一种或几种产品的低价吸引消费者到店更多消费。（　　）
6. 度假酒店在假期提高价格属于需求差异定价。（　　）
7. 优惠价格的基准是基本价格。（　　）
8. 特别房价也是低价、折扣价。（　　）
9. 在销售不景气时，一味降价销售是一种短视行为。（　　）
10. 消费者网上获得的酒店价格准确地讲是合同价格。（　　）

五、简答题

1. 与酒店产品价格制定直接相关的营销目标有哪些？
2. 需求导向定价法主要有哪两种？
3. 列举常用的心理定价策略。
4. 什么情况下酒店应该考虑涨价？

六、分析与实践

1. 假设你是我国某酒店集团在你所在地区的产品经理，拥有酒店产品的定价权，结合所在地的实际情况，你会采取怎样的定价方式？在定价前你会考虑哪些因素？为了更好地推广你的酒店，在原先的基础上，结合本任务内容，你会选取怎样的价格组合策略？你选择这样的组合策略的主要原因是什么？

2. 今天你打电话到一家酒店预订了 4 个房间，但是由于你们临时有事没能入住，酒店房间空置了，但是你们第二天仍入住这家酒店，你觉得这家酒店在这个过程中有没有损失？

项目三 酒店渠道策划

知识目标

- 了解酒店分销渠道的构成
- 熟悉酒店销售的主要中间商
- 了解酒店销售渠道设计的影响因素
- 掌握酒店销售渠道选择策略
- 掌握酒店渠道成员管理基本方法

技能目标

- 能够对销售渠道进行设计和选择
- 能够对销售渠道进行有效管理

素养目标

- 学习《中华人民共和国网络安全法》，建立保密制度，保护客人隐私

酒店销售渠道是酒店营销组合的第三个要素。销售渠道是指酒店企业在将自身产品送抵最终消费者之前，建立起来的与各类分销商之间的交易关系、成本分摊和利益分配方式的综合体系。酒店制定销售渠道策略的目的是让产品更顺畅地到达顾客手中，既要保证销售成本低廉，又要保证顾客对酒店服务的日期、数量等方面的要求。

任务一 了解酒店销售渠道构成

一、销售渠道及其作用

销售渠道也称为分销渠道，酒店销售渠道是指酒店产品和服务从酒店向顾客转移取得酒店产品和服务的所有权，或者帮助转移其所有权的所有企业和个人，也就是出售或

者代理出售酒店产品和服务的企业和个人，包括向酒店代订客房、餐饮或其他服务的代理人或中间商，批量出售酒店客户的批发商和预订机构，以及处于销售渠道起点和终点的酒店和顾客。

中间商是酒店与顾客双方的桥梁，帮助酒店和顾客实现销售和购买。中间商除了促进酒店产品和服务的销售、提高酒店营销效率外，还有向酒店反馈市场和产品服务信息、通过提前采购成为酒店顾客等作用。

思考与讨论

你用过什么途径进行酒店产品购买？

二、销售渠道的类别

（一）直接渠道

直接渠道是指酒店不通过中间商环节，将产品直接销售给最终消费者或用户的销售渠道，也称为直销渠道。此时，酒店客人直接预订或直接进入酒店住宿或进行其他消费，称为直客；酒店的生产和销售都由酒店直接完成，即直销，属于零级渠道。

直接渠道的优点是销售及时，易于了解市场信息，便于酒店维护与顾客的稳定关系。直接渠道的不足之处是酒店必须承担销售所需的全部人力、物力和财力，在市场相对分散的客房产品销售上会给酒店带来较大的负担；更重要的是，酒店失去中间商在销售方面的协作，给客房产品的价值实现增加了新的困难（比如酒店没有组织会议的专业能力等），目标顾客的需求难以得到及时满足。

（二）间接渠道

间接渠道是指酒店利用各种不同类型的中间商，包括旅行社、代理商、企业协会等把产品销售给消费者或用户的销售渠道，也称为分销渠道。在分销渠道中，客人通过某种媒介的推荐入住或预订酒店客房、购买酒店其他产品。间接渠道包括一级、二级和三级渠道，中间商参与和介入了酒店产品的交换活动。

中间商在酒店产品销售的起点与酒店相连，其终点与消费者相连，从而有利于调节生产与消费在品种、数量、时间与空间等方面的矛盾。因为酒店缺乏直接销售所有产品的财力和经验，采用间接渠道能够充分利用中间商在市场已有的广泛业务关系以及人力、物力、财力等，以较高的效率和准确性向目标市场提供产品，既有利于满足目标顾客的需求，也有利于酒店产品价值的实现，更能使产品得到广泛销售，巩固已有目标市场，扩大新市场。

思考与讨论

酒店餐饮、会议、客房产品，哪个更适合直接渠道，哪个更适合间接渠道？

三、酒店分销渠道的主要中间商

（一）旅行社

旅行社是为旅行者安排旅游服务及出售旅游路线的机构，出售各种线路的团队旅游、包价旅游、散客旅游等形式的最终旅游产品。我国的旅行社分国际旅行社和国内旅行社两大类，兼有旅游批发商、旅游零售商、旅游经营商的职能。旅行社是酒店最主要的客源组织者，也是酒店最可靠的中间商。酒店一般要给旅行社 25%～45%的客房价格优惠，有其他消费的话还可以获得总价 10%左右的佣金。

（二）酒店代理商

酒店代理商是替酒店进行销售宣传并接受客人预订的组织和个人。酒店代理商一般要从每次推销中收取一定的手续费，约占每次销售额的 15%。国际上主要旅游客源国都有酒店代理机构，它们是独立的经营组织，主要业务是同时为世界各地的酒店进行某一地区的销售工作。酒店可以在重要目标市场建立合适的销售代理机构，这比酒店自己在那里设立销售机构更为有效而经济。

（三）各类协会和会议组织者

一些企业和社会团体为了增强自己的竞争实力和在行业中的话语权，会组成各类协会，联合起来进行产品推广、业务交流等活动，这些活动很大一部分需要利用酒店的产品，是酒店大宗销售的重要客户之一。另一个帮助酒店完成大宗销售的间接销售渠道是会议组织者。目前我国专业会议组织者还处于初始发展阶段，数量较少，但国内的会议市场处在高速发展中，这是酒店值得关注的中间客户群体。

（四）航空公司或其他交通运输公司

航空公司也为酒店输送客源。以航空公司为依托互荐客源，便可把住宿市场和旅行市场结合起来。其他交通设施的办事机构，如出租汽车公司、铁路服务处等，也可成为酒店的销售渠道。

（五）第三方分销网站

OTA（Online Travel Agent，线上旅行代理商）通常被认为是利润率最低的营销渠道，但该渠道在触及更多不了解酒店品牌的消费者方面发挥着极为重要的作用，目前已经成为很多酒店最主要的销售渠道。这一渠道有以下几类：

1. 电子商务交易平台网站

该第三方网站提供一个信息平台，为加盟平台的酒店提供自主营销的管理和各种技术支持，供酒店开展网上业务，有较先进的订房系统和票务系统。代表性网站有携程旅行网、艺龙旅行网等，其他的包括驴妈妈、途牛等自助旅行网站等。

2. 虚拟连锁特许经营网站

该网站通过免费特许加盟的方式，使所有加盟的酒店能够使用其销售网络，向终端顾客提供酒店房间，而每一家酒店的客房资源和销售资源可以实现共享，也可以从任何一家连锁酒店销售中获取相应收益。该模式的代表性企业有北京万万家酒店商务软件有限公司等。

3. 团购网站

所谓团购网站，就是互不认识的消费者借助互联网的“网聚人的力量”来聚集资金，加大与商家的谈判能力，以获得最优的价格。根据薄利多销、量大价优的原理，商家可以给出低于零售价格的团购折扣和单独购买得不到的优质服务。酒店产品，包括客房、餐饮等也是团购网站的团购产品之一。目前比较知名的团购网站有美团网等。

思考与讨论

比较同一地方同一酒店或类似等级酒店客房在携程和美团上的销售价格。思考选择携程或美团进行酒店客房销售的影响因素。

4. 移动互联网和社交媒体

移动渠道在酒店业的普及度不断提升，这是由智能手机设备以及优化版的移动 App 和移动版网站产生的阶梯效应所驱动的。旅行者能更轻松地在路上搜索和预订产品。酒店产品也越来越多地出现在手机和社交媒体上。

学思之窗

大数据正以席卷的姿态深刻改变人们的生产和生活，但信息安全还没有得到完全有效的解决，这成为大数据时代发展的一个主要瓶颈。酒店行业客人数据信息泄露和被盗事件时有发生，学习《中华人民共和国网络安全法》，遵守相关规定建立保密制度，保护客人隐私。

任务二 设计酒店销售渠道

一、影响销售渠道设计的因素

酒店销售渠道设计包括直接渠道和间接渠道的选择及产品销售比例分配、间接渠道中间商的选择及产品销售比例分配。影响销售渠道选择的因素包括四个方面。

（一）产品因素

1. 产品价格

一般来说，酒店产品单价越高，越应注意减少流通环节，以防售价提高影响销路。单价较低、市场较广的产品，则可以采用多环节的间接销售渠道。

2. 产品性质

酒店产品无形性、不可储存性等特征，使酒店产品销售面临许多挑战，酒店一般会尽量多地使用不同的销售渠道来销售其产品。超额预订是多渠道销售的结果，也是酒店应对产品不可储存和预订高放弃率的合理手段。

3. 是否为新产品

为尽快地把新产品投入市场，扩大销路，酒店一般重视组织自己的推销队伍，直接与顾客见面，推荐新产品并收集顾客意见。如能取得中间商的良好合作，也可考虑采用间接销售形式。

（二）市场因素

1. 购买批量大小

购买批量大，多采用直接销售；购买批量小，如散客销售，多采用间接销售。这就是酒店要有专门的销售人员负责向旅行社或大型公司销售其产品的原因。

2. 顾客的分布

若酒店市场分布比较集中，则适合直接销售；反之，则适合间接销售。酒店的餐饮、会议产品主要集中在本地市场，相对来讲，直接销售比较大宗的婚宴或其他宴请产品、会议产品效益会更好。

3. 潜在顾客的数量

若顾客的潜在需求多、市场范围大，需要中间商提供服务来满足顾客的需求，宜选择间接销售渠道。若潜在需求少，市场范围小，酒店则可直接销售。

4. 顾客的购买习惯

顾客的购买习惯有较大的差异，酒店应该根据目标市场的消费习惯有选择地进行销售渠道决策。现在年轻人更愿意在网上购物，OTA 是酒店客房销售不可忽视的渠道。

思考与讨论

比较时下年轻人和年长者的购买习惯。

（三）酒店本身的因素

1. 资金能力

若酒店资金雄厚，则酒店可以建立强大的销售队伍直接销售，也可以选择间接销售渠道。若酒店资金薄弱，则酒店必须依赖中间商进行销售和提供服务，只能选择间接销售渠道。

2. 销售能力

若酒店在销售力量和销售经验等方面具备较好的条件，则酒店应选择直接销售渠道；反之，则必须借助中间商，选择间接销售渠道。另外，酒店和中间商如果合作良好，则酒店可选择间接销售渠道，否则不如进行直接销售。

3. 可能提供的服务水平

中间商通常希望酒店能尽可能多地提供广告、展览等服务项目，为销售产品创造条件。若酒店无意或无力满足这方面的要求，就难以达成协议，迫使酒店自行销售；反之，若酒店提供的服务水平高，中间商则乐于销售该产品，酒店则可选择间接销售渠道。

（四）经济效益

1. 销售费用比较

销售费用是指产品在销售过程中发生的费用。酒店产品的销售费用包括广告宣传费、陈列展览费、营销中间商经费等。一般情况下，减少流通环节可降低销售费用，但减少流通环节的程度要综合考虑，做到既节约销售费用，又有利于产品销售。

2. 价格和销量分析

酒店给中间商和最终顾客的价格一般是不一样的，收益分析的依据是销量。若销量相等，直接销售价格高，但销售费用也高；间接销售价格低，但销售费用也少。可以通过计算两种销售渠道的盈亏临界点进行比较。销售量大于临界点时，选择直接销售渠道，反之选择间接销售渠道。在销量不同时，要计算两种渠道带来的利润，一般选择获利多的销售渠道。

二、酒店销售渠道选择策略

选择高效的酒店销售渠道之前，先要确定渠道计划工作的目标。酒店吸引合格的渠道成员的能力是有差别的。一些知名的酒店付款及时，并且能够保证预订，它们要想获得酒店中间商的支持是相对容易的；而一些新开业的或知名度较弱的酒店就比较难一些。

（一）直接渠道和间接渠道选择策略

对于消费者购买频率低但购买量大的产品，酒店往往采用直接销售策略。因为消费者为了谋求供应关系相对稳定，加上具体交易时，供需双方往往需要较长时间的协商谈判才能达成协议，所以直接销售途径比较适宜。酒店的婚宴产品和部分会议产品之类的大宗交易一般选择直接渠道。在商务客流和旅游散客比较充沛的地方，酒店竞争比较温和时，通过前台直接销售的客房比例应安排得比较高，以保证获得较高的利润。

（二）长渠道和短渠道选择策略

渠道长短是指酒店产品销售经过的中间商的个数，选择中间商的环节多的销售渠道称为长渠道，环节少的渠道称为短渠道。长、短渠道的选择，主要看中间商的销售能力，包括它的推销速度、经济效益、市场信息等。中间商的销售能力强，需要配置的中间商环节就可减少；反之，为保证市场的产品覆盖面，就要加长营销渠道。

（三）宽渠道和窄渠道选择策略

渠道的宽窄是指每个渠道使用中间商的个数。在客源不太丰富而且十分分散的地方，渠道宽能保证一定的客源；在客源丰富且相对集中的地区，自然要选择窄渠道。在决定渠道宽窄时，有 3 种方案可供选择。

1. 垄断式（独家）销售渠道

即在优先的几家中间商中，挑选一家作为销售代表。对于产品具有某种特殊性的酒店，往往采用这种模式。如景区周边酒店，往往会在不同客源地选择一家旅行社作为销售代表，以期望经销商能更积极地推销本酒店产品。

2. 覆盖式（密集）销售渠道

即为方便客人购买，选择尽可能多的中间商推销自己的产品。这一策略比较适合于与本地大多数酒店提供一样产品的酒店，或者在开业初期使用此策略以期快速扩大市场覆盖面的酒店。

3. 择优式销售渠道

即选择少量优秀的有实力、有信誉的中间商来推销酒店产品。这一策略能稳固酒店的市场竞争地位，并促进与挑选出来的中间商建立良好的合作关系，获得足够的市场覆盖率。这一策略有助于酒店维护酒店产品的品牌信誉，形成比较固定的消费群体。

思考与讨论

酒店选择销售渠道的策略不是一成不变的，讨论要考虑的因素。

三、酒店销售渠道设计原则

（一）经济性原则

每一种销售渠道的销售量和成本都不同。渠道成员的业务量带来的收益必须能够抵消支付和支持渠道成员的支出。这些成本包括直接成本和机会成本。酒店应该把营销系统的规模限制在能够维持的水平上，并定期评价各渠道成员的绩效，进行销售额及费用水平比较。

（二）可控性原则

酒店对销售渠道的选择还应考虑销售渠道的可控性。一般来说，采用中间商可控性小些，酒店直接销售可控性大；销售渠道越长，控制的难度越大。在选择中间商时，酒店要分析其偿债能力以及是否有过拖债赖账的现象。酒店只有选择信誉好的中间商作为合作伙伴，才有可能减少不必要的损失。

某酒店与团购网站合作工作流程

（三）灵活性原则

酒店在选择中间商时应充分考虑市场可能的变化并能灵活决策。首先是要能根据地区的市场环境、消费水平、生活习惯等进行渠道设计。其次是合约时间不能过长，否则在合同期内，如遇其他销售方法更有效，酒店却不能随便解除合同，导致酒店选择销售渠道时缺乏灵活性。

任务三 管理酒店分销渠道

一、渠道成员的选择

渠道成员对酒店而言也是客户。酒店的中间商数量众多，规模、实力、经营特点各有不同，需要仔细了解中间商的相关信息（如行业背景、信用情况、资金、业务技术、经营水准等）进行综合评价。不过，尽管酒店选择中间商有一定的原则和标准，但中间商是独立机构，有时决定权并不掌握在酒店手中，尤其是那些规模大、实力强、信誉好的中间商。

（一）中间商的销售能力

中间商的营销经验和能力与搜集市场反馈信息能力对酒店产品的销售影响很大，最接近酒店目标顾客的中间商是优先选择。优秀的中间商能利用有效的营销手段鼓励顾客购买，因为拥有成熟的销售网络，不仅便于顾客购买，也能及时向酒店反馈最新的市场信息，如客人的偏好走向、旅游发展趋势等，为酒店制定营销策略提供更有效的依据。

（二）中间商的经营范围和形象

酒店拟合作的中间商应有酒店产品的目标市场，或者愿意去开拓此类目标市场。比如酒店有东南亚这一目标市场，那么选择以经营东南亚旅游市场为主的旅行社是比较理想的。另外，如果酒店追求高质量、高品位的形象，那么选择中间商时就要确保中间商目标市场的品位与酒店形象一致。

（三）中间商的实力和信誉

中间商的经营规模、财务状况、诚信状况等都是酒店必须考虑的因素。通过经营规模，酒店可以预测中间商能为酒店带来多少预订量和销售额；通过财务状况，可以了解其抗风险能力，财务状况不佳会影响酒店回款甚至有可能变成坏账、死账。中间商的信誉也很重要，尤其在选择海外中间商时，最好要有我国驻外机构或其他机构的信誉调查，确保良性合作。

思考与讨论

OTA是目前酒店行业非常重要的中间商。找一家OTA，了解其作为中间商的基本情况。

二、渠道成员的管理

（一）中间商管理要点

1. 明确责权利

在合作谈判达成后，应以书面形式确认酒店和中间商双方的责、权、利划分。明确促销由谁负责，佣金标准是多少，怎样结算等，以免由于职责不清，导致日后合作产生阻碍。

2. 划分市场区域

酒店对各渠道成员的市场区域应有划分，以避免各渠道成员之间因争夺市场发生摩擦、冲突，而有的空白市场却无人开发，影响销售效果。这种冲突也会令顾客对酒店的经营水平和管理能力产生怀疑。在市场竞争激烈时，酒店尤其应该明确划分市场范围。

3. 确定销售目标

与中间商商议确定合作目标，主要是销售目标。所有合作目标应该是可以度量的，以供酒店进行渠道业绩评价，同时也供中间商审视与酒店的合作情况。

4. 监测合作进展

酒店的营销计划应包括各渠道的营销成本预算、资源分配及合作关系维护时间进度安排等，以保证促销组合在各渠道统一、有序地推进。酒店还应对各渠道成员与酒店相关的每项活动的进展情况进行记录，确保酒店产品保质保量完成销售。

5. 营造合作氛围

酒店应与各渠道成员建立常态化沟通机制，营造良好的合作氛围。经常性的交流可以及时发现问题，避免渠道摩擦恶化升级。真诚的合作意愿是酒店与中间商合作的基础。遇到不同意见，应本着尽可能实现“双赢”的原则共同协商解决。

（二）中间商的评估和激励

1. 中间商评估

酒店必须定期对中间商的绩效进行评估，也就是说，对照合作协议和酒店制定的相关考核标准，酒店定期检查、衡量中间商的表现。这些标准包括：现有销售额、销售指标完成情况、平均月销售额、目标利润、占同类中间商销售额比例、与酒店宣传及培训计划的合作情况以及对顾客的服务表现等。在这些指标中，最重要的是销售指标，它表明了酒店的销售期望。经过一段时间后，酒店可公布对各个中间商的考核结果，目的在于鼓励那些销量大的中间商继续保护声誉，同时鞭策销量小的中间商努力赶上。酒店还可以进行动态分析比较，从而进一步分析不同时期各中间商的销售状况。

2. 中间商激励

一般而言，酒店对中间商的激励首先体现在向其提供价廉物美、适销对路的产品上，其次是合理分配利润。酒店与中间商一定程度上是利益共同体，因此必须共担风险，合理分配利润，否则中间商就没有销售积极性。对销售指标完成得好的中间商在下一年度给予较高折扣或返回一定比例的佣金，对未履行渠道责任的中间商则给予制裁，比如预订优先等级下调直至中止合作等。

酒店经常会发现中间商不重视某些特定品牌的销售，并且经常有缺乏产品知识、不认真使用酒店的广告资料、不能准确地保存销售记录等情况。但中间商作为独立机构则认为，自定政策不受他人干涉，其销售得好的产品都是顾客愿意买的，不一定是酒店叫其卖的。也就是说，中间商的第一项职能是顾客购买代理商，第二项职能才是酒店销售代理商。酒店若不给中间商特别奖励，它们往往不会按酒店要求行事。所以，酒店要考虑中间商的利益，通过协调进行有效控制。

思考与讨论

酒店对线下旅行社和线上旅行社的管理有什么不同？

三、分销渠道的调整

（一）增加或减少分销渠道中的个别中间商

由于个别中间商经营不善等原因造成酒店产品销售下降，影响整个渠道效益时，可以考虑对该渠道中间商进行削减，以便集中力量帮助其他中间商做好工作，同时可重新寻找几个中间商替补。某渠道酒店销售下降，有时可能是由于竞争对手的分销渠道扩大，这时就需要考虑增加中间商数量。

（二）增加或减少某一个分销渠道

当酒店通过增减个别中间商不能解决根本问题时，就要考虑增加或减少某一个分销渠道了。当某种分销渠道的效益不理想时，酒店可以考虑在全部目标市场或某个区域内撤销这种渠道模式，而另外增加一种其他的渠道模式。但在增减某种模式时，也要进行相应的经济分析，并注意其他渠道成员的反应。

（三）调整整个分销渠道

这是渠道调整中最复杂、难度最大的一个环节，因为它要改变酒店的整个渠道策略，而不只是在原有基础上作增减。例如，放弃原先的直销模式，而采用代理商模式；或者建立自己的分销机构以取代原先的间接渠道。这种调整不仅是渠道策略的彻底改变，产品策略、价格策略、促销策略也必须作相应调整。

总之，分销渠道是否需要调整、如何调整，取决于其整体分销效率。因此，酒店不论进行哪一层次的调整都必须作经济效益分析，看销售能否增加、分销效率能否提高，以此鉴定调整的必要性和效果。

思考与讨论

许多酒店由于某一OTA渠道销售占比很大，结果发现受制于该OTA导致佣金成本过高、利润下降。讨论有什么应对策略。

项目小结

渠道策略是营销组合策略的第三个策略。酒店的销售渠道包括中间商、酒店和顾客，分为主要渠道和间接渠道两类。酒店的中间商主要有旅行社、第三方分销网站等。渠道设计时要考虑产品、市场、酒店和效益因素，确定选择直接渠道还是间接渠道、长渠道还是短渠道、宽渠道还是窄渠道销售酒店产品。中间商选择时，要分析其销售能力、经营范围和形象是否与酒店一致以及中间商的实力和信誉。中间商也是需要管理的，评估和激励必不可少，必要时还要对中间商进行增减甚至调整整个分销渠道。

实训练习

一、名词解释

酒店销售渠道　　直接渠道　　间接渠道　　渠道长短　　渠道宽窄

二、单项选择题

1. 酒店销售的间接渠道也称为（　　）。

A. 分销渠道　　B. 零级渠道　　C. 中间商渠道　　D. 代理商渠道

2. 酒店给旅行社的价格优惠一般在（　　）。

A. 15%～35%　　B. 20%～40%　　C. 25%～45%　　D. 30%～50%

3. 利润最低的分销渠道是（　　）。

A. 旅行社　　B. 酒店代理商　　C. 会议组织者　　D. OTA

4. 酒店自有线上销售渠道属于（　　）。

A. 直接渠道　　B. 间接渠道　　C. 分销渠道　　D. 分销网站

5. 处于激烈竞争环境中的酒店应该采用（　　）。

A. 垄断式渠道　　B. 覆盖式渠道　　C. 择优式渠道　　D. 短渠道

6. 在某地设立独家代理的旅行社属于（　　）。

A. 长渠道　　B. 垄断式渠道　　C. 覆盖式渠道　　D. 择优式渠道

7. 某酒店发现某地通过当地旅行社入住酒店的客人规模明显下降。酒店想扩大市场规模，应该（　　）。

A. 增加合作旅行社　　B. 减少合作旅行社

C. 放弃与该地旅行社合作　　D. 调整合作旅行社

8. 酒店对中间商的激励，首先是（　　）。

A. 合理分配利润　　B. 提高佣金

C. 特别奖励　　D. 提供价廉物美的产品

三、多项选择题

1. 酒店中间商的作用有（　　）。

A. 促进酒店产品和服务的销售　　B. 提高酒店营销效率

C. 向酒店反馈市场和产品服务信息　　D. 通过提前采购成为酒店顾客

2. 下列选项中，（　　）是酒店的中间商。

A. 旅行社　　B. 各类协会　　C. 会议组织者　　D. OTA

3. OTA 有（　　）。

A. 酒店自有网站　　B. 携程网　　C. 美团网　　D. 飞猪旅行 App

4. 比较适用于多环节间接销售的产品是（　　）。

A. 高价产品　　B. 新产品

C. 大批量购买的产品　　D. 顾客分布比较分散的产品

5. 不同销售渠道经济收益的分析要考虑（　　）。

A. 销售费用　　B. 利润　　C. 销售量　　D. 价格

6. 下列选项中，（　　）是酒店选择直接销售的原因。

A. 酒店资金实力强　　B. 酒店品牌价值高

C. 酒店客源分布比较分散　　D. 酒店销售能力强

7. 中间商选择的标准是（　　）。

A. 销售能力　　B. 经营范围和形象　　C. 实力　　D. 诚信度

8. 评估中间商的指标有（　　）。

A. 销售额　　B. 销售指标完成情况

C. 目标利润　　D. 合作情况

四、判断题

1. 销售渠道不包括酒店和顾客。（　　）

2. 中间商是酒店与顾客双方的桥梁。（　　）

3. 直接销售渠道比间接销售渠道能触及更广泛的客源。（　　）

4. 酒店市场需求分布比较集中时适合采用间接销售。（　　）

5. 减少产品流通环节可以降低销售费用。（　　）

6. 婚宴和会议产品属于大宗销售，更适合直接销售。（　　）

7. 对中间商的管理也要考虑中间商的立场。（　　）

8. 整个分销渠道的调整只涉及渠道策略的改变，与其他营销组合策略无关。（　　）

五、简答题

1. 酒店分销渠道的中间商有哪些？

2. 哪些因素会影响酒店渠道设计？

3. 简述酒店渠道设计原则。

4. 中间商选择的标准是什么？

5. 简述中间商管理要点。

六、分析与实践

1. 选择酒店的一个分销中间商，介绍该中间商的基本情况。

2. 假设你是一家刚开张酒店的市场营销部经理，结合所学理论知识，你觉得你的酒店销售渠道主要有哪些？

3. 身为酒店市场营销部经理的你出差开会，参会者主要是你的同行。但是你发现你的同行都在和旅行社交谈他们新推出的产品组合，而你所在的酒店以前没有设计过这样的产品组合。此时，你的老总要求你马上设计出一份针对各类销售渠道的渠道产品组合方案，你会怎么做？只考虑旅行社这一渠道吗？

项目四 酒店促销策划

知识目标

- 掌握广告决策的内容和方法
- 了解公共关系的对象和宣传工具
- 掌握销售促进形式
- 了解人员推销的基本原则
- 熟悉人员推销的专业过程

技能目标

- 能够设计促销计划并推动实施
- 能够根据推销流程拜访客户

素养目标

- 学习《中华人民共和国广告法》《中华人民共和国反不正当竞争法》，自觉抵制虚假宣传和不正当竞争

促销策略是市场营销组合的基本策略之一，也称为沟通策略。促销是指企业通过人员和非人员的方式，沟通企业与消费者之间的信息，引发、刺激消费者的消费欲望和兴趣，使其购买企业产品的市场营销活动。促销的本质是信息沟通。不论企业产出的是产品还是服务，确立促销策略时所需要遵循的模式都是相同的。促销策略的组合要素有四大类：媒体广告、宣传与公关、销售促进和人员推销。

任务一 确定媒体广告策略

酒店广告是酒店通过一定的传播形式，以支付费用的方式向目标市场传递有关酒店的信息，展示酒店的产品和服务，以扩大酒店知名度并影响公众购买的促销活动。

一、新型的营销传播模式

在过去的几十年中，营销人员已经掌握了大众营销的精髓，即将高标准化的产品卖给大众消费者。大企业不断地将资金投入到电视、广播、杂志或其他大众媒体上，通过广告将信息传达给数千万的消费者。然而，现如今的营销中，也许没有哪个领域像营销传播这样发生着如此深刻的变化。

首先，消费者正在发生变化。在这个数字化、无线化的时代，消费者不仅依靠企业提供信息，而且可以运用互联网、社交媒体等其他途径搜寻信息、分享信息，甚至可以创造自己的品牌信息和品牌体验。其次，营销战略也在改变。随着大众市场的分化，营销人员正在逐渐放弃大众营销策略，而是越来越倾向于开发更聚焦的营销方案，在更狭窄的细分市场中与顾客建立紧密的联系。最后，信息技术的进步也导致了企业与顾客交流方式的巨大改变。数字时代滋生了一系列新型的信息和沟通工具——从智能手机、平板电脑到数字电视，再到品牌网站、电子邮件、博客、社交网络、在线社区、手机网页等互联网应用。就像大众媒体曾经催生了新一代大众媒体沟通一样，新媒体和社交媒体正在催生一个更有针对性、社交化、互动化的营销传播模式。

广告商目前正在采用更专业化、针对性更强的媒体，以向更小的顾客细分市场传递更加个性化的互动内容。新媒体包括专业有线电视频道、网络视频、互联网应用、电子邮件、短信、博客，以及越来越多的社交媒体。企业也正在将其大部分的营销预算从传统媒体转移到网络媒体、社交媒体、移动媒体等新型媒体上。网络媒体有其得天独厚的优势，表现在：（1）传播范围广，并可跨越时空；（2）内容详尽，可交互查询，互动性和针对性强；（3）广告效果易统计，并可获得真实、准确的市场反馈；（4）广告费用低。其不足之处是：（1）互联网的虚拟性致使广告效果受到一定影响；（2）互联网广告和信息的丰富性，易分散浏览者的注意力；（3）受众对象接受广告需要具备网络条件。互联网广告适用于商务人群和青年群体，可以与酒店的促销和预订服务结合。

它不是广告，而是内容营销

思考与讨论

查资料，了解电视、广播、报纸、杂志、邮寄、户外广告等传统大众媒体的优缺点。

尽管电视、杂志、报纸和其他大众媒体正逐渐丧失其主导地位，但大多数营销人员都认为传统媒体模式不会完全崩溃，在未来会综合使用传统大众媒体、网络媒体、移动媒体和社交媒体，以更加个性化的方式与更精准的目标顾客交流。不管采用哪种沟通渠道，关键是要很好地整合利用所有这些媒体，以更好地吸引顾客、传递品牌信息、提升顾客品牌体验。随着营销传播环境的变化，营销传播人员的角色也发生了改变。很多营销人员现在将自己宽泛地定义为内容营销管理者，而不再仅仅是制作并投放广告。

二、酒店广告决策

（一）广告类型决策

酒店的广告类型必须在相关的目标市场策略、市场定位以及其他营销组合因素决策的基础上或是限制下确定，主要有三种类型。

1. 告知型

这种广告主要适用于酒店产品市场开拓的初始阶段，有两种：（1）介绍酒店的新产品或新服务，比如酒店服务的内容、价格以及给顾客带来的利益等，以触发潜在顾客的购买需求；（2）宣传酒店的市场地位以及顾客购买的便利措施，树立良好的市场形象。

2. 劝导型

这种广告主要用于酒店的产品和服务与同类产品展开竞争的阶段，有两种类型：（1）进攻型广告，突出酒店产品和服务的优势特征和利益，激发消费者购买并产生偏爱；（2）防守型广告，努力改变顾客对本酒店产品和服务的不利印象，抵消或削弱对手的市场形象。

3. 提醒型

这种广告主要适用于酒店产品的成熟期，用于保持顾客对本酒店产品和服务的记忆，尤其是在酒店经营的淡季。酒店适时提醒消费者购买的时机、地点等，可以促使有意购买者去完成购买行为，并同时刺激老顾客重复购买酒店产品的欲望。

（二）广告预算决策

1. 量力而行法

这种方法就是酒店能够支付多少广告费用就拨款多少，简单省事，但受酒店财力的影响较大，使得酒店的广告宣传工作难以规划，也难以应对市场情况的变化。另外，使用这种方法，难以保证与酒店广告目标相一致的投入，也就会影响酒店广告目标的实现。

2. 销售百分比法

这种方法是酒店按照预测销售额的一定比例作为酒店的广告预算费用，一般为1%～2%。其最大的优点是广告费有保证，还可以促使酒店各层管理人员建立广告成本、营业额和营业利润之间的有机联系。但在理论上，这是一种因果倒置的广告预算安排，其前提是酒店营业额的实现，而不考虑可能的增长或下降。市场环境变化比较大时，这种预算方法会缺乏应变能力。

3. 竞争比较法

这种方法是指酒店根据酒店对手的广告规模来确定自己的广告宣传规模和程度。其前提是假定其竞争对手的广告费用预算具有行业代表性。酒店与酒店之间的知名度、规模、形象都有较大差别，不做具体分析而盲目跟随不一定能给酒店带来应有的广告效果。

4. 目标任务法

这种方法是指酒店根据广告目标确定究竟要规划哪一些广告活动，按照这些活动所需的需求来核算成本。这是相对科学的一种广告费用预算方法。其问题是在酒店产品开拓市场的过程中可能会因为战线拉得过长、筹资困难等原因而无法保证预算经费。

（三）广告内容决策

酒店广告的内容应该具有真实性、针对性、创新性、简明性、艺术性和合法性等特征。广告作为一种宣传手段，直接关系到酒店及其产品在顾客心目中的形象。因此，酒店广告的内容必须真实，不可以浮夸、欺骗或是攻击他人。针对性是指酒店广告必须针对目标顾客的心理特征、消费偏好等来选择、设计广告方案，突出酒店广告的主题。创新性是指酒店的广告无论在内容还是形式上都应该具有多样性，应该独具特色，以增强自己的广告吸引力。广告还应该简明扼要，在有限的版面输出尽可能多的适应顾客的视觉、听觉以及记忆力的信息。为了引人入胜，酒店的广告还应在内容上给人以知识和美的享受，在形式上力求图文并茂，声、视效果俱佳，并且要具有艺术感染力。最后广告在内容、形式和行为上都必须遵守国家相关政策法规，酒店特殊的产品和荣誉应依法附有权威机构的证明。

思考与讨论

思考广告内容真实性和表达形式艺术性之间的界限。

学思之窗

入住酒店与OTA平台照片不符是很多通过OTA预订酒店的顾客遇到过的事情。学习《中华人民共和国广告法》，了解广告法对企业广告内容和行为的规定，分析平台和酒店的法律责任以及对酒店和平台可能产生的影响。

（四）广告媒体决策

广告媒体决策就是寻找最佳成本效益到达酒店目标受众的传播媒介，酒店应该根据广告目标选择合适的广告媒体。此外，酒店在选择广告媒体时应考虑以下4个方面的因素：（1）酒店目标顾客的媒体视听习惯；（2）酒店产品的定位；（3）酒店广告信息特点，时效性强的酒店产品信息要求采用传播速度快的媒体；（4）酒店的广告预算。

任务二 强化宣传与公共关系管理

公共关系是通过有利的宣传树立良好的企业形象，并处理或消除不利的传言、事件等，从而与企业的各类公众建立良好关系的活动。公共关系能以较低成本在公众知晓度上产生极大影响力，这是广告所不能比拟的。但公共关系容易偏向处理各类公众关系而忽略了支持产品营销目标的公关方案，所有有时它被描述为是营销的“远亲”。随着免费和共享的数字内容的快速增长，公共关系在营销内容管理中正在发挥更大的作用。

一、公共关系的对象

（一）消费者

消费者满意是酒店一切活动的最终目标。酒店首先要以良好的形象和信誉吸引消费者，具体包括：（1）提供优质的产品和服务，这是建立良好公共关系的首要条件和根本保证；（2）定期与消费者进行沟通，收集相关信息；（3）正确处理与消费者的纠纷，避免与消费者正面争吵。如果消费者的投诉合理，在确认后应及时处理，使消费者感觉到受尊重，即使出现一些不能解决的问题，也应耐心解释，争取消费者的谅解，化解矛盾。

（二）供应商和销售商

为保障酒店正常的生产和销售，酒店要与供应商建立良好的关系。要时刻关注供应商和销售商，通过一系列公共关系活动保持双方的信息互换和友好关系，使酒店在生产、销售环节保持优势地位。

（三）新闻媒体

新闻媒体是酒店最特殊的公众，酒店的公共关系活动通常要借助一定的宣传媒体向外界发布，以扩大活动影响力。对待媒体的负面报道，酒店要冷静、谨慎，首先要认真核实新闻报道的内容，迅速查清事实真相。如果是酒店的问题，要尽快改正，并将改进后的情况及时通报新闻媒体，消除不良影响。如果新闻报道有失偏颇，与事实不符，酒店要立即通过新闻媒体说明真相，或举办新闻发布会澄清事实，并可要求发布不实报道的新闻媒体作出公开更正，以免影响酒店形象。

思考与讨论

了解2016年和颐酒店女生遇袭事件始末，分析酒店舆情控制和危机处理时的媒体策略。

（四）政府部门

酒店的生存和发展离不开政府的支持和帮助，酒店必须经常与政府部门沟通，及时了解相关政策、规定，并使之尽量有利于本酒店或酒店业的发展。

（五）社区

社区是指酒店所在地的区域范围。酒店要与所在地的企业、学校、医院、团体、居民等发生各种各样的联系，积极支持社区公益活动和经济建设，以此获取社区的理解，为酒店的发展提供多方面的便利条件。

（六）竞争者

处理好与竞争者的关系也是酒店公共关系工作的重要环节。那种“同行是冤家”的狭隘思想已经无法在现代市场经济环境中通行。双方的殊死拼争，其结果往往是两败俱伤，不如携手共进，实现双赢。

（七）酒店内部员工

在酒店内部，做好员工的思想工作，增强员工的凝聚力和团队精神，对企业来说同样是至关重要的。酒店可以通过一系列方法做好酒店内部公关，具体包括：（1）通过建立内部网络、交流平台，发行内部刊物等，宣传酒店优秀文化，培养员工的自豪感、归属感；（2）定期举办各类集体活动，如旅游、参观、聚餐、文体活动等，融洽员工之间的关系。

二、宣传方式

（一）借助公关广告

通过公关广告宣传，树立酒店形象。公关广告的形式和内容可以概括为三种类型：（1）致意性广告，即向公众表示节日致庆、感谢或道歉等；（2）倡导性广告，即率先发起某种社会活动或提倡某种新观念；（3）解释性广告，即就某方面情况向公众介绍、宣传或解释。

思考与讨论

在当今数字时代，公共关系与广告的界限越来越模糊，尤其在品牌建设方面。试讨论酒店的品牌主页、品牌视频、社交媒体运营等到底是广告行为还是公关行为。

（二）举办各种会议或社交活动

酒店定期或不定期地召开新闻发布会、座谈会、答谢会、联欢会等，借此来密切酒店同社会知名人士和代表的友好关系。

（三）参加或举办社会公益活动

酒店可以投入一定时间和金钱来参与或举办一些公益活动，来支持社会的公益事业，同时提高酒店或酒店集团在公众中的形象。

（四）举办专题活动

通过举办各种专题活动来扩大酒店的影响力，包括举办各种庆祝活动，如店庆、开业典礼等；开展各种竞赛活动，如知识竞赛、技能比武、评奖评优等。

（五）散发书面资料

广泛借助书面资料联系和影响目标市场，包括宣传折页、店报、小册子、刊物等。

（六）编辑视听材料

拍摄编辑诸如微电影、幻灯片、录像、录音等，在酒店网站或向参观者介绍酒店时播放，能更高效地介绍和展示酒店产品及品牌。

（七）利用自身媒体

创造使公众能迅速辨认酒店的视觉身份标志，广泛使用于酒店的招牌、业务名片、办公用品、客用品、工作人员制服、车辆等永久性媒体上，强化酒店的识别度。

三、酒店公共关系活动的程序

（一）开展公众调查

收集、了解目标市场公众对本酒店的意见和态度，分析酒店及其服务在社会公众中的形象和知名度，从而总结教训和经验，及时发现酒店经营中存在的问题。

（二）制定公关目标

酒店利用公共关系活动可以实现树立酒店形象、提高酒店声誉和知名度、谋求社会公众的理解和支持，并巩固酒店与他们之间的关系等目标。酒店在进行公共关系活动之前，只有制定一个明确的目标才能使其顺利地进行下去。

（三）选择公共关系执行方式

酒店在确定了目标之后，就应该根据公关目标要求，结合各地消费者的具体情况和酒店的实际选择公共关系活动的方式，选择时要注意利用公共的或酒店自身的各种公关时机，比如酒店周年庆典等。

（四）酒店公共关系活动实施

酒店公关人员在实施公共关系活动时要考虑仔细，确保活动顺利、有效地进行，并能根据做好的突发事件的应对预案对突发事件迅速采取措施予以解决。

某酒店赞助活动操作流程

（五）酒店公共关系活动的评价

由于酒店公共关系活动是一种长期的、间接的促销活动，因此其活动的效果衡量有一定困难。一般来说，酒店可以采取公众调查法和媒体统计法进行评价。公众调查法是利用调查表、电话调查等方式了解公众对公共关系活动的看法；媒体统计法是指利用公共关系活动在各类媒体上的展露次数来进一步分析和评价公共关系活动的成果。

任务三 创新销售促进活动

销售促进也称营业推广，它是企业用来刺激早期需求或强烈的市场反应而采取的各种短期性促销方式的总称，也就是一般意义上理解的促销。酒店的销售促进通常会和广告、人员销售或其他组合促销工具一起使用。

一、酒店销售促进的种类

促销以其直观性和灵活多样性成为企业一种十分强大而有效的市场营销工具。现在大多数酒店采用的住店客人免费早餐就是促销形式之一。一般来讲，销售促进大多是短期或临时的，并往往带有馈赠或奖励性质。

（一）针对顾客的促销形式

1. 送赠品或礼物

酒店通过赠送纪念品或是礼物的方法进行促销，如向顾客赠送印有酒店标识的小礼物、卡片等；“满就送”是现时促销采用的很广泛的方式之一。

2. 抽奖

顾客购买酒店的产品或服务就可以参加抽奖，比如每年元旦期间一些酒店就会举办大型现场抽奖活动，中奖客人可以获得酒店免费的高档礼物，或是入住酒店一天等。

学思之窗

促销需要创意，但更需要符合法律法规。学习《中华人民共和国反不正当竞争法》，掌握竞争边界，比如抽奖式的有奖销售，最高奖的金额不得超过5 000元等，同时了解酒店行业出现过的一些非法竞争手段。

3. 赠送折价券

赠送折价券是吸引回头客的一种做法，折价券不可兑付现金，但可以在下次消费时冲抵相同金额的现金。这是吸引回头客业务的一种有效形式。

4. 免费试用

免费试用一般被餐厅或酒店的娱乐场所所采用，通过品尝新菜或是尝试新的娱乐设施进行促销。

5. 会员卡优惠

顾客缴纳一定的会费或是在酒店消费到一定金额后即成为会员，可以享受一些优于普通顾客的待遇。会员卡可以设定多层等级提供相应优待。这也是吸引回头客业务的一种有效形式。

6. 提供优惠价

酒店以一定的优惠价格提供产品和服务。许多酒店在淡季或特殊时期推出优惠价格项目，以招徕顾客。价格优惠的方式多种多样，特价产品、组合产品优惠价等对刺激短期消费都非常有效。

7. 给予现金折扣

现金折扣与优惠券有相似之处，但不同之处在于现金折扣在客人结账时提供。实际情况中，酒店常常会在服务出现失误后给客人折扣以平息事态。

8. 举办特殊活动

举办各式活动以促进销售，如美食节、啤酒节、特别节日庆典等，由于价格优惠、活动氛围好往往会吸引大量客流进店消费。

9. 联合促销

这类促销是指将某一产品或服务与另一企业的产品或服务共同进行促销。一般而言，可以是酒店和知名餐厅、酒店或旅行社、景区景点、航空公司等单位联合促销，从而提升酒店和联合单位的知名度，同时降低促销成本。

思考与讨论

请尽可能多地列举酒店采用的对客促销方式。

（二）针对中间商的促销形式

1. 现金折扣/折让

根据酒店和中间商的协议，在房费、餐饮、娱乐等方面予以一定的减免。比如酒店给予旅行社 5～6 折房价优惠。

2. 广告津贴

酒店通过与中间商的联合广告形式促销产品，以广告津贴的形式补贴中间商。

3. 赠品

酒店给中间商一定的赠品予以奖励，一般采用赠品印花形式，达到一定销售量即兑付赠品。

4. 旅游交易会、展览

酒店通过送中间商参加一些交易会或者展览活动，对中间商进行促销。

二、酒店销售促进的设计实施

酒店销售促进的具体实施需要由制定促销目标、选择促销工具、制定促销计划、促销计划的测试与实施、促销效果评估五个步骤组成。

（一）制定促销目标

制定促销目标是为了明确促销对象和要达到的目的。只有明确了促销对象才能有针对性地制定具体的促销方案。比如，是为培育忠诚客户还是为鼓励大批量购买？培育顾客忠诚度强调的是顾客长期需求的培养而不在量上的短期增长，因此酒店产品的品位是促销的核心。

（二）选择促销工具

促销的方式很多，但如果使用不当，则会适得其反。促销得法的关键是选择合适的促销工具。企业一般要根据目标对象的接受习惯和产品特点、目标市场状况等来综合分析选择促销工具。

（三）制定促销计划

制定促销计划要求营销人员作出各种其他决策。首先是必须确定激励程度和参与条件。一般而言，激励程度越高，参与的人数越多，但鉴于促销成本限制，激励要有最高限度；同时为保证促销效果，需要确定激励的最低限度。确定参与条件是因为有些激励可以人人参与，而有些只供有限群体参与，以保证促销目标的实现。其次是营销人员必须确定如何贯彻实施这项促销计划。最后是营销人员必须作出这次促销的预算。

思考与讨论

促销计划书应该包括哪些内容？

（四）促销计划的测试与实施

在可能的情况下，酒店应该对促销的各种工具进行测试，以便弄清楚它们是否合适，所确定的激励程度是否适中。针对消费者的促销工具是很容易进行测试的，同时，酒店还应该为每一项促销计划制定实施方案。

某酒店元旦促销活动方案

（五）促销效果评估

促销最终效果的评估非常重要，但很多企业都未能对促销结果进行有效评估，主要是评估需要考虑的因素导致结果不全面。对促销前、促销中、促销后的销售额进行比较是最常用的定量方法之一，但有时很难区分是市场因素还是促销因素，需要仔细分析。

任务四 提升人员推销水平

人员推销是一种传统的促销方式，但也是一种强有力的、可靠的销售手段。酒店销售人员与酒店顾客或潜在顾客接触、洽谈，将他们不熟悉的酒店产品（会议设施、多功能厅、宴会厅等）进行更具个性化的沟通展示，在信息爆炸的时代仍不失为一种行之有效的销售方式。

一、人员推销的基本原则

（一）满足需要

顾客之所以购买某种商品或服务，是为了满足某种需求。推销人员不应该单纯地向顾客推销产品，而应该借助所推销的产品，唤起顾客为满足其现在或将来的需要而产生购买欲望。只有以顾客为中心，把顾客的需要放在第一位，才能销售更多满足顾客需要的产品或服务。

（二）互利双赢

推销的实质是交换，其结果是要使买卖双方都能获取达成交易后的利益，这就是互利。这就要求在推销过程中，推销人员应以交易能为双方都带来较大的利益或者为双方都减少损失为出发点。任何推销工作都应该符合商业道德，遵循互利双赢原则。

（三）讲求信用

任何企业和推销人员，要想取得顾客的信任，必须以诚信为基础，不能为了实现销售而过度承诺。推销人员的社会行为既代表本人的形象，也代表企业的形象，是酒店“流动的品牌”。推销人员只有兑现承诺，以诚信为基础，才能树立良好形象，取得消费者的信任。

（四）诚实可信

推销十分讲究技巧和方法，需要与顾客进行良好的沟通，解决产品异议，并对推销人员及其产品建立信心。一个成功的推销人员必须坚持用诚实的态度，以事实为依据，因势利导，说服顾客自愿购买所推销的商品。

思考与讨论

人员推销四原则中你认为哪个最重要？为什么？

二、人员推销过程

（一）寻找客户

1. 目标客户应具备的条件

作为目标客户，其至少应该具备有钱、有权、有需求三个条件，即目标客户要有购买能力、有决策权并有购买意愿。

2. 目标客户锁定程序

（1）从大处着眼，圈定推销客户所在范围。根据酒店市场定位分析对应的细分市场，确定主要客户群分布，进而根据这些客户的特点粗略地拟定推销的场所和时间。比如对旅行社客户进行推销时，高星级酒店一般会选择标准较高的旅游团队产品，并通过对合作旅行社的有计划拜访来促进销售。

（2）对客户进行分类，选出最有希望的客户。对推销人员而言，酒店客户可以按两个层面进行分类：酒店层面的分为旅行社客户、商务客户、会议客户、宴会客户四类；实战层面的分为有明显购买意图、有一定购买意图和对购买尚有疑问的三类。拜访重点放在有明显购买意图和有一定购买意图的客户上，并尽可能命中酒店层面客户类型中前20%的客户，提高推销工作效率。

3. 寻找目标客户的方法

（1）普遍寻找法。在销售人员特定的市场区域范围内，针对特定的群体，用上门、邮件或者电话、电子邮件等方式对该范围内的组织、家庭或者个人无遗漏地进行寻找与确认。

（2）广告寻找法。通过向目标顾客群发送广告，吸引顾客上门开展业务活动或接受反馈以拓展客户群体的方法。邮寄广告是酒店经常采用的方式之一。

（3）介绍寻找法。通过他人的直接介绍或提供的信息进行顾客寻找，可以通过熟人、朋友也可以通过酒店的合作伙伴、客户等进行介绍，主要方式有电话介绍、口头介绍、信函介绍、名片介绍、口碑效应等。

（4）资料查阅寻找法。销售人员最常用的资料是酒店的客史档案，其他资料来源包括政府部门和行业协会提供的资料、国家和地区的统计资料、企业黄页，电视、报纸、杂志、互联网等大众媒体，客户发布的消息、产品介绍、企业内刊等。

（二）拜访客户

1. 拜访前应充分熟悉酒店产品

（1）了解酒店产品的基本信息。酒店产品的基本信息包括酒店客房、餐饮、会议、娱乐产品的各种小类的名称、核心利益、服务特征、环境特色、价格等。

（2）掌握酒店的基本情况。对顾客而言，推销人员代表酒店，理应全面掌握酒店的基本情况。这些情况包括酒店的长远发展目标、历史沿革以及过去取得的重大成绩、最近的重大举措及主要管理人员姓名等。

（3）熟知竞争对手的相关信息。推销人员在进行产品推销时，竞争对手也在做相同的工作，推销人员要了解竞争对手的产品、价格等相关信息，以帮助顾客作出正确的选择。

（4）了解顾客对产品的需求动态。推销人员对产品和顾客需求的了解是一个动态的过程，只有不断累积产品知识并努力学习推销技巧，产品蕴含的价值才能最大限度地满足客户的需求。

2. 拜访程序设计

（1）拜访客户前。一般要事先打电话联系进行拜访预约，确定拜访的时间和地点。

要充分做好拜访前的准备工作，了解客户的基本情况，准备拜访必备的资料，规划好出行路线和交通工具等，并在出门前检查自己的仪表是否整洁，是否符合职业要求。

（2）拜访客户过程。客户拜访时必须准时到达，提前时间太多可稍事等候。到达客户办公室后轻轻敲门，经客户同意后方可进入办公室。自我介绍，双手递上名片，语言礼貌、规范。简单明了地说明来意。递上酒店的宣传材料，介绍酒店的设施和服务，表示欢迎客户光顾酒店，并承诺给予优惠照顾。如果客户愿意签订合作协议，则将准备好的协议递给客户，供客户审阅；如果无异议，则双方签字盖章，确认无误。如果由于客户的要求不能马上满足等原因不能当场签下协议的，要将客户的要求进行简单总结，确保清楚、完整，并得到客户的同意。

（3）结束拜访后。将拜访情况汇总，做好工作记录。如果有预订或协议，则尽快地将预订或协议书通知预订处、财务部、餐饮部等。对需要跟踪的客户要做详细记录，并制定新的拜访计划，便于查询。

（三）达成交易

1. 谈判准备

（1）客户相关信息。比如旅行社的规模、性质、注册资金、公司战略与企业文化、经营业绩、旅行社竞争对手情况、此次谈判目标等。

（2）客户主要管理者的性格特征、爱好、社会关系、谈判风格、宗教信仰等。

（3）明确谈判目标，包括谈判的最高目标、中间目标和最低目标。

（4）根据已掌握的信息，制定谈判策略。

（5）选择恰当的谈判地点。

2. 谈判实施

（1）谈判提问。销售人员根据不同的谈判目标，可以采用引导式、坦诚式、选择式、跳跃式、证实式、模糊式等提问方式，促使对方按照自己设定的方向思考问题、回答问题，摸清对方的需要。

思考与讨论

举例说明引导式、坦诚式、选择式、跳跃式、证实式、模糊式提问。

（2）谈判拒绝。在谈判过程中，销售人员要学会说“不”，如果不善于拒绝，则有时难以维护酒店的利益。要选择恰当的方式委婉拒绝，可以运用借口拒绝。

（3）谈判让步。销售人员在谈判中要注意让步策略，控制让步速度、限度，明确让步的目的和次数（3 次为佳），尽可能掌握让步的主动性。

（4）谈判结束。在谈判结束时，销售人员要采用一些策略，如优惠、优惠期限等，以尽快促成合作谈判的达成。

（四）跟进订单

会议、宴会协议签订后，销售人员应提前 10 天填写预订单，并对订单的落实持续跟进。对旅行社和协议单位的预订单，为防止订单流失，也要进一步跟进，落实订单内规定的接待事项，并在落实后及时回复客户。客户若有更改、取消，应及时通知有关部门确认。

（五）客户维护

客人离店后，及时与预订人或经办人联系，感谢对方安排客户入住酒店或在酒店消费，并征求客户意见，做好详细记录，在营销会议上报告客户的反映。以后要有计划进行客户关系维护，经常与新、老客户以拜访电话、传真、邮件等形式保持密切往来，及时关注各协议单位的情况，分析对将来双方合作可能会产生的影响。

项目小结

促销策略是营销组合策略的第四个策略。促销组合包括媒体广告、宣传与公关、销售促进和人员推销。广告策划包括广告类型、广告预算、广告内容和广告媒体决策。公共关系是通过有利的宣传树立良好的企业形象，并处理或消除不利的传言、事件等，从而与企业的各类公众建立良好关系的活动。销售促进是企业用来刺激早期需求或强烈的市场反应而采取的各种短期性促销方式的总称。人员推销通过与酒店顾客或潜在顾客的接触、洽谈，将酒店产品进行更具个性化的沟通展示，最终实现销售的销售方式。

实训练习

一、名词解释

促销　　酒店广告　　公共关系　　销售促进　　人员推销

二、单项选择题

1. 介绍新产品或新服务时一般采用（　　）广告。

A. 告知型　　B. 劝导型　　C. 提醒型　　D. 以上都可以

2. 用销售百分比法做广告预算，主要问题是（　　）。

A. 难以保证预算费用与酒店广告目标相一致

B. 不做具体分析，广告效果不一定好

C. 假定酒店实现相应营业额

D. 新产品上市时可能无法保证预算

3. 酒店的形象宣传片属于（　　）广告。

A. 告知型　　B. 劝导型　　C. 提醒型　　D. 以上都是

4. 酒店在春节期间发布的祝福广告属于（　　）。

A. 致意性广告　　B. 倡导性广告　　C. 解释性广告　　D. 以上都不是

5. 酒店建立会员制，并开展会员回馈活动，属于对（　　）进行促销。

A. 社区　　B. 竞争者　　C. 销售商　　D. 消费者

6. 下列选项中，（　　）不属于针对消费者的促销。

A. 举办啤酒节　　　　B. 给 OTA 的优惠价
C. 赠送折价券　　　　D. 满就送

7. 酒店要根据（　　）等来综合分析选择促销工具。

A. 目标对象的接受习惯　　　　B. 产品特点
C. 目标市场状况　　　　D. 以上都是

8. “您认为我们酒店的服务质量不够，但在价格上，较之于其他同类酒店，我们已经足够优惠了，您说呢？”属于（　　）提问。

A. 引导式　　B. 坦诚式　　C. 证实式　　D. 模糊式

9. 推销人员通过客史档案找到目标客户的方法是（　　）。

A. 普遍寻找法　　B. 广告寻找法　　C. 介绍寻找法　　D. 资料查阅寻找法

10. 推销谈判让步时，让步（　　）比较好。

A. 1 次　　B. 2 次　　C. 3 次　　D. 4 次

三、多项选择题

1. 下列属于新媒体传播渠道的是（　　）。

A. 电视　　B. 电子邮件　　C. 社交网络　　D. 博客

2. 广告媒体决策时应考虑（　　）。

A. 目标顾客媒体视听习惯　　　　B. 酒店产品定位
C. 广告信息特点　　　　D. 广告预算

3. （　　）是酒店公关的对象。

A. 消费者　　B. 供应商和销售商　　C. 政府部门　　D. 内部员工

4. 公关活动包括（　　）等。

A. 新闻发布会　　B. 公益活动　　C. 散发宣传折页　　D. 邮寄广告

5. 针对中间商的促销形式有（　　）。

A. 现金折扣　　B. 会员卡优惠　　C. 广告津贴　　D. 赠品

6. 推销的基本原则是（　　）。

A. 满足消费者需要　　B. 互利双赢　　C. 讲求信用　　D. 诚实可信

7. 人员推销的目标客户应该有（　　）。

A. 商业价值　　B. 购买能力　　C. 决策权　　D. 购买意愿

8. 拜访客户时，要做到（　　）。

A. 利益和友谊兼顾　　B. 诚挚友好　　C. 冷静自然　　D. 正视拒绝

9. 客户拜访前对酒店产品的了解包括（　　）。

A. 酒店产品基本信息　　　　B. 酒店基本情况
C. 竞争对手产品信息　　　　D. 顾客对产品的需求动态

10. 谈判结束时，销售人员可以采取（　　）策略以尽快促进谈判达成。

A. 拒绝　　B. 优惠劝导　　C. 期限　　D. 威胁

四、判断题

1. 新型营销传播模式的出现主要源于数字时代的到来。（　　）

2. 广告的内容可以适度夸张。（　　）

3. 竞争者不是酒店的公关对象。 ( )
4. 酒店举办技能比武与宣传没什么关系。 ( )
5. 新闻媒体对于酒店澄清事实至关重要。 ( )
6. 数字时代，宣传与广告的界限越来越模糊。 ( )
7. 销售促进大多是短期或临时的，并往往带有馈赠或奖励性质。 ( )
8. 达成交易的拜访往往不止一次。 ( )
9. 对顾客而言，推销人员代表酒店，理应全面掌握酒店的基本情况。 ( )
10. 订单完成后，与客户的关系也就结束了。 ( )

五、简答题

1. 简述网络媒体的优缺点。
2. 酒店的广告决策要完成哪些决策？
3. 简述酒店公共关系活动的基本流程。
4. 列出至少五个针对顾客的促销方式。
5. 人员推销一般应该遵循的专业推销流程是怎样的？

六、分析与实践

1. 今年是你的酒店成立十周年，你希望采取一些酒店促销组合来推广你的酒店的产品，你要怎样设计你的促销组合方案呢？简单列举下你的方案所要覆盖的因素。

2. 你的酒店刚刚进驻本地，为了推广你的酒店品牌，你要疯狂促销吗？如果不，你会如何推广你的酒店？你觉得你所采用的方法是酒店促销还是酒店营销？

3. 假如你的目标单位已经和其他酒店签订了协议，你要怎样实现与这家单位的签约呢？你觉得你所实施的活动是销售活动还是市场活动？

Module 4

模块四

促销产品　占领市场

项目一 旅行社和 OTA 销售

知识目标

- 了解旅游团队特点
- 掌握旅游团队预订和接待规程
- 熟悉旅行社销售工作任务
- 理解 OTA 的影响力和合作模式
- 掌握 OTA 管理基本方法

技能目标

- 能够根据酒店实际选择和布局旅行社和 OTA

素养目标

- 通过工作细节把握，开展社会关爱教育

旅行社和 OTA 是酒店销售的重要中介机构。旅行社以旅游团队的形式为酒店带来客源，OTA 帮助酒店更大范围地接触终端散客，它们同时利用酒店产品或通过销售酒店产品获利。旅行社和 OTA 与酒店既竞争又合作。

任务一 了解旅游团队

旅游团队是通过旅行社或旅游服务中介机构联络、有组织地按照预定行程计划进行旅游消费活动的旅游者群体。旅游团队的定义是从每单交易的平均人数来划分的，一般十人以上的称为团队，十人以下的称为散客（团）。

一、旅游团队的特点

（一）计划性强

旅游团队一般按旅游批发商制定的日程、路线、交通工具、食宿标准等进行旅游活动，整个行程和接待任务严格按照旅游合同进行，计划性强。

（二）接待技能要求高

旅游团队人员众多，关系复杂，利益涉及面广，增加了接待任务的难度，要求酒店营销人员拥有较好的接待、沟通技能。

（三）协调工作多

旅游团队的接待涉及团员、旅行社和酒店房务、餐饮、娱乐等部门，利益多方关系复杂，要求酒店营销人员具备较强的工作协调能力，尤其是与旅行社的沟通协调能力。

思考与讨论

旅游团队的成员既是旅行社的客人也是酒店的客人。思考在接待服务过程中要如何区分两者的要求。

二、旅游团队的类别

（一）按地理范围分类

旅游团队按地理范围分类，可分为国内团队和国际团队。一般来讲，国际团队停留时间较长，日程活动变化多，沟通难度较大；国内团队准备时间短，消费水平差别不大，沟通交流起来比较容易。

（二）按消费水平分类

旅游团队按消费水平分类，可分为经济型团队、豪华型团队和大众型团队。经济型团队的消费水平以及对服务水平的要求相对不高；豪华型团队消费额度大，对酒店档次、设施设备及服务要求更加苛刻；大众型团队的消费介于经济型团队和豪华型团队之间。

（三）按年龄分类

旅游团队按年龄分类，可分为儿童团队、青年团队和老年团队。不同年龄的消费者，对住宿、饮食以及娱乐的要求差别很大，要求酒店营销人员针对不同的团队设计不同的酒店产品来满足其需求。

（四）按旅游目的分类

旅游团队按旅游目的分类，可分为消遣型团队、事务型团队和家庭型团队。旅游目的不同，对酒店各方面的要求也不一样：消遣型团队关注居住环境舒适，喜欢去度假型酒店消费；事务型团队关注酒店商务和娱乐功能；家庭型团队希望创造一种居家的环境。

（五）按参团规模分类

旅游团队按参团规模分类，可分为大型团队、一般团队和小型团队。超过 50 人的团队一般称为大型团队，30～50 人为一般团队，30 人以下为小型团队。

（六）按销售渠道分类

旅游团队按销售渠道分类，可分为旅行社等旅游中介旅游团队、酒店协议客户旅游团队和自发组织旅游团队。

思考与讨论

不同类型旅游团队对酒店服务产品有相应的个性化需求，要注意接待的针对性。讨论不同旅游团队销售时的注意事项。

三、旅游团队预订和接待

（一）预订工作的要求

1. 预订工作要详细

团体接待，一般都要先准备接待协议书或接待合同，除了应具有一般合同的标的、权利、义务、履行方式、违约责任等基本要素之外，还要详细注明名称（团体名称、会议名称）、人数、抵离时间、交通工具、用何类房、房价、餐价、用餐方式、菜品、结账方式等。特别是涉及费用的，一定马虎不得，以免事后产生纠纷。有些虽不必见于书面的事项，也要有所了解，如除了解人数外，还应进一步确定其国籍、男女比例，甚至老幼以及有什么特殊情况等，以便有针对性地提供服务。

2. 预备工作要细致

接待准备工作要尽可能详细，每个环节都要考虑到，而且要环环相扣，不能脱节。预订部门或销售部在完成团体接待预订后，应将该团体的资料及时提供给前厅部、客房部、餐饮部等相关接待部门或经营场所，通知相关人员，及时做好服务接待工作的衔接和准备。最好还应有个接待预案。例如，客房部接到总台的入住指令后，要了解客人情况，包括抵店、离店时间，从何处乘什么交通工具来，乘什么交通工具到何处去，人数、国籍（国内客人应注明省、市籍）、性别、年龄、身份、宗教信仰、风俗习惯、特殊爱好、接待规格、特别要求、消费标准、付款方式、保卫保安要求等，有针对性地做好接待准备工作，并对客房设备设施、卫生质量、物品配置、人员安排、房号落实、钥匙分发等进行全面检查。员工个人也应在精神状态、仪容仪表上做好思想准备。

3. 事先预料要充足

酒店的团体接待中，由于客人相对集中、人数相对较多、时间相对较紧、工作量相对增大，容易出现一些服务接待不及时、不周到、不尽意、不完善的地方，甚至出现一些意外情况。这就需要酒店对一些情况事先有一些预估。从客人抵店时间看，因气候原因误机、误船而延迟到达的情况屡见不鲜。团队迟到了，即使酒店正常下班时间已过，但前厅、客房、餐厅等相关接待部门、场所仍要在人员、材料上备齐配足，思想、物质上也要有所准备，一旦团队到达，能保质保量完成接待。当然，有些情况也难以预料，但应尽可能充分，把问题估计得足够些，做计划时尽量留有余地。

4. 预订后要跟踪

营销人员在团队客人接待入住时、住店期间要做跟踪服务，在离店时和离店后也要做好跟踪工作。例如：尽可能准确地落实团队离店时间，提前通知客房做好查房准备；行李房及时将团队行李运到大堂，等候客人清点；总台做好退房准备；VIP 团还要及时通知酒店主要负责人或相关部门经理提前到大堂送行；要检查所有委托代办的工作是否已办妥，账款是否结清，有无其他服务要求等。确保客人高兴而来满意而去，乐意下次再来。销售部门还要征求客人的意见，团队客人，特别是会议的团队客人，性格不同、口味迥异，容易对餐饮产生意见，要注意征询，及时反馈，以便改进。团队走后，要系统地建立客史档案，与客人保持联络，加强与团队单位的感情交流，为再一次的合作、为今后酒店的销售打下良好基础。

学思之窗

旅游团队的接待涉及各种关系的协调和处理。正确处理个人与他人、个人与企业乃至个人与社会的关系关乎旅游团队接待服务质量的好坏，进而会影响酒店的旅游团队销售业务。思考酒店销售人员在旅游团队接待中要处理好哪些关系。关爱他人是中华民族优秀传统，这一美德会对旅游团队接待服务有什么帮助？

（二）旅游团队接待规程

1. 团队预订确认

（1）团队预订的确认、修改、取消必须在第一时间与预订处联系。

（2）订单的收取要及时，回复必须在 24 小时之内，确认必须以书面形式并按照类别归档。

（3）所有信息必须以书面形式确认，要求准确、及时。

2. 部门协调

（1）客人预订确认后，酒店营销人员必须及时（不得超过 6 个小时）通知客房部、礼宾部、康乐部、餐饮部等相关部门。

（2）与各相关部门的沟通必须以书面形式进行，并要求准确、及时。

（3）须协助财务部做好结算工作。

3. 客人跟踪

（1）营销人员必须全程跟踪团队的预订、变更、入住、退房等全过程。

（2）及时反馈信息，解决问题，并填写客户意见反馈表。

4. 与客人交流

（1）尽量用姓氏称呼客人。

（2）尊重客人的宗教信仰，并协调相关部门尽量提供方便。

（3）不得私自接受客人的任何宴请、礼品。

根据旅游团队预订及接待的经验，整个规范程序如图 4-1-1 所示。

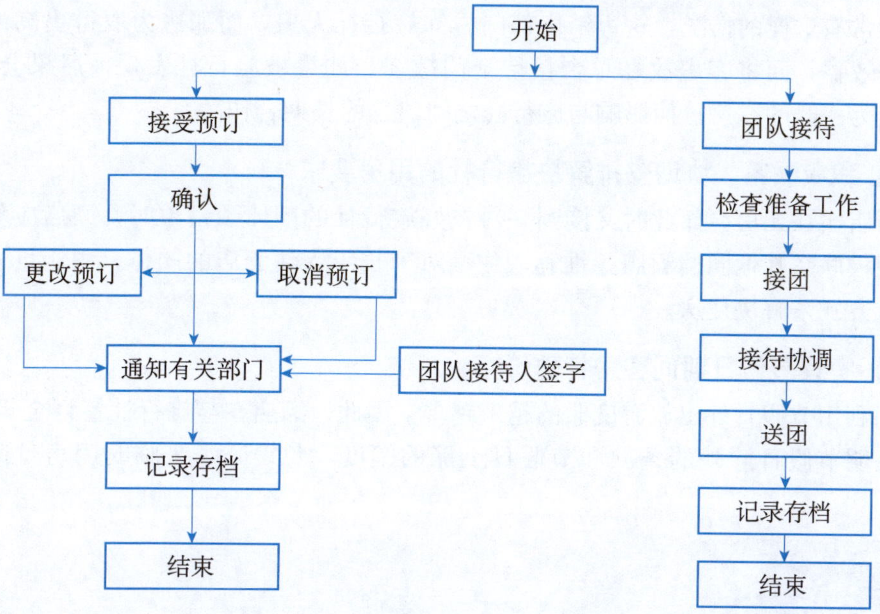

图 4-1-1　旅游团队预订和接待流程图

任务二　管理旅行社销售

旅游团队是构成酒店客源结构的重要部分。淡季时，酒店要争取旅游团队入住以保证客房入住率；旺季时，则要适当控制旅游团队比例，以实现酒店效益最大化。旅游团队主要来自旅行社，酒店应与旅行社建立良好的合作关系，加强沟通联系，促进互惠互利。

一、酒店与旅行社的关系

旅行社是酒店重要的销售渠道之一，旅行社订房业务具有数量大、连续性强、预报早等特点，统一安排，统一结算，也给酒店带来方便；旅行社在酒店宣传、新产品推广等方面也具有独特优势。同时，酒店作为住宿接待业，为旅行社业务的顺利完成提供了最基本的食宿服务，顾客的满意与否不仅决定着酒店业绩，也决定着旅行社业务能否顺利完成。所以说，酒店和旅行社之间是一种相互依存、共生共赢的关系。信任和可靠性是两者相互合作最重要的特征，有了信任和合作的基础，才能产生双赢的局面。

（一）及时沟通客情

当酒店出现特殊情况时，应及时与那些有着长期良好合作关系的旅行社沟通客情，预报酒店的出租高峰期。

（二）坦诚相见，真诚合作

有时常有这样的情况，这边销售部门告知旅行社无房，而那边为取得更高的平均房价和经济效益，而将客房放在总台接待上门散客。如果被旅行社发现，后果会很严重。酒店不应为一时的高房价而影响与旅行社之间建立的长期合作关系。

（三）积极联系，协助安排解决旅行社的用房要求

当酒店实在无房，而此时又接到一份友好旅行社的团体预订单时，酒店应努力协助解决，积极联系其他同档酒店并推荐入住。对于长年入住酒店的团体，酒店可采取适当贴补差价方式来解决住房。

（四）签订节假日期间客房特殊价格

人们利用节假日外出旅游度假的越来越多。因此，酒店在与旅行社签订全年合同时，一定要注明节假日除外的条款和节假日上涨的幅度，免得旺季来临时因房价问题影响合作。

思考与讨论

酒店和旅行社应成为战略意义上的合作伙伴，在保证双方合理利益的前提下，进行良性的竞争与合作，建立互信互利、长期有效的合作机制。讨论面对旅游旺季或其他特别情况下酒店客房需求高峰时，酒店该如何与旅行社协调处理好用房问题。

二、酒店对旅行社的销售工作

（一）旅行社销售工作任务

旅行社是酒店销售的重要渠道。酒店一般会有旅行社业务销售的专员负责旅行社销售业务，他们主要有以下 5 项工作任务。

1. 制定与实施旅行社销售计划

（1）进行旅行社市场调研，收集客户信息，并根据收集到的信息分析结果和酒店年度销售计划制定旅行销售计划。

（2）根据旅行社销售计划要求，制定旅行社销售策略、旅行社走访计划并落实执行，以保证酒店与各大旅行社建立良好的合作关系。

（3）根据旅行社销售策略，进行相应的广告宣传活动，提高酒店的影响力。

（4）保持与各大旅行社的联系，及时解决旅行社反映的问题。

（5）根据各大旅行社的要求，及时为其提供报价、预订、确认、更改和取消服务。

2. 跟踪酒店消费客户

（1）根据客户登记信息，为来酒店消费的客户建立客户档案。

（2）定期电话回访曾来酒店消费的客户，时刻关注他们对酒店的新需求，并将酒店的促销信息告知客户。

3. 协助前厅部做好客户接待工作

（1）协助其他部门开展重要客户和团体客户的接待工作，并根据客户需要，提供高质量的客户服务。

（2）对客户住宿期间的进程进行跟踪，以便及时发现客户的新需求。

4. 处理客户投诉

（1）及时处理客户对酒店的投诉以及预订纠纷。

（2）根据客户投诉意见，提出酒店客户服务改进建议。

5. 协助财务部做好结账、信用记录工作

（1）及时收回账款，提高酒店资金周转率。

（2）做好旅行社付款是否有保证、是否及时等信用记录，以便科学地选择合作旅行社。

（二）旅行社销售主要工作程序

1. 旅行社走访工作程序

销售人员走访旅行社的主要目的是了解旅行社的实际情况，建立或维护与旅行社的良好合作关系。旅行社走访主要有 5 个基本工作程序。

（1）了解走访旅行社的基本情况。走访前需要掌握的旅行社基本情况包括人事情况、资信情况以及最近的运营动态。

（2）准备走访所需要的资料。资料包括酒店的宣传材料、工作笔记本、名片、礼品等，出发前应仔细检查有无遗漏。另外，要注意交通工具和交通路线，不是很熟悉情况的要记得带上一些相关资料。

（3）走访旅行社，与联系人进行沟通。与旅行社进行沟通的内容主要有 3 个方面：介绍酒店的营业情况和最新的销售政策、询问旅行社近期客源情况、争取或稳定旅行社合作的态度。

（4）记录、整理所获得的信息。尤其要关注旅行社的客源动态和消费需求。

（5）撰写走访报告提交主管并存档。走访工作总结报告要分析酒店的旅行社市场形势，并提出自己的建议。

2. 旅行社销售签约程序

酒店实现旅行社销售，一方面是与旅行社建立实质性的合作关系，保证酒店的团体客源，另一方面是保证预订信息传递及时、准确，保证服务质量，提升客户服务质量。销售签约包括 3 个程序：

（1）确定并联系目标旅行社。关注酒店周边地区旅行社情况，了解旅行社的资信和经营状况，根据酒店实际寻找目标合作对象，并与相关负责人取得联系。

（2）洽谈合作条件。在了解旅行社团队预测情况的基础上，从以下 5 个方面进行讨论并达成共识：

酒店旅行社订房协议合同范本

①酒店为旅行社提供的客房种类和优惠价格；

②客房价格所含及不含的项目、服务和标准；

③免费房要求设定及全陪、地陪、领队用房的优惠水平；

④用餐标准及方式、联系方法、定金制度及通知确认方法、结账方式及时间的要求；

⑤违约责任及赔偿等事项。

（3）签订合作协议。

3. 现场参观介绍程序

旅行社、会议组织者或其他重要活动组织者等酒店客户，在签订合作协议前可能会考虑到酒店进行现场参观考察，以确保酒店产品符合需求。通过现场参观，一方面可以加深客户对酒店的了解，促成与客户的合作关系，另一方面可以收集客户的建议以完善酒店设施。现场参观介绍工作包含 4 个程序。

（1）与客户约定参观时间。

①与客户约定一个双方都感觉方便的时间；

②检查、参观场地和预订情况时，尽量避免酒店经营高峰。

（2）准备资料，检查场地。

①准备好宣传资料、名片等销售工具；

②对客户所要经过的地方进行检查；

③将客户参观的信息通知相关岗位。

（3）接待参观客户。

①根据客户预计到达时间，前往约定地点迎候，客户到达后向其发放酒店的宣传资料；

②向客户介绍参观路线，并根据客户的需求进行调整；

③按照参观路线进行讲解，向客户介绍各类服务设施、营业时间、产品优势、销售政策等；

④征询客户意见，对客户提出的意见和建议及时进行记录，并在事后进行整理，通报有关部门。

（4）送客致谢。

①向客户致谢，并询问是否还有其他要求；

②将客户送出酒店大门。

三、合作旅行社的选择

旅行社在业务经营中存在风险大、批量大、季节性强的特点。酒店与旅行社之间以双方协商讨论订立的合同为合作依据。据调查，旅行社在选择酒店时会重点关注一些酒店特征，具体见表 4－1－1。

表 4－1－1　旅行社选择酒店最看重的要素

看重的要素	旅行社比例
预订声誉	90%
对客服务声誉	83%
获得佣金的便利程度	77%
房价	76%
先前预订的经历	76%
酒店预订系统效率	70%
佣金比例	64%
特别价格	61%
是否可以通过计算机预订	48%
与酒店销售人员的关系	31%
回头客奖励	26%

同时，酒店也要选择适合酒店定位的旅行社来完成酒店业务的提升。酒店可根据系列指标（见表 4－1－2），将旅行社设置为不同的客户类型，采取有针对性的营销策略。

表 4－1－2　酒店评估旅行社标准

项目细分		分值			
		1	2	3	得分
1	订房数（天）	＜50	51～99	＞100	
2	停留天数	1 天	2 天	3 天	
3	季节	8、9、10、11 月	全年	12、1、2、3 月	
4	付款方式	根据账单发票	入店登记	预付	
5	预订未到	经常	偶尔	极少	
6	订餐	早餐	早、晚餐	早晚餐、酒水	
7	季度	1	2～3	4	

思考与讨论

了解旅行社的运作对酒店与旅行社的合作有很大帮助。讨论你所了解的旅行社的运作模式或流程。

任务三　促进 OTA 销售

某大酒店旅行社合作制度

OTA 是 Online Travel Agent 的英文缩写，指线上旅行代理商。目前我国OTA的代表有携程网、艺龙网、去哪儿网、途牛旅游网、驴妈妈旅游网、美团网等。OTA向买卖双方提供一个信息平台，为用户实现酒店、机票、租车、旅游打包产品等在线预订服务，同时获取一定佣金。

一、OTA的影响力

OTA力量来源之一是它们在互联网营销方面的专业技能。根据佣金率、酒店可用库存、顾客点评排名以及价格和性价比等因素，OTA运用算法决定酒店在其网站的排名，影响酒店客房被出售的可能性。另一个力量来源是对网络搜索的影响。因为OTA对酒店名称的PPC（pay-per-click，每次点击成本）提出了较高的竞价，所以很多酒店发现在搜索引擎上搜索酒店时，首先出现的往往来自OTA。OTA在在线市场上抢走了酒店的部分直销业务。

随着在线旅游市场持续增长，OTA之间的市场份额之争也非常激烈，“包价”“包房”销售模式在酒店中悄然出现。一些OTA直接从酒店批发购买客房，在保证一定销量的前提下，直接在网上以“裸价”出售。这一做法短时间内帮助酒店获得了一定的出租率，但却大大牺牲了平均房价，有时由于价格过低而影响“潜在机会收入”或者利润率，反而得不偿失。许多酒店经营者迫于来自OTA巨头和竞争对手的压力，无奈之下参与这种营销模式中。显著的价格下降和市场蚕食，使得酒店的平均房价和利润下降明显，更大的问题是酒店行业的价格体系被扰乱，可能会给整个行业带来很长一个时期的负面影响。

华住“断供”三大OTA线下反击线上

二、酒店与OTA的合作模式

（一）现付模式

一般的OTA，以携程和艺龙为例，在最初与酒店合作时都采用的是现付模式，即客人通过携程或者艺龙进行预订，到酒店入住后直接到前台现付，与酒店结算房费，酒店定期将佣金支付给携程和艺龙。这种合作的模式也称为佣金模式。

（二）预付模式

客人通过OTA预订时，把房费直接支付给OTA，在入住酒店的时候无须再付费，由OTA扣除佣金之后直接与酒店进行底价结算。这种代收代付的合作模式，就是通常意义上的代理商模式，也是目前常讲的预付模式。这一模式与旅行社和酒店的合作模式基本相同。相对现付业务来讲，酒店的预付业务会给OTA提供更大的操作空间。由于预付合作只需要酒店直接提供底价，因此OTA除了可以在网页上直接加佣金售卖之外，还可以做各种打包产品，如“机票+酒店”产品、“景点+酒店”产品。除此之外，OTA还可以通过会员专享和团队游以及商旅等某些特定渠道来分销酒店预付产品。这直接或间接地为酒店开拓了新的市场，提高了酒店的知名度和市场份额。

（三）代理合作模式

酒店跟一些批发商合作，销售给批发商一些较低价格的预付产品，而批发商再跟一些可以提供平台服务的OTA合作，间接售卖酒店产品，这称为代理合作模式。由于很多酒店给批发商的价格很低，或者很多批发商为了争取市场份额有时候只加极少佣金甚至贴佣金放一个低价给OTA售卖，因此酒店价格混乱，影响酒店产品价格体系。这是一种被动合作。

三、OTA销售管理

（一）有效的OTA管理

通过渠道管理为酒店提高预订量和平均房价以实现收益最大化，平衡直接渠道和间接渠道的相互关系、优化业务组合，是OTA管理需要解决的问题。

1. 确保在合适的时间可以向潜在顾客展示产品

OTA为客户提供很多酒店供选择，酒店排序很大程度上由OTA决定，而在这些平台上获得比竞争对手更有利的位置极其关键。另外，当用户在搜索酒店所在城市时，酒店应该在准确的时间点切入酒店预订流程，帮助顾客实现预订。除了具有吸引力的酒店照片和具有竞争力的价格等基本要素以外，以上两个方面可以保证酒店在一开始就被目标顾客纳入考虑范围。

2. 更透明地管理营销预算并对结果进行监控

OTA发展出一种PPC竞价模式，让酒店可以通过PPC模式在搜索结果页面获得较高的排名，且只有当消费者点击酒店链接时，酒店才需要付费。这种模式可以帮助酒店对OTA的营销预算支出进行管理。通过观察和分析OTA预订效果，酒店可以更合理地分配营销预算，提升来自OTA渠道的酒店预订量，达到所设定的投资回报率。

3. 针对特定的需求时期来制定策略

酒店可以根据淡旺季、忙闲时段来制定OTA销售策略。如果7月酒店的客房已经销售完，那酒店就不应该再投入资源去吸引想在7月入住酒店的消费者，包括向OTA渠道通过PPC竞价获得较好排位。总的来讲，如果酒店可以把营销活动控制在酒店有库存的日期内，要达到较高的投资回报率也相对就更容易些。

思考与讨论

酒店与OTA既相互合作又相互竞争。作为散客的重要销售渠道，酒店可以在哪些方面与OTA进行竞争？怎样做可以提升与OTA谈判时的竞争地位？如何保护酒店的价格体系？

（二）OTA管理需要注意的问题

酒店之间的竞争、OTA之间的竞争、酒店与OTA之间的竞争，侵蚀了酒店的收益、降低了酒店的平均房价，无序竞争更是让酒店对OTA“又爱又恨”。酒店对OTA进行管理时要注意以下5个策略的应用。

1. 管控好销售价格

价格管控的目标是指确保直销和各分销渠道的价格基本保持一致，避免“价格倒挂”“裸价”问题。价格一致性是收益管理中的重要原则，可以确保酒店对其价格体系以及所有分销平台定价的有效管理；价格一致性有利于增加消费者对产品和购买渠道（不论是直接渠道还是间接渠道）的信心，有助于保证酒店会员制的有效性；价格一致性原则还能简化在系统中对价格代码的设置和控制，为精细化管理提供基础。

2. 对预付合作进行分析

预付模式让很多酒店在短期内获得了一定的需求量，但价格却被拉低，如果不做细心规划，可能会影响酒店对产品价格的掌控。酒店应该通过市场预测，对预付的房间进行时间和数量上的严格控制。比如，淡季库存多时酒店可以多拿出些房间批发销售，旺季时则相应减少。另外，在做完一个包价促销后，酒店应检查由此带来的客人是否有过往客史，之前使用的是什么价格，计算由此价差导致的“机会成本”。

3. 充分利用OTA的广告效应

OTA既是销售渠道，也是广告和公关渠道。通过OTA，酒店可以发布酒店名称和价格进行销售，还可以通过信息的发布、促销优惠推广、与客户进行交流互动、调整产品以便匹配客户的需求等来实施销售促进。

（1）酒店的信息发布要求颜色突出、主题鲜明。酒店可以用可视化的语言为客人描述一幅仿佛亲临酒店现场的“景观”，以给浏览者留下深刻印象。

（2）信息量要尽可能准确、充分。例如，酒店到各个景点、交通枢纽的距离，不仅提供里程数，还尽可能地有交通方式以及采用各方式所需的时间。

（3）提供的照片要尽可能展示最优质、高分辨率、吸引人的实体照片。调查显示，图片不仅能带来更多住店者的互动，还能带来更多潜在的预订机会。酒店展示页面的图片数量越多，互动性越强。互动性的增长会有效地提高酒店预订的可能性。

4. 房型和房价的展示

酒店要注意房型和房价的展示。过多的房型和房价会让消费者在购买时感到困惑，失去耐心。酒店还应考虑到淡旺季的影响，调整放置房型和房价顺序。例如，在展会期间、高出租率的日期，酒店应适当放置高端房型和高房价，基础房型可以考虑位置下调甚至关闭，折扣促销价在此期间或在房型上有所限制，或者直接关闭；而在低出租率期间，酒店可以考虑以从低往高的形式报价，基础房型的折扣促销价应放在较靠前的位置。

5. 利用OTA点评资源增收

酒店应该充分利用OTA的点评资源激励浏览者预订本酒店，同时鼓励拥有良好入住体验的客人积极点评，并且对所有点评进行相应的回复。酒店可以参考点评水平在竞争酒店中的位置相应调整定价，挖掘提价空间；当负面点评内容增多、分数下降时积极推动运营部门提高服务质量，完善客人的入住体验。此外，酒店尤其要注意对差评的回复。

好评的回复可以非常简单，只需要在表示感谢的同时突出强调优点即可，而差评的回复往往要更有艺术性，除了诚恳歉意外，要有合理解释和解决个别问题的方案，以向潜在客户展示酒店积极应对问题、解决问题、提高服务质量的态度。

项目小结

旅行社和 OTA 销售是指酒店通过旅行社、旅游服务中介机构、OTA 销售酒店产品而进行的中间销售。酒店在旅行社销售中面对的是旅行社和旅游团队，OTA 销售中面对的是线上旅行代理商和散客。旅游团队有其消费特点，酒店销售人员需要事先与旅行社签订订房协议并鼓励旅行社将更多团队带到酒店，同时做好预订和团队接待的协调工作。OTA 是很多酒店非常重要的销售渠道，它一方面能为酒店带来更广阔的营销受众群体，但另一方面，OTA 的高额佣金率和蚕食酒店直销业务等问题需要酒店进行有效管控。

实训练习

一、名词解释

旅游团队　　OTA　　现付模式　　预付模式　　代理合作模式　　PPC 竞价

二、单项选择题

1. 关注居住环境，喜欢去度假型酒店消费的旅游团队是（　　）。

A. 消遣型团队　　B. 事务型团队　　C. 家庭型团队　　D. 大众型团队

2. 接待旅行社的预订，销售人员必须在（　　）小时内予以回复。

A. 8　　B. 12　　C. 24　　D. 48

3. 旅行社团队预订确认后，营销人员必须在（　　）小时内通知客房部等相关部门。

A. 6　　B. 8　　C. 12　　D. 24

4. 酒店营销人员与酒店客房部等相关接待部门有关客人需求的沟通应以（　　）进行，并要求准确、及时。

A. 电话形式　　B. E-mail 形式　　C. 传真形式　　D. 书面形式

5. 以下工作与旅行社销售人员无关的是（　　）。

A. 投诉处理　　B. 入住登记办理　　C. 客户档案整理　　D. 账款催收人

6. 酒店与 OTA 的竞争除佣金率外还有（　　）竞争。

A. 品牌　　B. 服务　　C. 销售渠道　　D. 价格体系控制权

7. OTA 上的“裸价”是指酒店给到 OTA 的客房（　　），会拉低酒店的平均房价。

A. 门市价　　B. 批发价　　C. 执行价　　D. 以上都不是

8. 低出租率期间，酒店在 OTA 平台上应该（　　）排列房型。

A. 随机　　B. 按由高到低的报价

C. 按由低到高的报价　　D. 以上都可以

三、多项选择题

1. 对酒店而言，旅游团队相对于散客有（　）的特点。

A. 计划性强　B. 单客消费水平高　C. 接待技能要求高　D. 协调工作多

2. 按地理范围划分，旅游团队可分为（　）。

A. 豪华型团队　B. 国际团队　C. 国内团队　D. 老年团队

3. 旅游团队接待协议除一般合同具有的基本要素外，还要详细注明（　）等信息。

A. 团队名称　B. 抵离时间　C. 房价、餐费　D. 结账方式

4. 酒店营销人员涉及某次具体旅行社销售的前期工作有（　）。

A. 报价　B. 预订　C. 确认　D. 更改和取消

5. 旅行社走访时要了解旅行社的（　）。

A. 人事情况　B. 资信情况

C. 近期运营动态　D. 客源动态和消费需求

6. OTA 通常会根据酒店的（　）等通过算法进行排名，进而影响酒店在 OTA 上销售的可能性。

A. 佣金率　B. 可用库存　C. 顾客点评排名　D. 价格和性价比

7. 酒店与 OTA 的合作模式主要有（　）。

A. 代理合作模式　B. 现付模式　C. 预付模式　D. 以上都不是

8. 除了酒店图片和价格外，（　）可以帮助酒店在合适的时间向潜在顾客展示产品。

A. 及时回复顾客点评　B. 在平台上获得有利位置

C. 及时切入预订流程　D. 酒店品牌

四、判断题

1. 为了做好旅游团队的接待工作，酒店营销人员应该将尽可能详细的团队信息传递给各相关接待部门。（　）

2. 酒店营销人员必须全程跟踪团队的预订、变更、入住、退房等全过程。（　）

3. 客人的宗教信仰与酒店的接待工作没有关系。（　）

4. 酒店在旅游旺季面对合作旅行社用房需求时，应该选择压房以提高利润。（　）

5. 旅行社走访是建立和维护与旅行社良好合作关系的重要方式。（　）

6. 与客户约定的参观时间要尽量避开酒店经营高峰。（　）

7. 代理合作模式是一种酒店主动合作模式。（　）

8. 预付模式给了 OTA 更多操作空间，可能会造成酒店价格体系混乱。（　）

9. OTA 管理本质上是销售渠道管理。（　）

10. OTA 既是销售渠道，也是广告和公关渠道。（　）

五、简答题

1. 旅游团队的预订工作有哪些基本要求？

2. 旅行社销售合同洽谈时要在哪些方面达成共识？

3. 简述 OTA 影响力的来源。

4. OTA管理需要注意什么问题？

六、分析与实践

1. 以调查小组的形式，选择当地一家酒店，调查该酒店团队客人的性质、团队来源，尤其关注不同类型旅游团队在酒店接待团队中的比例各占多少。

2. 现在是旅游旺季，酒店接到某旅行社的预订电话，说要订周末的客房25间，但预订员发现周末只剩下25间空房了。如果你是预订员，你应该如何回答旅行社的预订？

3. 以调查小组形式，在携程或艺龙网上尝试预订某酒店客房，并记录预订房价；再以散客的方式，向酒店预订处咨询同一天、同一房型的房价；再以团队的形式，向酒店预订处咨询同样的问题。请比较一下房价之间的差别。

项目二 会议销售

知识目标

- 了解会议类别、酒店会议产品构成
- 掌握会议销售原则
- 熟悉会议销售流程和主要工作程序
- 掌握会议销售技巧

技能目标

- 能够熟练拟定会议接待计划书
- 能够在会议销售过程中熟练运用销售技巧

素养目标

- 学习中国共产党“一大”党史，培养沉着冷静、灵活应变的职业素养

会议市场是酒店关注的重点市场之一。酒店会议市场营销人员应充分了解酒店潜在的会议客户，筛选出高质量的目标客户群体，运用恰当的营销手段和推销策略，赢得目标会议客户，帮助客户策划出最优会议安排方案，提供最佳会议服务，创造酒店会议品牌。

任务一 了解酒店会议产品

一、会议产品对酒店的意义

（一）提高综合收入

会议客人的综合消费能力往往较高，他们会综合使用酒店客房、会场、餐饮、康乐等设施。据有关资料统计，酒店会议客人的平均消费是普通客人的3倍左右。

（二）提高酒店知名度

成功的会议接待能给与会者留下非常美好的感受，使他们有意无意地成为酒店美誉度的传播者。在会议举办期间，各种媒体的新闻聚焦，在宣传报道会议情况的同时，也间接地对酒店进行了广告宣传。

（三）灵活填补淡季生意

许多酒店业务具有季节性的特点，旺季时爆满，淡季时门可罗雀，造成设施的极大浪费。开发会议市场可以填补酒店淡季时期生意，对确保酒店常年入住率具有重要作用。

（四）促进酒店提高服务档次

会议消费不仅具有一般团队的消费特征，而且具有会务活动性质。会议团队的消费呈综合性、高档化，这将使酒店努力提高其服务档次，以适应会议客人的需要。

二、会议的类别

会议，又称集会或聚会，是指有领导、有组织地商议事情的集会。由于会议发挥着不同的作用，酒店提供的设施和服务也会有一些差别，因此便有多种类型的划分。

（一）按举办单位划分

1. 公司类会议

公司类会议规模大小不一，小到几个人，大到上千人。公司类会议数量庞大，很大一部分放在公司内部会议室完成。会采用酒店会议服务产品的会议主要有销售会议、经销商会议、技术会议、管理者会议以及股东会议等。

2. 协会类会议

协会因人数和性质不同而存在较大差异，按规模分有小型地区性组织、省市级协会、全国性协会、国际性协会等；按性质分，有行业协会、专业和科学协会、教育协会、技术协会等。协会往往吸纳行业内的成功企业，是酒店最值得争取的会议市场。协会类会议往往与展览结合举行，具有较多、较大会展空间的酒店更有机会争取到这类会议。

3. 其他组织会议

其他组织会议的典型代表是政府机构会议。政府机构会议包括国家级会议，省市一级、中小规模政府机构会议。前者也包括国际性的政治会议，除主会场外，一般还会有大量的小型会议、套房和宴会设施的需求；而后者的会议更频繁，是可观的会议市场。政府会议市场受政府工作和政府会议政策导向影响。

学思之窗

中国共产党第一次全国代表大会先是在上海法租界举行，会议期间由于密探的注意，最后一天的会议被迫转移到浙江嘉兴南湖继续进行。到浙江嘉兴南湖继续开会的提出者是中共“一大”代表李达的夫人王会悟，同时，也是王会悟包揽了南湖会议的庶务和警卫工作。正是由于她的机灵与警觉，中共“一大”会议才得以顺利闭幕。会议举办过程中会碰到各种需要迅速应对的突发状况，从王会悟身上，你学到了什么？

（二）按会议规模划分

根据会议的规模即参加会议人数的多少，会议可划分为小型会议、中型会议、大型会议和特大型会议。

小型会议：出席的人数少则几人，多则几十人，但是不超过 100 人。

中型会议：出席人数为 100～1 000 人。

大型会议：出席人数为 1 000～10 000 人。

特大型会议：出席人数在 10 000 人以上，如节日聚会、庆祝大会等。

（三）按会议的性质和内容划分

按会议的性质和内容，会议可划分为年会、专业会议、论坛等形式。

年会是指就某一特定主题展开讨论的聚会，议题可涉及政治、经贸、科学、教育或技术等领域。年会通常包括一次全体会议和几个小组会议。年会可以单独召开，也可以附带展示会。参加年会全体会议的人通常比较多，一般要租用大型宴会厅或会议厅。小组会议上讨论的是具体问题，一般租用小会议室。

专业会议通常是就某个具体问题展开讨论的会议，可以有分组小会，也可以只开大会。专业会议的规模可大可小。

论坛的特点是反复深入地讨论，一般由小组组长或演讲者主持，两个或更多的讲演者（可能持相反立场）对听众发表讲演，主持人总结双方观点，允许听众提问。酒店必须为这种论坛会议提供多个话筒。

三、酒店会议产品构成

会议被认为是酒店业中利润最丰厚的产品。与会者不仅需要会议设施，还需要住宿、餐饮、娱乐，往往还包括旅游、购物等其他方面的需求。

（一）基本设施和服务

基本设施和服务包括：热情周到的礼宾服务、干净整洁的大厅、足够宽敞的签到处、专人负责办理客房入住手续、迅速处理高峰期的团队入住、专业高效的前台服务人员、舒适清洁的客房、停车场等。

会议型酒店的设施设备要求

（二）会议场地和设施设备

会议场地包括会议室、多功能厅、休息厅或展厅等，同时包括会场布置和装饰。会议设施设备包括扩音设备、灯光系统、投影设备、指示系统等设施设备。

（三）餐饮服务

酒店要能按会议需要提供不同的用餐形式，包括宴会、中西式自助餐、茶歇、鸡尾酒会或团队餐等。

（四）合作伙伴

酒店应考虑通过外部采购来增强提供一揽子解决方案的能力，这就需要和其他会议产品供应商建立合作伙伴关系。这些供应商包括：会议策划机构、会议管理公司、地面交通运输公司、会议旅游代理商、会议设备供应商、会议指示系统（告示牌、背景板、横幅）供应商、会场装饰（鲜花、气球）供应商、庆典活动（演出、舞狮等）供应商等。

思考与讨论

从会议组织者角度看，会议消费需求要超出酒店提供的会议产品本身，酒店的合作伙伴因此会十分宽泛。讨论酒店的会议合作伙伴可能还包括哪些供应商。

（五）会议包价

酒店可以针对目标市场提供会议包价。会议包价通常是将客人所需要的酒店会议相关产品如会议设施、住宿、餐饮等进行打包，打包后产品的包价组合收费比产品单项拆分后的收费要优惠，从而达到吸引客人并且提高综合消费的目的。

任务二 管理会议销售

会议一般都有相应的规模、规格，总体具有要求多、更改频繁的特点。因此，酒店会议产品的销售更需要获得会议组织者更多的信任和信心。

一、会议销售注意事项

（一）会议产品定制化

会议产品应根据会议对象有针对性地进行组合促销。酒店会议产品定制化的努力更容易获得会议组织者的信赖，并赢得与会者的好评。

（二）追求品牌的知名度

会议产品的销售，一方面要充分利用酒店品牌，发挥酒店知名度的作用，另一方面要通过会议促销使酒店的知名度得以延伸或提高。

（三）延长产品生命周期

会议产品组合只有适应消费者需求的变化，才有市场价值。酒店要根据市场变化，适时调整会议产品，推陈出新，有效延长其生命周期，这也是打造酒店会议产品品牌的基础。

（四）产品差别化

产品差别化是酒店会议产品销售过程中让客人记住产品特色的关键手段，具体包括：（1）开发有吸引力的销售资料、新闻发布会等，有效接近目标客户；（2）推出会议套餐，吸引客人以最经济的方式消费酒店会议厅、客房、餐饮及娱乐设施，鼓励客人试用，促进销售；（3）以优质服务和有竞争力的价格争取大客户，培养客人的忠诚度；（4）建立回报奖励计划，吸引回头客；（5）实施销售奖励；（6）了解竞争对手，突出本酒店的特色。

（五）突出会议厅的宣传

酒店会议产品的推广应该突出宣传会议厅，并固定在最优卖点上。具体措施包括：（1）强调会议厅的便利性、档次，符合客户的需求；（2）通过公关活动推广会议厅的设施设备；（3）通过参加展会等树立会议厅的公众形象。

思考与讨论

会议厅的布置是酒店会议产品的一部分。讨论现在会场设计中的一些时尚元素。

二、会议销售流程

（一）销售前准备工作

各种会议销售原则上由营销部负责，涉及会议场地、客房、宴会等方面的大型综合活动由营销部会同餐饮部、客房部等部门共同接洽承办。会议准备工作首先是要准备好有关介绍资料，如会议价目表、会议宣传资料、各类菜谱、租用设备价目表与名片、洽谈记录单等，并按时与客户见面。另外可能的准备工作是带领客户参观会议场地及设施，做好介绍性推销。

（二）销售洽谈

会议销售洽谈前要确认酒店客房、餐厅、会场及康乐设施的使用情况，明确客户的要求和价格、结款方式等事项。洽谈过程中，对客户提出的要求，属于酒店合理提供事项的要给予肯定答复，属于酒店因场地限制或其他原因无法满足的，要向客户解释清楚，请求谅解并提出合理解决方案。洽谈结束前，销售人员应重复各事项要点。洽谈结束后，销售人员应根据洽谈要求，填写会议接待通知单，一份留存，其余送往所涉及的部门，至少提前三天送达。

（三）会议期间服务

会议前一天，销售人员应该与财务部联系，了解会议方支付定金情况，如果未交，要提醒会议方。对信誉欠佳者应该采取相应措施，对老客户可酌情放宽有关限制条件。区别对待客户的目的是确保所有款项收齐。会议如果有变化，应及时填写变更通知单通知有关部门，细微变化可电话通知，记下对方电话以便查实。会议前一小时要检查会议布置情况。会议期间，全方位跟踪服务，及时处理与协调有关问题，以保证客户满意。

（四）会议结束后工作

会议结束时要及时与前厅联系，确保所有款项收齐。若汇款到酒店则需经办人对所有款项签字确认。征求客户的意见，做好意见记录。整理此次会议的各类销售、服务文件并登记归档，同时为客户建档，注明会议的所有细节，以便今后进行有针对性的销售。

三、会议销售主要工作程序

（一）会议业务拓展

1. 与客户保持联系，及时获取会议信息

酒店会议销售人员应与各类行业协会、政府机关和其他会议组织机构等会议的主要来源单位建立并保持密切联系，及时获取会议信息，包括会议规模和会议举办时间等。

2. 上门拜访客户

上门拜访客户前，酒店会议产品销售人员要做好会议服务要求、酒店服务能力分析，准备好充足的资料，要尽可能选择拜访会议的主要决策人，介绍酒店的设施、服务、举办经验，并邀请其来店参观。

3. 争取达成共识

如果可能，与有意向的客户，就服务要求、设备保证、用餐和住宿条件等进行洽谈，努力争取达成协议。

（二）会议销售

1. 洽谈细节和签订协议

与有意向客户详细洽谈会议安排，确认客房、餐厅、会场及康乐设施，达成协议后签约。协议记录了酒店与客户双方共同确认的事项，明确了双方的权利和义务。如果客户没时间亲自到酒店履行签约手续，营销人员可以通过书面、传真或邮寄的方式将协议交至客户手中，请客户在协议上签字后再传真或邮寄回酒店。协议应一式两份，双方各执一份。

某国际酒店与某公司的会议服务合同

2. 拟订会议接待计划书并再次确认

协议签订后，重大会议应该拟订会议接待计划书，内容包括会议名称、单位名称、人数、用房、会议日程等。客户有时候会对会议细节进行修改，如参加人数的增减等。为适应这种临时变化，营

某酒店会议接待计划书

销部门应该在会议举办前一周，与客户确认会议相关事项。重大会议应以传真方式确认，小规模的会议也可以电话确认。

3. 发布会议接待通知

拟订会议接待计划书或与客户再次确认后，应至少提前三天拟订会议接待通知、会议室使用通知、用餐通知等，送交所涉及的部门。会议通知单的内容包括协议中的主要资料，以及各单位所需要准备的物品内容和相关事项，如会议时间、相关事项、接洽人、特殊要求等。各部门接到会议通知单后，必须按通知单上的要求执行。

4. 提供会议服务

负责此次会议的销售人员在整个会议过程中保持与客户会务组及酒店各部门的沟通，随时协调保证会议顺利进行直至会议结束，客人离店。

5. 协助财务结算会议账目

会议结束前，销售人员应该协助财务人员复核账目后结账，确保账款及时到位。

6. 整理资料

了解并掌握整个会议过程中客户的意见和建议，做好会议接待记录，并将整个会议接待资料整理存档。

（三）会议预订更改与取消

1. 预订更改处理

（1）在接到会议预订更改后，销售人员首先要找出预订原始受理、订房单据，明确会议预订的更改内容，包括房间数量变更、预订日期变动等。若会议预订更改不增加用房数或延长住宿天数，销售人员可以直接进行预订更改，并请会议组织者签字确认。若会议预订更改要求增加用房数或延长住宿天数，销售人员应该查阅“预订统计表”，并与前厅部协调，在房态允许条件下接受确认。若无法安排，要及时通知会议组织者协商解决。若会议组织者通过电话通知更改，则销售人员应要求对方发送传真、快递等书面文件予以确认。若会议组织者超过截止日期更改会议预订且提出减少用房数或住宿天数等，销售人员应在复函确认中告知对方酒店将按照协议的有关条款执行。会议预订更改后的订房要求，应在酒店订房系统中进行修改，确保酒店订房系统数据的正确性。

（2）整理原始会议预订资料与会议预订更改资料，存档备查。

2. 预订取消处理

（1）接到会议预订取消通知后，应立即找出原预订资料，并加盖酒店的会议取消公章。对已取消的会议在酒店订房系统中进行取消处理；超过会议截止日期的会议预订取消，要按照会议预订协议向客户收取预订手续费。

（2）整理原始会议预订资料与会议预订取消资料，存档备查。

任务三 善用会议销售技巧

一、定位目标客户

（一）分析现有目标客户

酒店专注于一个目标市场是不现实的，获取更多的细分市场是必需的。因此，会议营销人员要研究酒店会议数据和竞争对手会议接待情况，分析酒店会议来源和比例结构。开业一年以上的酒店，可以通过往年的资料来确定各个细分市场的份额，包括：（1）会议性质：政府会议、奖励旅游会议、公司会议等；（2）渠道来源：协议单位会议、人员直接销售争取的会议、散客型会议；（3）客源对应的行业等。酒店通过对这些数据的分析，明确最主要的市场、有潜力的市场、有多少重要客户。只有通过对客源结构的分析，才能制定出针对各细分市场的营销策略和行动计划，计划要细化到具体行动的执行人和执行时间。通过这样的分析，酒店就容易确定酒店会议目标客户，并可以了解特定细分市场的营销努力是否足够，酒店在这一市场上是否还有增长潜力，从而通过合适的销售策略和行动来实现目标。

（二）定位新的目标客户

除巩固现有主要会议客户外，根据酒店的星级标准、规模、服务项目等实际情况，会议销售人员还需要不断拓展新的目标客户。一般而言，勇于尝试一款名不见经传的新产品的公司，只占整个市场的2.5%。换成电话销售，就是只有2.5%的人会接起电话考虑使用你的产品。跟陌生人发邮件，邮件要简洁明了、直击要害，基本上只要介绍“我是谁”“我们在干什么”“希望能和你进一步交谈”，然后通过电话联络加强联系。通过熟人或会议现场跟进，新客户拓展的成功率会大大提高。对于立场摇摆不定的客户，合作需要愚公移山的精神。另外，会议销售人员要学会快速地让客户表明自己的立场，如果他很确定自己不需要这样的产品，也就能让你省出更多的时间来和那些立场摇摆不定的客户周旋。

二、销售洽谈

（一）洽谈前销售人员需要明确的事项

（1）了解会议的性质、名称、时间、人数、举办单位、联系人、电话号码，准确记录相关要点。

（2）确定会场的地点、形式、灯光、服务、项目，所需的横幅、会标、告示牌、花草布置、签到台、迎宾台、欢迎队伍、文艺演出等要求。

(3) 确定用餐标准、宴会人数、地点、日期以及会议的茶水、水果点心、饮料等要求。

(4) 确定用房要求，比如房间种类、天数、日期、价格等。

(5) 确定场租、设备租用以及其他娱乐配套设施的价格。

(6) 确定支付方式，一般要求会议方支付预算费用的10%作为定金。

(7) 确定参会人员泊位数，以及司机、陪同人员就餐休息地点。

(8) 尽量满足会议方的要求，若有困难，则事先向客户解释清楚，以免误会。

(二) 报价策略

1. 适当报价

根据会议的需要，安排适当的场地，同时兼顾客户会议预算、实力，参考对酒店的支持予以适当优惠。初始报价时，争取提高餐饮标准水平，不要立即报出底价，如果是综合会议（会议、用餐、住房、礼品等服务），可以在给会议室收费标准提供优惠的同时，提高其他项目的消费水平；要回避客户询问单独的房价或餐饮收费标准，应结合会议的整体情况进行报价。报价要符合酒店规定，书面打印，严禁随意手写。

思考与讨论

根据本地五星级酒店标准，为一个100人的年终总结会议设计一个报价单。

2. 摆脱折扣困扰

折扣是销售中经常遇到的难题，客户常常以竞争对手的低价来压价，以消费总额高要求更多的优惠，甚至以取消活动来要挟。遇到这种情况，销售人员不能显得厌烦，要学会：(1) 引导客户关心产品的价值而不是价格；(2) 向客户说明本酒店的独特之处；(3) 把讨论引向深入，使价格不再是问题的焦点；(4) 从客户立场出发，比如午餐的桌餐可以改为价格较低的自助餐等；(5) 坚持让酒店盈利；(6) 判断客户是利用假象压价还是实情；(7) 说明酒店的优惠政策，让客户得到优惠。

当客户不能接受报价要压价又超出销售人员的权限时，销售人员应联系主要领导，商量相应对策。过低的要价会打乱酒店会议价格体系，如果没有商讨空间，可以考虑放弃此会议销售。

(三) 销售协议中需要明确的事项

会议销售协议要求严密、准确、清楚，双方经办人签字，双方单位盖章；协议一式两份，双方各执一份。协议内容一般包括8项，具体内容见表4-2-1。

表4-2-1　会议销售洽谈需明确的事项一览表

序号	会议销售洽谈需明确的事项
1	会议期限、分批入住酒店的时间、大致预测离店日期
2	用房种类、各类客房的数量和价格

续表

序号	会议销售洽谈需明确的事项
3	会议室的使用次数和价格
4	用餐起止日期、用餐标准、用餐人数和每日早/中/晚餐的时间安排
5	娱乐设施的项目、次数、租金或收费标准
6	预付定金的数量和时间
7	账款结算方式和时间
8	解约办法、违约责任

（四）签约时的注意事项

1. 别盯住无关痛痒的细节

不要把时间浪费在咬文嚼字上，而应该尽快完成协议，让会议销售进入下一环节。

2. 不要过度承诺

服务承诺必须基于酒店会议产品实际，不包括一些临时要求，比如临时要求增加房间数或提升房间等级等，尤其不能为了签下协议而承诺一些酒店无法达成的会议服务要求。

3. 谨慎考虑客人提出的额外要求

要是有客户提出“如果增加××服务我们就签协议”的要求，请慎重。实际上，你满足了他们这个要求之后，还会有数不清的要求被摆上台面。回答客户的这种要求有两种方法：一是“你把协议签了再说，额外的服务要求我们会努力去实现”，这么做是为了防止跳票；二是“好，那我看看其他客户是不是也有这种要求”，当这些要求真的贴合客户，有更多的会议客户提出这个要求时，才有必要在协议中体现它。

三、会议（销售）服务

（一）陪同会议组织者参观酒店

（1）带领客人参观会议室和客房时，请保证它们是清洁的并设备良好，同时你要知道它们的位置。

（2）带领客人参观酒店时，请时刻保持身体在客人的左前方位置。

（3）陪同客人参观时，酒店人员的在场人数请勿超过客人的在场人数，如两位酒店人员陪同一位客人时会使客人有压抑感。

（4）请客人参观房间时，销售人员应站在客房的角落而非中央，除非你想使房间看起来小一些。

（5）每次参观结束时，请带领护送客人到酒店大门口，如有必要，请代为叫出租车。

（6）当你已结束你销售或生意上的交谈时，请不要再过多地推销，尤其当你正在请客人用午餐时。

某酒店会议销售确认书

（二）做好会议确认和接待计划

关于会议服务的所有安排和要求，均要以确认书和计划书为准。在确认书中要明确会议的各项要求，任何修改和调整都必须通过双方的确认书予以确认，酒店方必须把向客人作出的承诺一一详细记录，并据此制定详细的接待计划书，确保每项承诺有人负责、有确切的完成时间。

（三）会中服务

会议服务的效果是整个会议营销与传播的根基。根据业内人士的经验，一个客户满意率比较高的100人以上的会议，往往会为该会议场所带来3～5个新的会议。酒店的会议服务工作除了要做细、做扎实之外，还要注重专业性和主动性。另外，会议进行期间，酒店应有专人负责与会议组织者沟通、联络，及时跟进确保会议服务的统一指挥协调。在所提供的服务里面，最好有一两项能让会议组织者感到惊喜的服务。在必要的情况下，酒店提供原本不提供的服务，使客户感觉物超所值。

项目小结

会议市场是酒店营销人员直接销售的重要市场，是酒店非常重要的利润来源。酒店通过提供住宿、餐饮、会议场地、相关设施和服务，与合作伙伴一起为各类会议提供服务。会议一般都有相应的规模、规格，总体具有要求多、更改频繁的特点，需要销售人员给会议组织者更多的保证和信心。会议销售时，要明确会议各项事项并列入会议服务合同中，重大会议要拟订会议接待计划，会议更改或取消需要会议组织者签字确认；会议接待时，要做好与客户和酒店内各接待部门沟通和协调，确保会议顺利举行。

实训练习

一、名词解释

会议　　年会　　专业会议

二、单项择题

1. 中型会议规模为（　　）。

A. 100人以下　　B. 100～1 000人　　C. 1 000～10 000人　D. 10 000人以上

2. 会议包价与会议产品单项拆分后的收费相比，一般会（　　）。

A. 便宜　　B. 相同　　C. 略贵　　D. 不确定

3. 会议接待通知单应至少提前（　　）天送达酒店相关接待部门。

A. 1　　B. 2　　C. 3　　D. 4

4. 会议销售前的准备工作，除准备好会议相关资料外，有可能还要（　　）。

A. 准备会议价目表　　B. 准备各类菜谱

C. 准备设备租用价目表　　　　D. 带领客户参观会议场地及设施

5. 会议销售人员签订的会议销售协议一般要（　　）。

A. 一式一份　　B. 一式两份　　C. 一式三份　　D. 一式四份

6. 经销商会议属于（　　）。

A. 公司会议　　B. 协会类会议　　C. 其他组织会议　　D. 以上都不是

7. 会议销售完成会议举办之前，会议组织者可能会对会议进行更改或（　　）。

A. 确认　　B. 调整　　C. 取消　　D. 以上都是

8. 会议报价单要求按酒店规范（　　）。

A. 手写　　B. 誊抄　　C. 复印　　D. 打印

9. 面对客户的压价时，会议销售人员必须坚持的是（　　）。

A. 超出销售人员权限时联系主要领导　　B. 引导客户关心价值

C. 让客户得到优惠　　D. 让酒店盈利

10. 请客人参观房间时，销售人员应该站在客房的（　　）。

A. 角落　　B. 中央　　C. 床旁　　D. 门口

三、多项选择题

1. 按会议的性质和内容，会议可以分为（　　）。

A. 年会　　B. 专业会议　　C. 代表会议　　D. 论坛

2. 会议产品对酒店的意义包括（　　）。

A. 提高综合收入　　B. 提高知名度　　C. 填补淡季生意　　D. 促进提高服务档次

3. 突出宣传会议厅，酒店营销人员可以（　　）。

A. 强调会议厅的便利和档次　　B. 宣传推广会议厅设施设备

C. 树立会议厅形象　　D. 实施销售奖励

4. 会议设施设备包括（　　）。

A. 扩音设备　　B. 灯光系统　　C. 投影设备　　D. 指示系统

5. 会议业务拓展需要（　　）。

A. 会议细节洽谈　　B. 获取会议信息　　C. 拜访客户　　D. 争取达成共识

6. 酒店销售人员与客户保持联系，上门拜访前需要获取的会议信息主要是（　　）。

A. 会议名称　　B. 会议规模　　C. 会议时间　　D. 会议类型

7. 会议预订更改涉及用房数增加或住宿时间延长的，需要（　　）。

A. 找出原始预订资料更改相关内容

B. 找出原始资料加盖取消公章

C. 查阅预订信息确保房态条件允许

D. 修改订房系统中的订房信息

8. 酒店销售人员可以通过（　　）拓展新的会议客户。

A. 电话　　B. 邮件　　C. 熟人　　D. 会议现场

9. 会议销售签约时要避免的错误行为包括（　　）。

A. 报价过低　　B. 盯住无关痛痒的细节

C. 过度承诺　　D. 随意答应客人的额外要求

10. 陪同会议组织者参观酒店时，销售人员应该注意（　　）等。

A. 保证会议室和客房的清洁和会议设施设备完好

B. 酒店人员的在场人数不超过客人的在场人数

C. 带领客人参观酒店时，保持在客人左前方

D. 参观结束时，护送客人到酒店大门口并目送客人离开

四、判断题

1. 会议团队消费具有综合性、高档化的特征。（　　）
2. 政府机构会议的支出一般受政府会议相关政策约束。（　　）
3. 酒店可以独立提供会议的各类消费需求。（　　）
4. 会议预订一般应收取定金并确认付款方式。（　　）
5. 会议销售洽谈结束签署协议前不必复述各事项要点。（　　）
6. 所有会议都应该拟订接待计划并于会议举办前一周再次与客户确认。（　　）
7. 会议的财务结算与销售人员无关。（　　）
8. 会议市场是酒店营销人员重要的直接销售市场。（　　）
9. 分析酒店现有会议客户的目的是确定酒店会议目标客户。（　　）
10. 为了获得会议订单，销售人员可以适度夸大承诺事项。（　　）

五、简答题

1. 简述酒店会议产品的构成。
2. 酒店会议产品销售有哪些注意事项?
3. 如何实现会议产品的差别化?
4. 简述会议销售协议一般要明确的 8 个事项。

六、分析与实践

1. 分别扮演酒店会议推销人员与会议顾客的角色，模拟练习向顾客推销酒店会议产品。

2. 模拟与会议顾客进行会议产品销售谈判。

3. 考察一家会议型酒店，为其制作一份会议宣传广告。

4. 为一个商务会议设计一份会议接待计划书。

项目三 宴会销售

知识目标

- 了解宴会的特征、构成和类型
- 熟悉宴会销售任务
- 掌握宴会销售流程
- 理解各类宴会促销节点和要点

技能目标

- 能够熟练进行宴会促销方案设计

素养目标

- 设计与民俗、节气相关的节日宴会促销方案，增强民族文化自信

宴会是在普通用餐基础上发展而成的一种高级聚餐形式，是一项酒店常见的餐饮接待活动，往往能为酒店带来较高的收益。因此，加强宴会促销吸引潜在消费者非常重要；同时宴会销售人员也要熟悉客户签订合同过程中的种种细节，落实好各项预订内容，保证宴会活动有序、顺畅地进行。

任务一 了解宴会产品

一、宴会的基本特征

（一）聚餐式

聚饮会食是宴会的形式特征，表现为多人围坐而食，多席同室而设，在愉快的气氛中共同进餐。每桌有主宾、随从、主人、陪客之分，全场又有主席、二席等之别。主人是东道主；主宾是宴会的中心人物；陪客是主人请来陪伴客人的，有半个主人的身份，在奉酒敬菜、交谈交际、烘托宴会气氛、协助主人待客中起着积极作用；随从是主宾带

来的客人，陪同主宾。

（二）规格化

规格化是宴会的内容特征。宴会不同于日常便饭、大众快餐、零餐点菜，要求宴会环境优美，礼仪程序井然，席面设计考究，菜点组合协调，烹饪制作精良，餐具精致整齐，保持祥和、欢快、轻松的气氛，给人以美的享受。同时，宴会要考虑因时、因需配菜，尊重宾主的民族习惯、宗教信仰、身体状况和嗜好忌讳等。

（三）社交性

社交性是宴会的功能特征。人们设宴皆有明显目的：国际交往、国家庆典、亲朋聚会、欢度佳节、红白喜事、饯行接风、酬谢恩情、疏通关系、乔迁置业、商业谈判等。人们相聚一堂，品佳肴美味，谈心中之事，增进了解、加深情谊，从而实现社交目的，这正是宴会长盛不衰、普遍受欢迎的一个重要原因。

（四）礼仪性

礼仪性是宴会的人际特征。宴会礼仪是赴宴者之间相互尊重的一种礼节仪式，也是人们出于交往目的而形成的被大家共同遵守的习俗。其内容广泛，如要求酒菜丰盛、仪典庄重、场面宏大、气氛热烈，讲究仪容修饰、衣冠整洁、表情谦恭、谈吐文雅、气氛融洽、相处真诚，以及餐厅布置、台面点缀、上菜程序、菜品命名、嘘寒问暖、尊老爱幼等。上至国宴，下到民宴，礼仪越是隆重，越能体现主人对来宾的尊重和欢迎。

二、宴会产品构成

（一）菜品

菜品是宴会的基础，色、香、味应该达到标准。应时应景、让消费者获得愉快体验是体现酒店宴会真正实力的地方。首先，菜肴的取名既要符合宴会主题又要寓意吉祥；其次，食材方面要考虑宴会主人的营养需求。比如寿宴上的甲鱼，既有长寿的寓意又有滋补养生、延年益寿的功效。

（二）仪式

顾客的需求是多样化的，因此宴会产品也要实现多元化以满足顾客的需求。在顾客决定举办宴会时，酒店应提供多种选择。在主题风格、宴会价格和过程控制等方面，酒店都要强调顾客的主动性和决策权，宴会或尊贵，或亲情，或浪漫，或温馨，由顾客决定仪式的主题基调，只有让顾客参与其中，才能真正地打动顾客。

思考与讨论

有什么服务仪式是你在参加宴会时印象深刻的？海底捞的很多服务细节深受顾客喜爱，有什么是宴会上可标准化的仪式？

（三）赠品

酒店宴会销售总会附送酒店赠品，比如婚宴送免费蜜月房间，按桌次不同赠送不同标准点心、菜肴、酒水，这已经成为酒店为顾客创造意外惊喜的重要形式，也是酒店宴会销售的重要促销手段。

三、宴会类型

（一）按菜式组成划分

1. 中式宴会

菜式以中式菜品和中国酒水为主，环境气氛、台面设计、餐具用品、就餐方式等反映中华民族传统饮食文化气息，服务程序和礼仪具有中国特色。中式宴会既适用于礼遇规格高、接待隆重的高层次接待，也适用于一般的民间聚会。

2. 西式宴会

菜式以欧美菜式和西洋酒水为主，环境布局、厅堂风格、台面设计、餐具用品、音乐伴餐等均突出西洋格调，采用西式服务。根据菜式与服务方式的不同，西式宴会可分为法式宴会、俄式宴会、英式宴会和美式宴会等。日式宴会和韩式宴会在我国亦被纳入西式宴席范畴。

3. 中西合璧宴会

中西合璧宴会是融合了中式宴会和西式宴会的菜品组合、宴席摆台、菜点制作、服务和就餐方式等特点的一种新型宴会，使人耳目一新，深受宾客欢迎。

（二）按接待规格和隆重程度划分

1. 正式宴会

正式宴会是指在正式场合举行、礼仪程序严格、气氛热烈隆重的高规模宴会，有时还会安排乐队演奏席间乐曲。宾主均按身份排位就座，对排场、餐具、酒水、菜肴的道数及上菜程序有严格规定。根据举办形式、服务程序等不同，正式宴会还可分为餐桌服务式宴会、冷餐会、鸡尾酒会、茶话会等。

2. 便宴

相对于正式宴会而言，便宴是一种非正式宴会，用于非正式场合的日常友好交往宴请。便宴形式比较简便，不讲究礼仪程序和接待规格，不排席位，不作正式讲话，气氛较随便、亲切，对菜品数量无严格要求，茶单设计随客人要求而定。

（三）按宴会性质与主题划分

1. 国宴

国宴是一国元首或政府首脑为国家重大庆典，或为外国元首、政府首脑到访而举行的正式宴席，是接待规模最高、礼仪最隆重、程序要求最严格、政治性最强的一种宴会。

负责外交事务的部门和人员通常要负责安排和组织宴席的接待工作。

2. 公务宴会

公务宴会是政府部门、事业单位、社会团体以及其他非营利机构或组织因交流合作、庆功庆典、祝贺纪念等有关重大公务事项接待国内外宾客而举行的宴会。接待活动往往围绕公务活动主题安排。

3. 商务宴会

商务宴会是各类企业和营利性机构或组织为了一定的商务目的而举行的宴会。这类宴会既可以是为了建立业务关系、增进了解或达成某种协议而举行，也可以是为了交流商业信息、加强沟通与合作或达成某种共识而举行。

4. 亲情庆贺宴会

亲情庆贺宴会是以体现个体与个体之间的情感交流为主题的宴会。其目的一般是亲朋相聚、接风洗尘、红白喜事、乔迁之喜、周年志庆、添丁祝寿、逢年过节等表达各自的思想感情和精神寄托，主办者和被宴请者均以私人身份出现。亲情庆贺宴会设计的基本原则是尊重个性、突出情感以及个性化服务。亲情庆贺宴会还可以细分为婚宴、寿宴、纪念宴、节日宴、家庭便宴等。

5. 会友聚餐宴会

会友聚餐宴会是宴请频率最高的宴会，公请、私请都有，要求与形式多样，追求餐厅装饰新颖，宴会的组办者喜新厌旧心理强烈，对酒店的特色要求较高。会友聚餐宴会还可以细分为嘉年华会（尾牙），同学、友人聚会，行业年会等。

（四）按规模大小划分

宴会按规模大小可以划分为小型宴会、中型宴会和大型宴会三种。小型宴会是规模在 10 桌以下的宴会，中型宴会是规模为 11～30 桌的宴会，大型宴会是规模在 31 桌以上的宴会。这三种宴会因为参加人数规模逐渐增加，工作量不断加大，所以对组织者的要求也会不断提高。

（五）按价格档次划分

宴会按价格档次可以划分为高档宴会、中档宴会、普通宴会三种，差别体现在价格上，原材料和菜肴制作精细程度、就餐环境豪华程度以及服务讲究程度上都有所不同。

（六）按礼仪划分

宴会按礼仪可以划分为迎送宴、酬谢宴两种。迎送宴是人们为了给亲朋好友接风洗尘或欢送话别而举办的宴会。酬谢宴是为了表示感谢曾经得到过的帮助，或为了表示感谢即将得到的帮助而举行的宴会。这两类宴会是为了表达主人的诚意，故要求高档、豪华，环境优美、清静。酬谢宴又可以分为谢师宴、答谢宴、升迁宴等。

（七）按菜品构成特征划分

宴会按菜品构成特征可以分为仿古宴、风味宴、全类宴席、素席宴等，菜品往往与地方文化和地方特色相结合，是非常能体现酒店餐饮品位和特色的宴席，就餐环境、宴席台面、餐具、菜品、原料、烹调技法、就餐与服务方式等都具有鲜明的地方风格。孔府宴、满汉全席、全鱼宴、全素宴等都是根据菜品定名的宴席。

思考与讨论

我国各地宴会品类丰富、特色明显，了解你家乡的宴会在产品、服务、价格等方面的特点，思考可能的营销重点。

任务二 管理宴会销售

一、宴会销售工作任务

（一）制定宴会销售计划并执行

（1）开展宴会销售市场信息收集，收集客源信息。

（2）根据市场信息收集结果和酒店年度销售计划，制定酒店宴会年度销售计划。

（3）宴会销售专员根据宴会销售计划，制定宴会销售策略和客户走访计划，并落实执行。

（4）根据宴会销售策略，进行相应的广告宣传活动。

（5）根据客户的要求，为客户安排酒店参观，及时为他们提供宴会的报价、预订、确认、更改和取消服务。

（二）宴会服务

（1）及时检查宴会前的准备工作，与餐饮部相关人员实时沟通，保证宴会活动顺利进行。

（2）根据客户提出的意见和建议，及时改进宴会服务，提高客户满意度。

（三）跟踪客户

（1）根据客户登记信息，为来酒店进行宴会消费的客户建立档案。

（2）定期电话回访来酒店消费过的宴会客户，时刻关注他们对酒店的新需求，并将酒店的促销信息告诉客户。

二、宴会销售基本流程

（一）会前服务

1. 做好宴会促销工作

（1）销售人员要了解和熟悉酒店的设施设备与内部运行程序，具有良好的沟通能力，能够正确地使用酒店授予的权力，灵活地运用谈判技巧。销售洽谈时要有诚心和耐心。

（2）当客户将本酒店与其他酒店进行比较时，要善于倾听和理解，然后婉转、得体地介绍本酒店的特点和以往成功举行宴会的情况，增进客户的了解和信任。

（3）要极力避免价格成为对方选择的第一条件，多介绍酒店的服务质量和产品特色，让客户感到酒店把服务放在第一位、盈利放在第二位。只有在客户相信酒店能提供优质服务的基础上，才有合理的价格可谈。

2. 主动协助宴会的准备和组织

协助宴会组织者周密地做好前期准备工作，对重要赴宴人员接送、住宿方面的要求以及休闲娱乐活动的安排等，应积极、主动地提供参考意见。

3. 认真落实服务承诺

（1）销售洽谈中关于宴会服务的所有安排和要求，均要以“预订书”或“协议书”为准。任何修改和调整也必须通过双方协商确认后列入“预订书”。

（2）对客户的承诺，销售人员必须详细记录，制定具体的“宴会接待计划”，每项承诺如何兑现、何时完成，均要落实到人。

（二）会中服务

（1）宴会期间，营销部应有专人负责与宴会组织者联络、沟通，及时跟进处理客户可能提出的紧急需求，确保宴会的正常进行。要注意收集本次宴会的有关信息，为下次宴会的承办打下基础。

（2）帮助组织各种形式的留念活动。一些大型、重要宴会的参与者，会把承办的场所作为个人一次美好经历的见证，酒店应借此机会把工作做到位，比如来宾签到、拍照留念、赠送酒店纪念品等，促使参与者成为酒店的潜在客户。

（三）会后服务

宴会结束后要及时把资料归类、分析、整理并存档，总结经验教训，提高服务质量。定期或不定期地向宴会组织者和一些赴宴者寄送酒店的有关信息和资料，联络感情，尽可能使之成为酒店忠诚客户。

三、宴会销售主要工作程序

（一）销售洽谈

1. 接受咨询

客户的咨询一般有电话咨询和上门咨询两种。一般客户的问题主要集中在宴会厅是否有空、宴会费用、宴会厅规模、宴会厅能提供的相关仪器设备、菜单、最低消费额、现场平面图、定金等。随着手机的普及和交流方式的增多，微信、QQ 等也已成为客户咨询的重要渠道。

（1）主动、礼貌地向客户进行自我介绍，电话咨询的报出酒店名称，上门咨询的递上名片。

（2）主动为客户介绍宴会标准、场所，并推销酒店的特色菜品。

（3）询问客户宴会预订标准，根据客户需求向客户推荐适合的宴会等级标准。

（4）小型宴会常会直接预订。销售人员应问清预订单位、联系人姓名、联系电话、宴会日期与时间、参与人数、桌数、每桌消费标准等信息，并问清有无特殊要求、有无禁忌等，记录在宴会预订单上，并向客户复述一遍，问清付款方式。若是大型宴会，应告知预订方提前两天交付定金和押金。

（5）若客户不能决定，电话咨询的可邀请客户到店参观，并约定具体参观时间；到店咨询的可陪同参观。

（6）若客户要求的宴会标准过低而不能接受预订，应婉转地向客户解释并致歉。

2. 现场介绍场地设施

（1）根据宴会规模介绍场地，并带领客户参观。由于不同桌数与不同形态的宴会所适合的场地类型不尽相同，因此要提供多种宴会厅平面摆设图，供客户参观时选择。

（2）询问客户意见，了解宴会的预订批次、具体人数、活动时间、菜品以及特殊要求等信息，尽量满足客户的需求。

（3）若酒店方无法满足客户的要求，要进行解释并表示歉意，不能向客户承诺无法办到的事情。

3. 洽谈并报价

（1）确认宴会时间、人数、场所、菜品风格及特殊要求。

（2）根据客户要求进行初步报价（当场报价或事后报价），告知客户报价是个估计数，并说明可能的浮动范围和原因。

（3）注意报价技巧，回避客户就单独项目的询价，整体报价有利于争取高标准的宴会。

（4）努力争取客户意向，并做好销售跟进工作。

某酒店宴会洽谈表

（二）宴会预订落实

1. 接受预订

（1）接受客户场地预订时，应明确告知客户按酒店规定于××天内确认场地，否则场地不予保留。在此期间若另有客户来订同一场地，应告知前一位已预订但未确认的客户。

（2）客户预订场地时，在客户同意的前提下，在“每日预订单”和“场地预订单”上注明，并向客户收取部分押金，押金金额视宴会规模而定。

2. 与客户确定菜单

（1）在确定场地的同时，可请客户确定宴会菜单。当客户不能决定时，提供相应菜单供客户参考、回去协商，同时说明菜单确定的时限（一般至少在宴会举办前 15 天内确定）。

（2）在确定菜单时，一式两份，在菜单上注明宴会日期、地点、餐别以及人数，并由客户签字；明确赠送主食的种类，对可选择菜品须二选一。若客户要求对菜品进行个别调整，询问厨师长并征得其同意后告知客户差价，并说明根据季节变化，酒店有权将个别时令菜进行相应调整。

（3）菜单确定后在“每日预订单”与“场地预订单”上注明。

思考与讨论

菜单是宴会的核心。思考菜单设计的基本原则及如何帮助客人点菜。

某酒店宴会预订单

3. 签订合同

场地、菜单确认后，与客房签订宴会协议，要求使用专用的格式合同，明确免费项目和非免费项目，并按酒店规定作特别说明。

4. 落实预订

（1）协议签订后，销售人员根据客户的要求填写“美工制作单”，客户姓名须由客户亲自书写并留为存根，以备核对。“美工制作单”在宴会举办前 10 天送营销总经理签字后转交美工室，在宴会开始前 5 小时接收、核对。

某大酒店婚宴协议书

（2）协议签订后，销售人员应根据客户的预订要求，4 桌以上的填写“宴会预订单”，提前 10 天将“宴会预订单”打印成文，提前 7 天将文件送至相关部门，并让相关部门负责人在“宴会预订单”的背面签收，宴会结束后由预订处存档。

（3）发送“客房预订单”。销售人员应提前 3 天将“客房预订单”送总经理办公室签字后转送客房部，在宴会前 1 天向客房部确认房间号。若遇有总经理致信欢迎或恭贺，应提前到总经理秘书处领取，当日交给客户。

（4）发送宴会菜单。宴会菜单应提前 2 天交由点菜人员抄单送至相应的厨房，抄单后若有人数、菜品变化，立即发送“宴会菜单更改单”给点菜人员和楼层主管，提醒点菜人员在“每日预订一览表”上注明“已抄”字样并签名。

任务三 促进宴会销售

为了提高宴会厅营业收入、平衡淡旺季营业差额等，酒店往往会根据不同时令、节庆、特殊活动，甚至酒店本身经营需求等，设计各类促销活动来争取更多的客源。促销的本质是以比较优惠的价格争取特定客源。因此，酒店宴会促销的重点是对价格比较敏感的客户群，宴会类别主要为亲情庆贺宴会和会友聚餐宴会。

一、节日宴促销

（一）中西方情人节促销

每年 2 月 14 日以及农历七月初七分别是西方情人节和七夕情人节。受西方文化的影响以及媒体宣传，西方情人节受到很多年轻人的追捧。宴会厅可以设计不同的情人节套餐或舞会等促销专案，也可邀请旅行社、航空公司加入，为客人提供奖品，做联合促销。2 月 14 日在时间上与我国传统春节比较接近，是举办婚礼和喜宴的好时节，因此对 2 月 14 日的宴会促销要做好选择，根据预计销售额确定是做情人节促销还是安排其他喜庆宴会。

某酒店中秋促销方案

（二）中秋促销

农历八月十五日是我国传统的中秋节，也是我国仅次于春节的第二大传统节日。八月十五日由于恰在秋季中间，故称为中秋。中秋节的促销要点在于结合时令和地方民俗传统，做到经济效益和社会效益双丰收。

（三）圣诞节促销

12 月 25 日为圣诞节，可在每年 12 月 15 日—30 日间做圣诞晚会促销活动。很多外资企业也喜欢在圣诞节期间举办年终宴会或圣诞晚会来宴请员工，针对外资企业的促销相对更有效。由于临近年末，也会有很多本土企业进行团拜活动宴请员工，因此，圣诞节期间的宴会厅往往会供不应求。一般情况下，圣诞节前一个月，如果宴会厅还没有预订满或预订宴会的消费不够高，无法达到举办圣诞节特殊活动的收益，便可以考虑举办圣诞晚会。

（四）除夕年夜饭促销

酒店除夕年夜饭的促销专案以各式烹调美味的时令佳肴与象征好彩头的菜肴名称，营造出除夕夜欢乐温馨的气氛。由于市场规模比较大，因此价格一般应该比较坚挺。另外，过年期间，酒店可以开展“外带”卖餐，将一些平日仅见于餐馆的菜肴供客人外带回家享用。这不仅可以满足现代人省时省力又喜欢享受的需求，更顺应除夕夜在家团圆用餐的习俗，不失为酒店餐饮的良好促销方法之一。

学思之窗

我国传统与节气、民俗相关的节日非常多，与节气、民俗相关的餐饮也很有讲究，这其实是宴会营销尤其是对市场规模最大的亲朋聚会市场营销的丰富资源。以年为单位，梳理相应的节日促销要点。

二、婚宴和寿宴促销

（一）婚宴促销

婚宴市场，尤其是高端婚宴市场是高星级酒店都想争取的优质市场，有些酒店更因此专门设立“婚庆工作室”，婚宴收入在全年营收中占有相当大的比重。婚礼是一种大众性消费，往往是一次性的生意，因此婚宴通过报纸、自媒体等的广告促销效果会比较理想。促销专案可以包括免费提供新婚礼服、免费接送新婚夫妇、免费提供婚礼摄像服务、免费提供新婚洞房、特邀乐队演奏、送结婚蛋糕等促销项目，在菜肴品目上则要强调喜庆和祝福。婚庆工作室可以为消费者设计一站式婚庆、婚宴服务，以专业水准为新人提供个性化服务。为争取较高消费，婚宴、婚庆套餐消费满一定金额，酒店还可以赠送回馈券，以吸引回头客。

（二）寿宴促销

中国老百姓自古就崇尚孝道，这也是中国传统文化最显著的特征之一。通过办寿宴为寿星庆生也是最普遍的方式之一。孩子满月宴、百天宴及周岁宴和亲属生日宴都是寿宴的促销市场。寿宴促销中，在完善的服务流程基础上，要特别注意菜单设计、场地布置、礼仪服务。尤其是对一些年长者的寿宴，根据地方习俗，精心设计的宴席主题、特别设计的寿宴接待服务规程和祝寿语，以及量身打造的寿宴菜单，可以起到很好的促销效果。酒店还可以准备一系列的寿宴服务项目供客人挑选，如帮助客人预订祝寿蛋糕，订购酒店自制的寿桃，负责悬挂寿帐、寿字，提供祝寿音乐、歌曲、投影幕布，为寿星准备专属宝座，组织员工列队欢迎、齐唱生日歌等，也可通过喜报菜肴名称等环节烘托寿宴气氛。

某酒店婚宴促销方案

三、嘉年华会（尾牙）促销

许多企业有通过嘉年华会或尾牙来奖励员工一年辛勤工作的习惯。针对这一消费需求，酒店可于每年春节前一个月推出年终团拜促销专案以吸引消费者。一般而言，嘉年华会或尾牙的宴席起价应比平常价位低一到两成，并随桌附赠部分酒水，另外也提供特惠宴会酒水供客人选择。这类促销方案的广告，文字内容不必过于详尽，应以能吸引客人注意为前提。具体宴会优惠细节可在与客人接洽时再详细告知，以免因优惠内容太多而引起业界的恶性竞争，或因供应条件太差而无人问津。

四、特殊餐宴促销

除推出季节性促销外，宴会厅还可以根据业务状况，促销一些高单价宴席。采用宴会厅备置的高级食品原料，汇集中西主厨的拿手绝活，烹调出一道道经典佳肴，抓住美食宾客的注意力。此类特殊宴席不仅需要全部采用上等食品原料，精心烹调，餐中更应以顶级酒水和名菜相伴，再辅以精心设计的音乐节目表演营造现场气氛，将整体用餐气氛提升到身心享受的境界。此类精品餐宴虽有促销，但其价位通常高达 2 500～5 000 元/位，所以每年适合举办 1～2 次，并且针对特定客人而做。

思考与讨论

特殊餐宴的促销可以结合名人名家通过传统媒体进行推介。请为此类宴会设计一个促销方案。

项目小结

宴会销售是酒店餐饮产品的大宗销售，类型非常丰富。酒店宴会产品的菜品、仪式感和酒店赠送的礼品都是宴会销售的关键。酒店应该在年初就制定一年的宴会销售计划，并适时进行宣传促销。餐饮业竞争十分激烈，酒店销售人员在进行宴会销售时应把重点放在酒店服务质量和产品特色上，除认真落实各项服务承诺外，还应用心做好酒店各类重点宴席的促销专案，积极促销，以争取更多的特定客源。

实训练习

一、名词解释

宴会　　正式宴会　　便宴　　国宴　　公务宴会　　商务宴会

亲情庆贺宴会　　会友聚餐宴会

二、单项选择题

1. 聚会的形式特征是（　　）。

A. 聚餐式　　B. 规格化　　C. 社交性　　D. 礼仪性

2. 宴会产品的构成包括（　　）。

A. 菜品　　B. 仪式　　C. 赠品　　D. 以上都是

3. 正式宴会和便宴的主要差别是（　　）。

A. 气氛是否热烈　　B. 是否讲究礼仪规范和接待规格

C. 是否注重就餐环境　　D. 是否关注台面设计

4. 升迁宴是按（　　）划分的宴会。

A. 性质　　B. 主题　　C. 礼仪　　D. 菜品构成

5. 餐饮竞争激烈，消费者首先关注的往往是（　　）。

A. 菜品　　B. 价格　　C. 环境　　D. 服务

6. 宴会销售人员带领客户参观宴会厅时，最好提供（　　）供客人选择。

A. 多种宴会厅平面摆设图　　B. 宴会厅价目表

C. 菜单　　D. 以上都不是

7. 预订宴会的菜单一般要求（　　）。

A. 一式一份　　B. 一式两份　　C. 一式三份　　D. 一式四份

8. 圣诞促销比较适合（　　）。

A. 所有类型企业　　B. 年轻人比较多的企业

C. 外籍员工比较多的企业　　D. 本国有过圣诞习俗的外资企业

9. 情人节促销菜单一般采用（　　）。

A. 套餐制　　B. 零点菜单　　C. 宴会菜单　　D. 团体菜单

10. 特殊餐宴因为单价比较高，一般适合针对特定客人举办（　　）。

A. 1～2 次　　B. 5 次以上　　C. 10 次以上　　D. 随机而定

三、多项选择题

1. 宴会的基本特征有（　　）。

A. 聚餐式　　B. 规格化　　C. 社交性　　D. 礼仪性

2. 宴会按菜式组成划分可以分为（　　）。

A. 中式宴会　　B. 西式宴会　　C. 中西合璧宴会　　D. 以上都不是

3. 按性质和主题划分，宴会可以分为国宴、（　　）、会友聚餐宴会。

A. 迎送宴　　B. 公务宴会　　C. 商务宴会　　D. 亲情庆贺宴会

4. 按菜品构成特征划分，宴会有（　　）。

A. 仿古宴　　B. 风味宴　　C. 全类宴席　　D. 素席宴

5. 宴会销售要求销售人员（　　）。

A. 了解和熟悉酒店设施设备和内部运行程序

B. 具有良好的沟通能力

C. 能够正确运用酒店授予的权力

D. 能够灵活地运用谈判技巧

6. 某项宴会销售和接待的正式文书有（　　）。

A. 销售计划书　　B. 销售专案　　C. 预订书或协议书　　D. 宴会接待计划书

7. 宴会报价前要确认宴会（　　）及特殊需求。

A. 时间　　B. 人数　　C. 场所　　D. 菜品风格

8. 中秋促销的要点是（　　）。

A. 结合场地布置　　B. 结合时令特点

C. 结合地方民俗传统　　D. 服务流程

9. 寿宴促销要求在完善的服务流程基础上，特别注意（　　）。

A. 菜单设计　　B. 现场气氛营造　　C. 场地布置　　D. 礼仪服务

10. 嘉年华会（尾牙）促销的要点是（　　）。

A. 比平常价格低 1～2 成　　B. 随桌附赠酒水等

C. 促销方案简洁但能吸引客人注意　　D. 现场气氛营造

四、判断题

1. 社交性是宴会的人际特征。（　　）

2. 茶话会也是正式宴会。（ ）
3. 中型宴会一般是 10 桌以下。（ ）
4. 高档宴会要求菜肴制作精细，就餐环境豪华、服务讲究。（ ）
5. 宴会的整体报价不利于争取高标准宴会。（ ）
6. 有美工制作要求的宴会在宴会开始前 2 小时接收并核对制作内容。（ ）
7. 宴会销售人员应提前 2 天将宴会菜单交由点菜人员抄单。（ ）
8. 促销的本质是以比较优惠的价格争取特定客源。（ ）
9. 除夕年夜饭价格比较坚挺，促销要点是美味的时令佳肴和象征好彩头的菜肴名称。（ ）
10. 特殊宴席促销的要点是高单价。（ ）

五、简答题

1. 简述宴会规格化特征的要求。
2. 宴会销售工作的主要任务是什么？
3. 宴会预订落实一般包括哪些程序？
4. 婚宴促销的关键点是什么？

六、分析与实践

1. 分组为酒店策划一次宴会的媒体宣传促销活动。
2. 分组模拟酒店宴会的公关促销，分别扮演宴会销售人员和顾客的角色。
3. 分组讨论，为酒店策划一次“除夕年夜宴”的促销活动。
4. 分别扮演宴会预订员和顾客的角色，模拟进行宴会营销的洽谈和预订服务。

项目四 商务和长包房销售

知识目标

- 了解商务客源市场状况
- 掌握商务客源市场的需求特征
- 熟悉商务销售的基本流程和主要工作程序
- 掌握大客户和长包房销售的基本技巧

技能目标

- 能够熟练根据商务客源市场需求制定市场开发策略

素养目标

- 弘扬锐意进取、追求卓越的工匠精神，积极促进销售

酒店商务市场和长包房销售都属于酒店销售中的大客户销售，对于酒店而言，都具有收入稳定、利润丰厚的特点。酒店营销人员在这两个市场上提高销售业绩的关键是识别出大客户，开发并维护好大客户。

任务一 了解酒店商务市场

酒店商务市场从客源特征来讲分为两类：商务旅游者接待和本地商务接待。商务旅游者也称商务旅行者，是指因工作需要出差到酒店所在地的公务、商务旅行人士；本地商务接待是指酒店附近区域各类单位、组织，包括政府机关、中外企业等的接待业务市场。

一、主要商务旅游客源市场

商务旅游客源市场包括国际和国内两部分。据估计，我国旅游者中30%～40%为商务旅行者，市场总价值突破2 000亿元人民币。商务旅游必须以一定的活动为依托，因此往往呈现出一定的地域特点。国际商务客源市场主要偏好于经济相对发达的地区和城市，国内商务客源市场也有这一特征但总体发展空间更大、地域分布更广。酒店一般把商务旅游市场分为4类。

（一）一般商务旅游市场

这一消费市场主要由从事商业活动的消费者构成，可以分为三类：（1）白领以上阶层，包括企业主、高级经理人。他们是市场最上层，但从消费频次以及消费总量上看，不是商务旅游市场的主流客户。这类消费者的费用一般由组织无限制提供，因此价格处于次要地位，首先关注的是与之身份相适应的服务档次，其次是要求有特权，而后是服务的细致和效率。（2）白领阶层，他们是商务旅游市场的主体。这类消费者注重体现所在组织的形象，尽管住宿、交通费用有限额，但消费总量却是最大的，要求服务高效、舒适，追求便利。（3）普通商务消费者，由低层商务消费者和自费商务消费者（如个体企业主）构成。这类消费者数量最为庞大，但商务消费限额较低，是商务旅游的低端市场，他们要求的服务内容比前两种类型要少，通常追求酒店住宿及其他服务的经济性和高效率。

（二）公务旅游市场

公务旅游市场是政府部门和事业单位等使用国家财政性资金开展工作的机构进行的差旅活动市场，接受国家公务接待政策的规范。我国拥有大量政府公务人员和使用政府财政补助的事业单位工作人员，每年各种会议、视察、调研活动所产生的商务旅行形成了一个不容忽视的市场。为了避免与公款旅游相联系，公务旅游一般不通过旅行社组织，因此，公务客人一般是酒店的散客。

（三）学术旅游市场

在我国大力发展教育和科技的背景下，地区性和全国性的学术交流活动与日俱增。据非官方统计，每年全国性学术会议在1 000个以上，区域性学术会议更是不计其数，其稳定的周期性特点对于酒店来讲是一个很有吸引力的市场。这一市场的中坚力量是科研人员和高校教师，具有很高的知识水平，他们的消费通常由所在的研究机构或高校提供，接受国家公务接待政策的规范。

（四）其他商务旅游市场

其他商务旅游市场包括各种大型体育活动以及其他类型庆典、纪念活动市场。这个市场中的活动参与者（如运动员）具有一般商务活动的性质，而参观者（精神参与）则具有休闲旅游的一些特点，市场较为复杂，加上活动地点多变，市场具有机会性特点，难以把握。酒店一般对所在地周边企业进行促销，吸引这类企业在本酒店举办庆典、纪念等活动，或者参与接待业务。

二、酒店商务客源市场需求分析

（一）商务市场对酒店的意义

1. 收入稳定

商务活动以商务或者其他特定的活动目的为导向，事前计划性强，一般不会受到气候条件或者一些不利条件（如交通不畅等因素）的影响，而且活动具有重复性，避免了其他旅游客源明显的季节性和淡旺季的干扰，这形成了商务客源相对稳定的特点，也保证了酒店商务市场收入的相对稳定性。

2. 利润丰厚

商务工作者的商务本质决定了消费者自费比重不大，其支出一般依照所在组织的内部规定或者商务活动的级别标准而定，相对于休闲观光客人，商务旅游者的消费能力更高。据估计，商务客人的消费要比观光客人高 20%。此外，商务旅游者停留的时间也相对较长。对酒店而言，商务客人的利润率一般要比观光客人高 20%～30%，甚至更高。

（二）酒店商务客源市场的基本需求

1. 便利的商务办公设施和服务

对商务客人而言，酒店应该有完善的商务设施和信息条件，能为异地工作提供方便、快捷的支持才符合入住标准。酒店如果可以提供像在办公室一样的秘书服务，如预订机票、叫出租车、筹备各类会议、接待客户等，就能给商务客人宾至如归的感觉。协助商务客人的秘书服务，是商务客人的核心需求之一。

2. 良好的住宿环境和服务

酒店提供给客人如同自己家的感觉，取决于酒店提供温馨舒适的客房环境、味美可口的饭菜和消遣娱乐场所，也取决于酒店员工能与客人进行亲情般的交流，及时、准确地提供个性化的服务。酒店以客为尊，让客人熟悉、了解酒店的设施和服务，享受酒店每一位员工的微笑与真诚，让客人感到满意和放松，是商务客人尤其需要关注的。

3. 高品质的会议会谈场所和服务

商业经营者经常要在自己的专设会议室接待客人，进行各种各样的会谈活动。商务酒店应按照商务客人的需求特点，设置不同规格、不同规模的会场和洽谈室，配置会议需要的设备以及接送与会者的交通工具，以使客人安排起来得心应手，如同在自己的单位一样。商务酒店需要配备适应客人会议要求的服务人员，以提供高品质会议接待服务。

4. 与客人所在企业的实力与地位匹配

在外出开展商务活动期间，尤其是在正式的商贸往来和社交活动中，选择豪华高档的酒店宾馆，对显示企业实力、表现商务客人的身份、赢得顾客的尊重十分必要。因此相对而言，商务客人通常首选高档星级酒店，以体现商务客人的实力和档次。酒店的商务市场一般是与本酒店档次、品牌和实力相当的企事业单位。

思考与讨论

商务客源市场与会议市场在客源市场终端层面有一定的重合性，会议客人是商务客源市场之一。但在营销层面，两者却是完全不同的，讨论这种差异。

三、酒店商务市场开发的基本策略

（一）明确目标客源，做好市场定位

商务客源市场在层次结构上可以分为高、中、低三个层次。其中，国外知名酒店集团及其国内合资、合作酒店已经占领各大城市及沿海城市的高端商务市场，这些酒店的接待目标以国外商旅客人和国内高端商旅客人为主。但中高端、中低端的商务市场特别是国内市场部分，规模和消费能力都在增长，酒店需要明确目标客源，做好市场定位，通过优质产品和品牌吸引力，提高市场份额。

（二）整合营销策略，为顾客创造价值

开拓商务市场，扩大商务客源，既要靠优越的地理位置和一流的硬件设施，又要靠良好的形象和有口皆碑的声誉，同时要调动酒店可控制的经营要素，将产品、定价、分销、促销、人员、有形展示和服务过程协调起来，整合营销策略，确保营销活动的整体一致性、动态性和层次变化性，为顾客创造价值增值。价格竞争是酒店竞争的基本手段之一，但过度的价格竞争会降低服务品质和酒店市场形象。会员计划是开拓商务市场的另一重要手段，不同名称的忠诚顾客计划、公务旅行计划可以有效地对国内外商务客人产生积极的影响。

学思之窗

通过浴血奋战、发愤图强、锐意进取、守正创新，中国共产党的领导成为历史的选择、人民的选择。酒店要想受到商务客人的青睐，销售人员也要百折不挠、解放思想、锐意进取，整合产品、价格、渠道和促销等营销策略，为顾客创造价值增值。面对越来越有挑战性的市场环境和越来越激烈的市场竞争，讨论前者对酒店经营和市场营销的启示。

（三）重视网上营销，深度开发商务客源

酒店业面向国内外商务客人，具体到某一酒店时，其客源构成及流向存在较大的不确定性，这给酒店的设施运用和服务管理带来了一定的困难。因此，酒店一方面要重视网上销售渠道，根据预订网络的不同定位，有针对性地进行酒店产品宣传。高端海外商务客人，可以选择代理全球主要航空公司、旅行社和跨国公司的预订系统，国内商务客

人则可以选择相关热门商旅平台。另一方面，酒店应加强本地合作伙伴营销，吸引协议单位或其业务相关单位到本店入住消费。

任务二 管理商务销售和长包房销售

一、商务销售工作任务

（一）制定并实施销售计划

（1）进行酒店商务市场调研，整理并分析调研结果。

（2）根据酒店年度销售计划与酒店商务业务市场调查结果，制定酒店商务业务销售计划。

（3）根据商务业务销售计划的要求，制定长包房的销售计划与销售策略。

（4）根据商务业务销售计划，组织商务销售人员实施销售计划。

（二）有效管理和开发协议客户

（1）收集酒店附近区域各类企事业单位的信息，随时发掘潜在客户，扩大酒店客户网络。

（2）及时收集商务客户的反馈意见，并及时解决相关的客户疑虑。

（3）定期组织各类商务客户之间的联谊活动，以维护酒店与这些客户的良好合作关系。

（三）推进长包房销售

（1）根据商务客户的需求，运用灵活的酒店长包房销售策略，向他们介绍酒店的长包房服务项目及配套的服务政策。

（2）代表酒店与商务客户签订长包房协议，并及时与其他部门沟通，保证协议的顺利实施。

二、商务销售基本流程

（一）研究分析市场

（1）销售人员要按时提交市场分析报告，分析本酒店商务市场走势。

（2）通报现有客户消费及其他信息。

（3）通过各种渠道了解潜在客户的信息，并按市场细分、片区、类型、消费潜力进行整理。

（4）根据酒店实际情况确定本阶段酒店商务项目的主要销售对象。

（5）通过市场分析，筛选出有消费需求的销售目标。

思考与讨论

本地协议客户是商务散客的重要客源市场。思考酒店如何开拓外地商务客源市场。

(二) 开展推销工作

1. 准备客户拜访

(1) 每周五做出下一周销售计划表，并交给部门领导进行审核。

(2) 每日预约次日拟拜访的客户，分析拜访目的（开发新客户、推荐新产品、处理客户异议、联络感情或者是收集竞争对手的信息）和客户合作意向、实力情况等。

(3) 在工作过程中根据实际情况的变化对自己的销售计划进行必要的修正，但必须完成部门制定的量化指标。

2. 制定拜访计划

(1) 制定客户拜访计划和方案，明确拜访目的和应达到的目标。

(2) 致电预约。致电时间安排在对方正常上班时间，一般情况下，最好选择在周一至周五的上午 9:00—11:00 和下午 2:00—5:00。若有对方的办公电话，原则上不要打对方的手机。

(3) 登门拜访。预约登门拜访时，应提前准备好酒店有关资料（酒店信息一览表、宣传册、商务客户申请表、挂账申请表等）、名片、礼品（征求营销部经理的意见后决定），出发前要仔细检查个人仪容仪表。拜访客户必须准时到达，提前时间太多可稍事等候。

(4) 自我介绍后互递名片，相互交流并介绍酒店服务项目以及近期推出的优惠措施；认真聆听客户提出的意见和建议，争取客户与酒店合作。

(5) 对客户的支持表示感谢。

(6) 回来后填写客户访问记录表，向领导进行简要汇报，跟进协议签订事宜及后续工作，定期做好回访。

(三) 签订合作协议

(1) 如果客户有明确合作意向，则可以请客户方的相关部门（一般为行政部、接待处）的负责人填写合作申请并盖章后传真回酒店。

(2) 征求客户的意见，确定签订商务合作协议的方式。

①登门签订合作协议。事先按双方的意向打印出规范的商务合作协议，并请领导签字、盖章；及时与客户联系并将协议送达客户；客户签字、盖章后，带回一份原件交酒店存档；在电脑中建立档案，将原件放入当月的合作协议文件夹中，留待档案管理员于月底进行统一登记、复印、处理。

②传真附件签订协议。如果客户在外地，则在请示领导同意的情况下，先以传真的方式建立合作关系，然后用邮寄的方式将签字、盖章的协议原件送达对方，并请对方寄回一份存档。

（3）客户关系维护。经常与新老客户以拜访电话、传真、邮件等形式保持密切往来。逢年过节和在客户的某些纪念日，需以手机短信、电话的方式表示祝福。及时关注各家协议单位的情况，以分析对将来双方合作可能会产生的影响。

（四）客户入住消费跟进

（1）销售人员负责协调配合前厅部接待商务客户及其客人的入住。

（2）遇重要的商务客人入住酒店时，应及时报告营销部经理，与前厅部、客房部等部门一起制定具体的接待方案。

（3）询问客户对酒店的看法，征求客户的意见，进行详细记录，在营销会议上报告客户的反映。

（4）商务客户离店后，及时与预订经办人联系，感谢对方安排客户入住酒店。

三、商务销售主要工作程序

（一）客户订单跟进

1. 落实接待事项

（1）查看客户的预订单，详细了解客房、用餐、服务的预订信息及特殊要求。

（2）就各预订事项与酒店接待部门协调、确认，保证接待工作顺利落实。

（3）对客户预订进行答复，确认预订的服务事项。

2. 督促接待准备

（1）按要求及时检查酒店各部门接待工作准备的质量和进度。

（2）与客户保持密切联系，将客户要求的更改或补充情况及时反馈给接待部门。

3. 跟进消费过程

（1）客户消费过程中适时跟进，帮助协调解决相关事务。

（2）将客户住店消费过程中提出的意见和建议及时反馈给有关部门。

（二）客户挂账

1. 接受挂账并提请领导审核

（1）客户提出挂账要求，销售人员需要根据客户的不同信用等级，请客户如实填写“挂账申请表”，报各级领导审批。

（2）客户的挂账申请应由酒店营销部经理、财务部经理签字后交总经理审批通过。

某大酒店挂账消费协议书

2. 与客户签订挂账协议

与客户签订挂账协议，协议一式两份，加盖公章，甲、乙双方各执一份。

3. 挂账和结算

（1）以签单人签字为准，根据挂账协议为客户提供挂账服务。

（2）销售人员协助财务部、前厅部办理客户消费的结算事宜。

（3）对于客户结算（或消费）过程中出现的意见和疑虑，专门负责的销售人员应立即解决或及时上报。

四、长包房销售

长包房一般是指客人在酒店连续租住超过 30 天的客房。长包房销售要注意以下几点。

（一）销售洽谈

（1）了解客户的需要，邀请对方前来酒店参观客房及其他设施。

（2）向客户推荐客房并根据对方需要进行报价，报价时注意技巧。

（3）向客户出示合约样本，就可以提供的各类优惠、结算方式进行协商。

（二）签订合同并协助办理入住

（1）与客户达成共识后签订合约，合约一式两份，客户、酒店各保留一份。

（2）协助客户办理入住手续。

（三）租期服务跟进

（1）客户入住后，销售人员至少每月拜访一次，听取意见，表示关心，切实帮助客户解决困难。

（2）对合约即将到期的客户，销售人员提前一个月发出书面通知，了解客户意向。如果客户无意续租，则销售人员应在协议终止前一周书面通知财务部、前厅部、客房部做好结账、收房的准备工作。

任务三 掌握大客户销售和维护技巧

大客户是一个相对的概念，取决于客户一年累计消费额或一次消费的总金额。确定为大客户的消费金额标准取决于酒店所在地的经济发展水平和酒店的等级、规模等。如某一线城市酒店将年累计消费额超过 50 万元（含 50 万元）或一次性消费额超过 30 万元（含 30 万元）的客户称为大客户。大客户值得酒店花费更多资源去识别、开发和维护。

一、大客户销售技巧

（一）识别大客户

大客户，从字面理解是规模大、价值大的客户，从更深层次理解，大客户是指对产品购买次数多、数量大，可以为企业带来高额利润、对企业的业绩产生重要影响、具有战略意义的客户。

酒店可以遵循5个标准进行大客户选择。一是客户采购数量，特别是对酒店高利润产品的采购数量。一般情况下，客房利润率高于餐饮，高端产品的利润率高于中低端产品。二是采购频率或一年累计消费金额。对于酒店而言，采购频率和累计金额越大越好。三是对酒店服务水准的要求。四是客户对价格的敏感程度。五是客户是否希望与酒店建立长期伙伴关系。

（二）大客户开发技巧

1. 以大客户需求为导向的营销技巧

（1）以产品为导向。首先，突出展示酒店产品的优势和特点，并在价值分析时放大价值、缩小价格，让客户感觉到价值的重要性；其次，如果可以，用数据和例证说话，越详细越好，但切忌与事实不符或出入较大的夸大其词；最后，承诺做好售中服务，让大客户客人满意。了解、值得、相信、满意是大客户购买的情感变化，也是大客户开发的核心过程。

（2）以客户需求为导向。这是一种转型，而不是对产品、服务的否定。营销时首先要对大客户做一个基本了解，弄明白大客户的显性需求和隐性需求，在满足客户有关产品的显性需求的同时，满足客户的隐性需求以争取大客户。其次是细分大客户，对各细分客户群进行有针对性的产品设计，以更专业地满足客户需求。

思考与讨论

客户的隐性需求可能包括哪些事项？

（3）深入影响大客户的采购过程。顾问式销售是大客户销售的主要方式。顾问式销售以客户的购买心理和行为变化为中心，通过了解客户引导客户需求，进而推动客户的购买行为。大客户的购买周期和购买程序一般比较长，影响最终决策的人员包括决策者、使用者、能够影响决策的人物、评估委员和购买代理人等。因此，大客户销售需要掌握更多的客户采购过程的信息，细分产品接受者、不满者和决策者，并通过相应的销售策略实现双方交易。

思考与讨论

大客户开发包括新的大客户开发和大客户销售拓展，涉及酒店营销人员签下新的协议单位和加强对现有协议单位的销售。进一步学习企业采购决策流程相关知识，思考并讨论营销人员如何通过有效影响关键决策人实现新的交易。

2. 大客户信息收集的技巧

（1）有效收集大客户信息。大客户信息包括企业规模、组织机构、发展状态、招标要求等容易通过企业公开渠道获得的信息，也包括需要通过人脉或与客户沟通获取的信息，比如大客户的决策程序和标准、采购状况（如预算、采购进展等）。采购一般涉及操作层、管理层和决策层。一般而言，决策层关心经济性；管理层如技术、财务等部门，关心的是技术、效果，有建议权和否决权；操作层强调操作方便性。

（2）了解大客户及关键人物的需求。能签下大客户的优秀销售人员除了充分了解企业信息外，最关键的是他们能够准确且快速地了解大客户及关键人物的需求。大客户不同于一般客户，很多时候也许确实在乎经济效益，但有些时候却又不缺钱，不单单图利，他们也许更想要情怀、名誉、权力等。掌握到相关信息，才能制定实际有效的销售策略。

（3）获取竞争对手信息。如果有竞争对手，那么对竞争对手的了解将有助于制定更科学的销售策略。竞争对手的信息包括竞争企业、竞争产品和销售代表的信息，其中大客户对竞争对手产品使用的满意度、销售代表与客户的关系尤为重要。如果在酒店形象、服务质量、价格等方面都有竞争优势，在大客户较长决策链的各环节积极竞争，酒店也很有可能成功。

3. 大客户价值评估技巧

（1）客户价值评估。客户的价值评估一般要考虑 4 个方面：一是分析客户的成交价值，包括产品收益、成本节约、市场占有率提高、品牌强化等；二是估算客户的潜在价值；三是评估客户可能带来的影响价值，包括对酒店形象和市场的影响；四是掌握客户价值的变动情况，并根据客户的价值变化及时调整营销策略，实现客户从满意向忠诚的转变。

（2）大客户终身价值评估。客户的终身价值是客户产品购买力所带来收益的总和。RFM 模型是客户消费行为评价模型，其中：R 指近度（Recency），代表最近购买时间，指上次购买至现在的时间间隔；F 指频度（Frequency），代表购买频率，指某一期间内购买的次数；M 指额度（Monetary），代表总购买金额，指某一期间内购买商品的金额。根据 R、F 和 M 预测客户在之后可能会产生的一系列价值，比如购买金额、购买频次等，再通过公式“客户价值（毛利）＝购买金额－产品成本－关系营销费用”计算出客户在年度、季度、月度所产生的价值。当然，客户价值还要考虑客户的潜在价值、附加价值等，最终判断出大客户的终身价值。

二、长包房客户维护

价格是长包房客户维护的重要手段，有时甚至是关键手段，长包房的价格一般会略低于最高级别商务合约价。

（一）入住前

入住前一周，销售人员向负责接待部门发送“长包房入住通知单”，安排好客房、餐饮、安保等工作。长包房客户入住前，按合同要求，逐一落实各项准备工作，同时与财务部保持联系，了解长包房客户是否已将预付款按合同要求汇入酒店账号。入住时专人负责欢迎接待，引领至前厅部为客户办理入住登记手续。

（二）租住期间

经常拜访长包房客户（每月至少一次），听取长包房客户对酒店的意见，并将意见传递到相关部门；了解长包房客户的新需求和客情，如会议、宴会或散客等，若有客情，应及时处理。节假日务必拜访，并向长包房客户赠送礼品或邀请他们参加酒店举办的宴会、联欢会等活动。

与前厅部、餐饮部、客房部、财务部、康乐部、保安部保持联系，了解客户在酒店的消费情况和信用情况，尤其是长包房客户的付款情况，同时协助财务部做好客户付款结账工作。

（三）合同终止前

长包房合同终止前1个月，应主动与客户联系，了解客户的去留动态。若要续签，销售人员要主动报价，并协商续约相关事宜；若不续签，销售人员要提前做好长包房搬出事宜和搬出后的销售工作。若客户提前终止合同，销售人员应及时通知财务部等有关部门，财务部应按合同规定收取违约金。若客户到期结账终止合同，销售人员应提前1周与客户确定退房时间，并通知财务部准备好账单。退房前1天，销售人员应书面通知客户列明搬运的大件物品清单，并通知保安部为客户开具出门证；退房当天，通知客房部检查客房物品有无损坏，协助财务部与客房结清账单，退还定金；客户全部搬出后，需要维修的客房书面通知工程部进房维修，修复后书面通知客房部将房间恢复客房状态。

某酒店长包房租赁协议

三、大客户维护

（一）了解大客户需求

（1）弄清大客户的需求，包括对产品报价的时间要求，预订房间、设施的数量要求，折扣与奖励的利益要求，促销与推销的支援要求等。

（2）掌握酒店产品在多大程度上能满足大客户的需求。

（二）正确处理大客户关系

（1）大客户要求优先。大客户关于产品数量以及产品系列化、一条龙服务等要求优先满足，以提升大客户对酒店的好感和忠诚度。

（2）处理好与大客户相关工作人员的关系。销售人员不仅要处理好大客户方掌握产品选择与预订、接待费用支付等权限的中上层主管的关系，也要处理好大客户公司中相关部门职员的关系。

（三）为大客户提供援助

酒店方和销售人员应积极主动地协助大客户开展各种活动，利用一切可以利用的机会加强与大客户之间感情与情报资料的交流，特别是在大客户举行开业周年庆典、获得特殊荣誉、实施重大商业举措的时候，酒店方应及时给予恰当、受欢迎的支援或援助。对于合作旅行社，酒店方还应提供促销协助，包括共同设计促销方案等。

（四）营销总监或总经理拜访大客户

酒店营销总监每年大约有三分之一的时间用在拜访客户上，大客户应该是拜访的主要对象，这也是大客户维护的重要方式。营销人员要为营销总监提供有关大客户的准确信息与数据并协助安排合理的拜访日程，以使营销总监有目的、有计划、有把握地开展拜访工作，加深与大客户之间的感情，增强大客户对酒店的忠诚度。

（五）加强信息相互传递

及时统计、分析、汇总大客户销售数据与情报，并呈报营销总监和总经理办公室，以便酒店针对市场变化及时进行调整，保证与大客户之间信息传递及时、准确，紧紧把握市场脉搏，这是酒店以客户为导向的一个重要前提。

（六）召开恳谈会、联谊会

酒店应有计划地组织召开恳谈会、联谊会，听取大客户对酒店产品、服务、营销、产品开发、酒店业新科技应用、消费者需要趋势等方面的意见和建议，介绍酒店在采纳大客户意见与建议的基础上对酒店产品所作出的改进与完善的地方，说明酒店今后的打算和发展计划等。

（七）奖励大客户

酒店应制定适当的大客户奖励政策，比如各种折扣、合作促销让利、返利等，这样可以有效地刺激客户的销售积极性和主动性，对稳定大客户的长期交易作用明显。

思考与讨论

大客户维护涉及公对公的维护，其实还涉及私人之间关系的维护，主要是指酒店销售人员与大客户关键人物之间关系的维护。思考并讨论这种私人关系维护的一些技巧。

项目小结

酒店商务市场包括商务旅游市场和本地商务接待市场，市场规模随着我国社会经济的发展不断扩大。对于酒店而言，商务市场具有收入稳定、利润丰厚的特点。酒店营销部对商务市场的开拓主要包括签订商务合作协议和客户关系维护，提高销售业绩的关键是识别出大客户、开发并维护好大客户。长包房销售是大客户销售的一种，价格和服务是发展和留住客人的核心。

实训练习

一、名词解释

商务旅游者　　本地商务接待　　公务接待　　长包房　　大客户

二、单项选择题

1. 一般商务旅游市场的主体是（　　）。

A. 白领以上阶层　　B. 白领阶层　　C. 普通商务消费者　　D. 以上都是

2. 对酒店而言，机会性最强的活动是（　　）。

A. 企业主出差　　B. 政府部门调研活动

C. 广交会　　D. 世界杯足球赛

3. 商务酒店的度假化或度假酒店高端商务化成为一种潮流，其主要原因是（　　）。

A. 商务客人身心压力较大　　B. 商务客人追求舒适便利

C. 商务客人关注服务质量　　D. 商务客人注重方便的地理位置

4. 致电客户预约拜访时，致电时间一般为（　　）。

A. 不需要特别注意　　B. 工作日

C. 客户正常上班时间　　D. 客户下班后

5. 商务客户的挂账协议申请应由酒店营销部经理、（　　）签字后交总经理审批通过。

A. 财务部经理　　B. 营销总监　　C. 分管副总　　D. 前厅部经理

6. 协议客户挂账时，应由（　　）签单。

A. 协议单位负责人　　B. 协议单位办公室主任

C. 协议单位的酒店销售人员　　D. 协议单位有效签单人

7. 长包房客人入住后，销售人员应该至少（　　）拜访一次。

A. 每周　　B. 每月　　C. 每季　　D. 每半年

8. 酒店的大客户销售一般都有决策层、管理层和操作层参与，不同层级关注点不同。操作层强调的是（　　）。

A. 经济性　　B. 质量和绩效　　C. 方便性　　D. 以上都是

9. 以大客户需求为导向的营销既要关注产品这一大客户的显性需求，也要关注大客户的（　　）。

A. 隐性需求　　B. 核心需求　　C. 真实需求　　D. 期望需求

10. 对大客户信息的收集包括大客户基本信息、大客户和关键人物的需求信息和（　　）。

A. 企业规模　　B. 发展状况　　C. 招标要求　　D. 竞争对手信息

三、多项选择题

1. 酒店商务旅游者可以细分为（　　）。

A. 一般商务旅游市场　　B. 公务旅游市场

C. 学术旅游市场　　D. 其他商务旅游市场

2. 公务旅游开展的活动包括（　　）。

A. 会议　　B. 视察　　C. 调研　　D. 会展

3. 商务市场由于（　　）而受到酒店重视。

A. 时间固定　　B. 消费能力强　　C. 收入稳定　　D. 利润丰厚

4. 商务销售工作的基本任务是（　　）。

A. 研究分析商务市场　　B. 制定并实施销售计划

C. 有效管理和开发协议客户　　D. 推进长包房销售

5. 销售人员拜访目的可以是（　　）。

A. 开发新客户　　B. 推荐新产品　　C. 处理客户异议　　D. 联络感情

6. 客户关系维护除了企业拜访外，也可以通过（　　）等形式保持密切往来。

A. 电话　　B. 邮件　　C. 短信　　D. 微信

7. 商务客人对酒店非常重要，服务质量要求也相对更高，商务客户订单跟进的关键环节是（　　）。

A. 落实接待事项　　B. 督促接待事项　　C. 跟进消费过程　　D. 以上都不是

8. 酒店选择大客户的标准，除大客户对酒店服务水准的要求外，还有（　　）。

A. 采购数量　　B. 采购频率或一年累计金额

C. 对价格的敏感程度　　D. 客户是否希望与酒店建立长期伙伴关系

9. 影响大客户的购买决策的人员除决策者外，还有（　　）。

A. 使用者　　B. 能够影响决策的人物

C. 评估委员会　　D. 购买代理人

10. 客户的价值评估包括成交价值和（　　）。

A. 潜在价值　　B. 可能带来的影响价值

C. 客户价值的变动性　　D. 终身价值

四、判断题

1. 商务旅游必须以一定的活动为依托，往往呈现出一定的地域特点。（　　）

2. 商务旅游市场一般只与商务活动相关。（　　）

3. 公务接待需要接受国家公务接待政策规范。（　　）

4. 奥运会对酒店而言具有周期性的特点。（　　）

5. 销售人员每次拜访客户都要确定拜访目的。（　　）

6. 协议客户的挂账申请表由销售人员填写。（　　）

7. 对长包房合同即将到期的客户，销售人员应该提前一个月发出书面通知，了解客户续租意向。（　　）

8. 大客户值得酒店花费更多资源去识别、开发和维护。（　　）

9. RFM 模型无法评估大客户的终身价值。（　　）

10. 长包房客户维护中销售人员保证每月拜访一次长包房客户即可，无须特别考虑节假日。（　　）

五、简答题

1. 商务客人的基本需求是怎样的？

2. 酒店商务客源市场开发的基本策略有哪些?

3. 为协议客户提供挂账服务需要注意哪些环节?

4. 大客户维护中哪些做法可以帮助大客户获得增值服务?

六、分析与实践

1. 分享一家酒店或酒店集团的会员或老客户奖励计划。

2. 分别扮演酒店商务销售人员和企业客户的角色，模拟进行合作谈判。

3. 找一家市面上正在经营的酒店，为其设计一个商务合作协议，并对协议优惠措施进行比较分析。

4. 找一家五星级酒店，对它的一个商务合作伙伴进行价值评估。

Module 5

模块五

数字营销　拓展市场

项目一 数字营销认知

知识目标

- 理解数字营销的特点
- 熟悉数字营销策略
- 掌握数字营销原则
- 掌握内容营销基本方法

技能目标

- 能够正确选择数字营销渠道并进行内容营销

素养目标

- 践行“实事求是、群众路线、独立自主”的数字营销方针，积极拓展酒店市场

数字营销是使用数字传播渠道来推广产品和服务的营销活动，以及时、定制化和节省成本的方式与消费者进行沟通从而实现销售提升。数字营销包含很多互联网营销的技术与实践，但它的范围要更广泛，包括手机、平板电脑等移动终端应用和在各类社交媒体上的推广。数字营销的出现，改变了通过中间渠道提供标准化信息和市场供应品的营销环境，随着目标顾客的划分越来越细化，以及数字和社交媒体的兴起，很多企业都开始将直接营销作为主要的营销工具，或者将它作为其他方法的辅助工具。

任务一 了解数字营销

一、理解数字营销

数字营销有时也被称为新媒体营销，是相对于传统四大媒介等传播媒体来定义的，

从渠道层面来区别易于理解，但数字营销不只是大众营销在传播渠道上的变化，而是带来了更多的可能性。数字媒体或新媒体是以数字传输为基础、可实现信息及时互动的媒体形式。数字化、多媒体、网络等新技术是数字营销出现的必备条件，其终端显现为电脑、楼宇显示屏及手机、平板电脑、车载电视等移动终端。我们可以从以下 4 个方面来理解数字营销。

技术层面：是利用数字技术、网络技术和移动通信技术。

渠道层面：通过互联网、宽带局域网、无线通信网和卫星等渠道。

终端层面：以电视、电脑和手机等作为主要输出终端。

服务层面：向用户提供视频、音频、语音数据服务，连线游戏、远程教育等集成信息和娱乐服务。

二、数字营销的特点

数字营销可以帮助企业直接与精心挑选的个体消费者和顾客群体联系，从而获得即时反应并建立长久的顾客关系。企业使用数字营销可以为顾客量身定制产品和内容，以更好地满足他们的兴趣和需要。通过数字营销，企业能够实现顾客互动，建立品牌社区提升销量。具体分析，数字营销有以下 6 个特点。

（一）时空的延展性

营销的最终目的是占有市场份额。数字能够超越时间约束和空间限制进行信息交换，使得营销脱离时空限制进行交易成为可能。企业有了更多时间和更大的空间进行营销，可以每周 7 天、每天 24 小时随时随地地提供全球性营销服务。

（二）形式的丰富性

新媒体被设计成可以传输多种信息的媒体，如文字、声音、图像、视频等信息，使得为达成交易的信息交换能以多种形式存在和交换。数字营销其实是内容与途径的结合，借助多元化的传播手段，营销人员可以充分发挥创造性和能动性，使营销形式更加生动。

（三）沟通的多向性

传统媒体的沟通是单向、线性的，消费者信息接收是被动的。数字媒体的传播方式是双向甚至是多向的，消费者可以根据自己的喜好进行评论和转发，消费者既是信息的接收者又是信息的传播者，体现出主动性和积极性。通过信息提供与交互式沟通，企业可以与消费者建立长期的良好关系。

思考与讨论

数字传播有显性和隐性之分，尤其是消费者的反馈。产品评论、赋分、参与满意度调查等属于显性反馈，思考企业还可以从消费者的哪些行为数据中获得隐性反馈。

（四）信息的个性化

在这个崇尚体验、参与和个性化的时代，数字营销可以针对不同群体采取不同的传播媒介。消费者可以根据自己的喜好选择性地浏览和接收信息，满足个性化需求。微博、微信、短视频平台等新的传播方式使得每一个人成为信息的发布者，个性化地表达自己的观点，传播自己关注的信息。数字营销具有个性化、消费者主导、非强迫性、低成本与人性化的特点。

（五）信息接收移动化

互联网和移动互联网使用者数量快速成长并遍及全球，年轻人、中产阶级、具有较高教育水平是互联网尤其是移动互联网使用者的重要标签，市场影响力和市场潜力巨大。据估计，我国网民规模已经超过总人口的60%，网民手机上网比例在高基数基础上持续攀升。用手机上网、听歌、看电视、打车、付费等已经非常普遍，移动化成为数字传播媒介的主要特点。

（六）传播方式融合化

媒体融合是信息传输通道多元化下的新作业模式，是把报纸、电视台、电台等传统媒体与互联网、手机、手持智能终端等新兴媒体传播通道有效结合起来，资源共享，集中处理衍生出的不同形式信息产品，然后通过不同的平台传播给受众。一方面，数字营销可以整合信息发布、查询、收款、售后服务，是一种全方位的营销渠道；另一方面，企业可以借助数字传播渠道将不同的营销活动进行统一设计规划和协调实施，以统一的传播资讯向消费者传达信息，避免不同传播不一致产生的消极影响。

三、数字营销与直营

直销一直是酒店行业非常重要的销售渠道和媒介。在模块三中，我们已经把直销作为一种直接渠道（不包含中间商的营销渠道）和促销组合影响因素进行过探讨。事实上，由于数字媒体和数字营销的发展，直销包含的范围已经超过了这两个方面，正逐渐演变成为一种新型的商业模式，数字化直销支出在销售额中正占据越来越大的份额。随着消费者在平板电脑和手机上花费的时间越来越多，移动广告支出也在激增。

对于买方来说，数字化直销更加方便、简单和私密，可以随时随地接触到几乎无限丰富的产品和购买信息，还可以通过手机、卖方网站或者 App 等与卖家互动，提出他们想要的信息、产品或者服务的确切配置，然后再下订购。另外，对于有购买意向的消费者来说，数字营销通过在线、移动和社交媒体，提供了一种品牌参与及社区的感受和意义，成为一个与品牌其他“粉丝”分享品牌信息和经历的场所。

对于卖方来说，数字化为直销提供了一种低成本、高效、迅速接触市场的选择。如今的直销人员能够直接针对小群体甚至是个体顾客进行营销，通过手机和网络与顾客直接互动，更好地了解他们的需求，并根据特定顾客的口味定制个性化产品。反过来，顾客也可以向卖方询问问题并主动提供反馈。直销和数字营销还为卖方提供了更多的灵活性，使营销人员能够对价格和方案进行即时调整，或者实现直接、即时、个性化的宣传和供给。尤其在当今的数字环境下，直销为实时营销提供了机会，将品牌与顾客生活中的重要时刻和热门事件联系起来。直销成为使顾客参与整个购买过程以及建立顾客参与、社区和关系的有力工具。

任务二 制定数字营销策略

一、数字营销策略

线上消费市场和消费行为与线下相比，有共通性也有许多独特性。更具个性化、实现团购更方便、消费群体更年轻、信息传播更迅速等，使一些营销策略更适应于数字媒体领域。常用的数字营销策略大致包括以下八种：病毒营销、事件营销、口碑营销、饥饿营销、知识营销、互动营销、情感营销和会员营销。

病毒营销的六个基本要素

（一）病毒营销

病毒营销是利用公众的积极性和人际网络，让营销信息像病毒一样传播和扩散的营销方式。此时，营销信息被快速复制传向数以万计、数以百万计的受众，它能够像病毒一样深入人脑，快速复制，广泛传播。病毒营销是一种现象级的营销，常用于品牌推广，易于在微信、抖音等社交媒体上实现。

（二）事件营销

事件营销是通过策划、组织和利用具有新闻价值、社会影响以及名人效应的人物或事件，吸引媒体、社会团体和消费者的兴趣与关注，以求提高企业或产品的知名度、美誉度，树立良好品牌形象，并最终促成产品或服务的销售的手段和方式。酒店餐饮或其他产品与特定行业领袖人物的合作就属于事件营销。

（三）口碑营销

传统的口碑营销是指通过相识消费者的相互交流将产品信息或者品牌传播开来的营销方式，这种传播在产品或服务品质和信息可靠性方面有其优势。在今天这个信息爆炸、媒体泛滥的时代，消费者对广告，甚至新闻，都具有了极强的免疫力，但入住酒店消费者的口碑评价却依然能吸引潜在消费者的关注，一些消费领袖（如网红或网红直播、大V等）的评价，则兼具了口碑营销和广告的效果。在口碑营销中，产品是基石，营销是手段，口碑是目标。

（四）饥饿营销

饥饿营销是商家采取大量广告促销宣传，勾起顾客购买欲，然后采取有限供给模式，让消费者苦苦等待提高购买欲，最终有利于产品提价销售或为未来大量销售奠定顾客基础的营销方式。饥饿营销也有利于提高产品附加价值，树立高价值品牌的形象。在市场竞争不充分、消费者心态不够成熟、产品综合竞争力和不可替代性较强的情况下，饥饿营销才能较好地发挥作用，否则可能得不偿失。

（五）知识营销

知识营销是通过有效的知识传播方法和途径，将企业所拥有的对用户有价值的知识（产品知识、专业研究成果、经营理念、管理思想以及优秀的企业文化等）传递给潜在用户，并逐渐形成对企业品牌和产品的认知，将潜在用户最终转化为现实用户进行的各种营销行为。知识营销让用户在消费的同时学到新知识，因此需要提高营销活动策划中的知识含量，并通过对相关产品知识的延伸、宣传、介绍，让顾客知晓产品或服务的特点及优势，帮助顾客全面认识产品，促进顾客购买，从而达到销售产品、树立品牌、开拓市场的目的。

（六）互动营销

在互动营销中，互动的一方是消费者，另一方是企业。只有抓住共同利益点，找到巧妙的沟通时机和方法，才能将双方紧密地结合起来。互动营销尤其强调企业和消费者双方采取的共同行为。互动营销可以给酒店带来四大好处：促进顾客重复购买、有效支撑关联销售、建立长期顾客忠诚、实现顾客利益的最大化。互动营销是酒店大宗销售中的关键营销策略，在数字化时代，这种互动更显全方面和多元化。

（七）情感营销

情感营销就是把消费者个人情感差异和需求作为企业品牌营销战略的情感营销核心，通过借助情感包装、情感促销、情感广告、情感口碑、情感设计、企业文化等策略来实现企业营销目标的营销活动。在情感消费时代，消费者购买商品所看重的已不是商品数量的多少、质量的好坏以及价格的高低，而更多的是为了一种感情上的满足、一种心理上的认同。近年来，许多产品打着“青春、梦想、逆袭”等口号，实际上是利用情感营销的方式来获得消费者的共鸣。

（八）会员营销

会员营销是一种基于会员管理的营销方法，企业通过将普通客人变为会员，分析会员消费信息，挖掘客人的后续消费力以汲取终身消费价值，并通过会员转介绍等方式，将一个会员用户的价值实现最大化。会员营销通过会员积分、等级制度等多种管理办法，增加用户的黏性和活跃度，用户生命周期持续延伸。会员营销是一种精准营销，也是一种绑定消费者的手段，在酒店行业的数字营销里运用非常广泛。

思考与讨论

思考并讨论线上与线下酒店消费市场和消费者行为特征的差异。

二、数字营销原则

在数字媒体时代，信息传播是“集市式”、互动式流动的，声音多元、嘈杂、互不相同。数字媒体带来了各种“自媒体”的爆炸性增长，借助论坛、博客、短视频平台等，每个草根消费者都有了自己的“嘴巴”和“耳朵”。营销人更需要用“创意”包装品牌信息，实现更有效传播。这些创意应该遵守以下原则。

（一）趣味原则

数字媒体对消费者而言，本质上具有娱乐属性，是时间碎片化后的重要休闲方式。在数字媒体中进行市场营销，广告、营销活动等也必须是娱乐化、趣味性的。在数字媒体中传播营销信息，把信息整合到带有趣味性的文字、声音和图像之中，更能引起消费者的关注。

（二）利益原则

数字媒体是一个信息与服务的平台，在此平台上开展营销活动同样要考虑目标受众的利益。但在数字媒体营销活动中，企业提供给消费者“利益”的外延更加广泛，物质利益是其中非常重要的部分，另外还可能包括信息、资讯、功能或服务、心理满足或荣誉等其他利益，营销中要注意综合利用。

（三）互动原则

数字媒体区别于传统媒体的一个重要特征就是互动性，数字营销活动中要充分利用这种互动功能与消费者进行有效沟通和交流。消费者亲自参与互动与创造的营销过程，会对品牌留下更深的印象，也可以为营销带来独特的竞争优势。未来的品牌将是半成品，一半由企业生产，一半由消费者体验、参与来确定。当然，营销人员找到能够引导和主导两者之间互动的方法很重要。

（四）个性原则

个性化的营销，容易让消费者产生“焦点关注”的满足感，个性化营销更能投消费者所好，更容易引发互动与购买行为。在传统营销环境中，“个性化营销”成本非常高，所以难以推广，但在数字媒体中，数字流的特征让这一切变得简单、便宜，细分出一小类人，甚至一个人，做到一对一营销成为可能而且便捷。

任务三　选择数字营销的内容和形式

一、选择正确的营销内容

在数字世界中，流动的信息是以文字、图像或像素指代的内容。数字营销因此毫无疑问首先是内容营销。内容营销是创建及传递内容以吸引明确的或潜在的目标受众的市场营销过程，目的是促使顾客做出能为企业带来利润的行动。用于内容营销的内容是载体，必须一定程度上有助于酒店直接吸引或留住顾客 。

（一）内容营销的六大原则

1. 满足顾客需要

内容营销的内容应能够对顾客的需求作出回应，解答顾客的问题。除了酒店能提供的产品和服务之外，它还需要对顾客有某种用途。

2. 保持连贯性

成功的内容最醒目的标志就是连贯性，就是持续将信息准时传递给消费者。无论酒店企业在内容营销中如何承诺，酒店只有保持内容传递的持续性才有可能成功。

3. 具有人情味

非新闻实体的好处是不受自身的羁绊，探索内容和观点，然后进行分享。如果酒店企业所有的故事都是幽默的，请分享；如果有点刻薄，也没关系。

4. 拥有主见

内容营销的内容不是用于百科全书，也不是用于历史报告。所以，有关酒店企业的内容，酒店本身就是专家，需要大胆地表明立场。

5. 避免“直谈销售”

内容营销中的内容，如果只关注企业或销售而没有教育或公益或娱乐特征，那内容浏览量和分享量就不可能突破。内容谈论酒店企业或销售越多，关注或重视的人就会越少。

6. 创精品内容

虽然在最开始可能无法实现生产精品内容的目的，但内容营销必须以此为最终目标。这就意味着，鉴于企业的内容定位，企业现在发布的内容都是切实可用的精品中的精品。如果希望顾客在内容上花费时间，那么内容营销传递给顾客的价值必须是叹为观止的。

（二）优质内容产品的特征

编制一套内容营销的组织流程与常规营销类似，但更像报纸、音像出版商的运行流程。首先是要明确任务目标，然后界定受众、了解受众的购买方式，接着是明确内容定位、确定内容营销宗旨，最后才进入内容创作和编辑。优质的内容产品具有实时发布、实事求是、生动形象、优质高效和过程可控的特征。

1. 实时发布的内容

实时发布指的是利用当前形势以及新闻故事，实时通过文字、图片、视频等发布与场景、状况相贴合的信息。有些突发状况会在数字媒体中迅速扩散，主流媒体也可能跟进刊登。依托流行文化背景和行业新闻而创建的内容才具有竞争优势。

2. 实事求是的内容

不管作者的观点如何，内容营销的内容必须根据事实创建，引用可信的统计数据和信息也显得空前重要。即使发布的内容仅有一条有错误之处，数字媒体尤其是社交网络对企业品牌也不会手下留情。确认发布信息完全正确无误是内容营销可持续的基石，酒店企业应该合理设计信息发布流程，避免发生内容出错。

3. 生动形象的内容

有研究显示，经过大脑传输的信息，90%本质上都很生动，图文并茂，而且这种内容处理速度要比书面文字快 60 000 倍。所以，即使是文本内容，可视化的设计也至关重要，内容营销中创建的每条内容都应给予考虑。

4. 优质高效的内容

优质高效的内容取决于市场策略、每日内容、内容校对和核查、标题审核，编辑标签以优化搜索等。只有不断改善内容发布流程，在关键领域引进专业人才，内容营销才能更有效率。

5. 过程可控的内容

内容管理就是设计一个特定主题，挖掘、组织和分享品质最好、相关度最高的内容，而非简单地自身创建所需的内容。主题可以是技艺分享、幽默搞怪、时尚潮流、社会热点、街头采访、公益教育、广告创意、商业定制等，即使是最精明的媒体也可借他人的内容创作自己的故事。发掘酒店或酒店行业最好内容外，酒店营销人员还要积极地影响顾客、吸引顾客，竭尽所能地融入顾客的生活以及参与他们的交流。

学思之窗

“实事求是、群众路线、独立自主”是贯穿于毛泽东思想各个组成部分的最基本的立场、观点和方法，是毛泽东思想的活的灵魂，指导中国革命走向一个又一个胜利。深刻理解这三个方面的历史内涵，讨论其对酒店内容营销的指导意义。

二、筛选合适的数字营销渠道

数字营销渠道主要是指数字营销平台，是用户获取信息的来源。数字营销并不是单一地通过某一种渠道进行营销，而是需要利用多种渠道整合营销。数字媒体的直接营销渠道主要有以下几种。

1. 酒店官网

酒店官网可以实现酒店品牌展示、信息发布、产品服务、客户服务、客户关系、资源合作、线上调研和线上销售等内容，是企业重要的营销工具之一，是综合性互联网和移动互联网营销工具。酒店官网在营销信息源的构建、网络品牌建设等方面有其他营销渠道无法替代的作用。

2. 微信

微信包括朋友圈信息发布，也包括订阅号、服务号和小程序，针对已关注的粉丝形成一对多的推送。推送的形式多样，包括文字、语音、图片、视频等，并且基于微信本身庞大的用户基础，传播效果突出。

3. 微博

微博比微信更为开放，企业可以更新微博内容向特定对象传播企业信息、品牌信息和产品信息，并可以和粉丝交流互动，或者发布他们感兴趣的话题，互动更加直接，推送不受数量和时间限制。新浪微博和腾讯微博是头部平台。

4. 论坛社区平台

论坛社区平台包括天涯、豆瓣、猫扑等社区，这些网站有其对应的用户群体，网站内部有多种玩法，例如豆瓣有日记、豆列、小组等，也具有良好的传播效果。

5. 问答平台

以这几年发展红火的知乎、百度知道等平台为主，这些平台重视内容本身，在站外搜索引擎上的权重较高，常形成用户分享信息的发源地。

6. 视频网站

以哔哩哔哩、腾讯视频等视频网站为代表，品牌可以直达用户，更好地与传播内容相融合，并且可以通过弹幕等方式及时获取用户反馈。

7. 短视频平台

以抖音、小红书、快手等为代表，短视频符合受众的大脑接受和移动端使用习惯。在视频移动化、资讯视频化和视频社交化的趋势带动下，短视频成为新的品牌风口。

8. 直播平台

淘宝、快手、抖音、微信等开设有直接平台，成为电商直播平台中的佼佼者。直播业务的两大阵营也逐渐成形。一类是以达人/KOL（关键意见领袖）为主导的综合型直播平台，如快手、抖音、陌陌上的 KOL 主播，粉丝对他们有足够的信任，愿意为其买单；另一类则是以商家自播驱动的纯购物直播平台，以淘宝、爱逛为代表，这类渠道中，商家是直播的主角，粉丝买单主要是基于对品牌的信任或对产品的真正需求。

各类网络平台竞争十分激烈，发展也很不平衡。除以上平台外，酒店还可以选择一些自媒体平台如今日头条、大鱼号等运营酒店的自媒体账号，扩大营销范围、强化营销效果。

酒店企业数字化投入更务实

思考与讨论

数字媒体和自媒体之间有什么异同？

三、采取多元化的数字营销形式

数字营销其实是内容和渠道的结合，数字媒体营销的形式是数字营销内容在各渠道呈现的方式。内容呈现的方式主要有文字、图片、H5动态页面、音频、视频、直播等，可以在不同数字传媒中分别或同时使用。

文字是最常见的内容呈现形式。图片直观且具有视觉冲击力，容易让读者瞬间记住图片所要宣传的产品或思想，更易被转载或转发，从而形成刷屏的效果。H5动态页面可以利用各种创意设计进行营销，可以是单面海报式，也可以是连环画式，图文并茂，还可以有简单动态效果，形式和内容更丰富多样。音频形式的营销解放了眼睛，可以实现伴随式营销，应用场景更多元。视频包括电视广告、网络视频、宣传片、微电影等形式，可以是单片式也可以是系列式，时长5分钟以下的短视频制作可精可简，是时下最受年轻人喜爱的传播形式。直播是指在现场随着事件的发生、发展进程同时制作和播出节目，这种营销活动以直播平台为载体，达到企业获得品牌的提升或是销量的增长的目的。直播伴随网红经济的发展而得以快速发展。

项目小结

数字营销也称为新媒体营销，具有时空的延展性、形式的丰富性、沟通的多向性、信息的个性化、信息接收移动化、传播方式融合化等特点，为酒店直销打开了另一扇门。酒店可以通过病毒营销、事件营销、口碑营销、饥饿营销、知识营销、互动营销、情感营销、会员营销拓展并稳定线上市场。基于直销的酒店数字营销的创意要坚持趣味、利益、互动和个性原则，为用户提供实时发布、实事求是、生动形象、优质高效的内容。为了提高营销的效率，酒店内容营销的过程必须是可控的，并且选择最合适的内容传播的渠道和形式。

实训练习

一、名词解释

数字营销　数字媒体　病毒营销　事件营销　口碑营销　饥饿营销
知识营销　互动营销　情感营销　会员营销　数字营销渠道

二、单项选择题

1. 数字营销以（　　）方式与消费者进行沟通，从而实现销售提升。
A. 及时　B. 定制化　C. 节省成本　D. 以上都是

2. 有助于营销人员可以充分发挥创造性和能动性的数字营销特点是（　　）。
A. 时空的延展性　B. 形式的丰富性　C. 沟通的多向性　D. 信息的个性化

3. 数字传播媒介的主要特点是（　　）。
A. 移动性　B. 个性化　C. 人性化　D. 低成本

4. 利用公众的积极性和人际网络，让营销信息像病毒一样传播和扩散的营销方式是（　　）。
A. 病毒营销　B. 事件营销　C. 口碑营销　D. 互动营销

5. 利用与知名人物合作进行媒体宣传属于（　　）。

A. 情感营销　B. 口碑营销　C. 事件营销　D. 互动营销

6. 口碑营销的基础是（　　）。

A. 宣传广告　B. 产品和服务　C. 网红或大 V　D. 知名度和美誉度

7. 酒店在营销过程中除提供给消费者优惠的价格外，让消费者获得信息、资讯、功能或服务、心理满足或荣誉等，这是酒店营销中遵守了（　　）。

A. 趣味原则　B. 利益原则　C. 互动原则　D. 个性原则

8. 内容发布的实时性体现了内容营销的（　　）原则。

A. 满足顾客需要　B. 具有人情味　C. 保持连贯性　D. 创精品内容

9. 在营销信息源的构建、网络品牌建设等方面有其他营销渠道无法替代作用的数字营销渠道是（　　）。

A. 官网　B. 微信　C. 短视频平台　D. 直播平台

10. 数字营销其实是内容和（　　）的结合。

A. 形式　B. 传播　C. 网络　D. 渠道

三、多项选择题

1. 数字营销出现的必备条件有（　　）。

A. 数字化　B. 多媒体　C. 网络　D. 手机

2. 数字媒体可以传播（　　）等形式的信息。

A. 文字　B. 图片　C. 音频　D. 视频

3. 可以整合进数字营销中的服务包括（　　）。

A. 信息发布　B. 信息查询　C. 收款　D. 售后服务

4. 饥饿营销在（　　）情况下能较好地发挥营销作用。

A. 市场竞争充分　B. 市场竞争不充分

C. 消费者心态不够成熟　D. 产品综合竞争力和不可替代性较强

5. 互动营销可以给酒店带来的好处有（　　）。

A. 促进顾客重复购买　B. 有效支撑关联销售

C. 建立长期顾客忠诚　D. 实现顾客利益的最大化

6. 数字营销要想取得良好绩效应遵守（　　）原则。

A. 趣味　B. 利益　C. 互动　D. 个性

7. 酒店可采用的数字营销策略有（　　）。

A. 口碑营销　B. 情感营销　C. 知识营销　D. 会员营销

8. 实事求是的内容强调了（　　）。

A. 内容有事实依据　B. 引用了可靠的数据和信息

C. 内容的实时发展　D. 内容形象生动

9. 数字营销内容呈现的方式有（　　）。

A. 文字　B. 图片　C. 视频　D. 直播

四、判断题

1. 数字营销不只是大众营销在传播渠道上的变化，而是带来了更多的可能性。（　　）

2. 数字媒体主要传播视频信息。（　　）
3. 数字媒体的沟通是线性的。（　　）
4. 融媒体是信息传输通道多元化下的新作业模式。（　　）
5. 数字媒体和数字营销的发展，正逐渐使直销演变成为一种新型的商业模式。（　　）
6. 会员营销不是精准营销。（　　）
7. 数字媒体对消费者而言本质上具有娱乐属性。（　　）
8. 数字营销的内容应该以营销为主导。（　　）
9. 内容的目标是用某种方式“打动”顾客。（　　）
10. 目前数字营销最常见的方式是短视频。（　　）

五、简答题

1. 简述数字营销的特点。
2. 酒店可采用哪些数字营销策略?
3. 什么是数字营销需要坚持的基本原则?
4. 优质内容产品有什么特征?
5. 现有数字营销渠道有哪些?

六、分析与实践

1. 你有通过酒店 App 或酒店官网订购酒店的经历吗？与 OTA 预订相比，有什么差别?
2. 比较两家酒店的会员政策，分析哪些政策可以增加会员的黏性和活跃度。
3. 分享酒店的小视频，讨论其主题和表现手法的优劣。

项目二 网络和移动营销策划

知识目标

- 了解官网营销系统构成
- 熟悉酒店会员营销管理基本方法
- 掌握酒店 App 推广和营销技巧
- 理解在线广告的优缺点、形式和计价方法

技能目标

- 能够熟练运用酒店 App 进行会员营销

素养目标

- 遵守公平交易原则，杜绝“大数据杀熟”行为

数字技术的使用和影响力持续稳定增长，网上购物、数字购物快速发展，消费者越来越善于将网上购物和店内消费融合在一起，数字直销渠道在消费者购买产品和服务时占据的比例正在扩大。全渠道销售是酒店尤其连锁酒店销售取得成功所必需的。网络营销指的是企业通过网络使用企业网站、在线广告和促销、电子邮件营销、在线视频、博客等进行的营销。移动营销和社交媒体营销同样发生在网络上。通过第三方渠道开展的网络营销已经在本书模块三项目三中进行讨论，本项目主要探讨网络直销。移动营销是消费者通过移动设备向移动中的消费者发送营销信息、促销信息和其他内容进行的营销。通过移动营销，营销人员在整个购买和关系建立过程中能随时随地与消费者互动。移动设备的广泛使用以及移动流量的兴起使移动营销成为大多数酒店品牌不可忽视的选择。

任务一 建立酒店官网

一、官网营销体系构成

数字营销的消费者相对于传统营销渠道的消费者而言具有较强的主动性，因此必须

在顾客上网搜寻信息或选购产品之前建立品质和品牌形象，这样才有可能让顾客去酒店网站或者酒店手机 App 上下单采购。由于酒店网上销售后必须到店消费，因此酒店官网营销系统要有酒店信息系统的配合，确保线上线下服务的有机协调。

（一）酒店官网

酒店实施网络营销的第一步是建立自己的网站，用于品牌展示和与顾客互动，使他们更容易产生直接购买或产生其他营销效果。网站要提供顾客所需的所有信息和工具以促进销售，并努力让顾客成为酒店会员从而进入一段长期关系。网站还要尽可能为顾客提供高度定制化的产品和服务，帮助顾客作出购买决策并能自由地查询自己以前的消费记录。酒店还应利用网络方便的通信条件，广泛开展产品使用跟踪服务，及时解决顾客的各种问题，这是提高网络站点访问率的一项重要措施。

网站建设应以在互联网上创建一个宣传“窗口”，重点突出酒店的特色和优势，实现顾客和酒店互动为主要目的，因此网页设计要强调个性和实用性。在网络订房初见成效、有一定规模和效益后，酒店还要对网站进行后期维护及推广并进行持续投资。一方面，网站要让顾客事先了解自己所订酒店的位置、价格与类型等，通过图片、视频等展示客房、餐厅等信息，让顾客在入住前就能充分体验酒店的有关产品与服务；另一方面，酒店可以从网上信息平台获取更多顾客的兴趣与偏好，针对顾客的个性需求和自身能力重新整合酒店产品，全面提升酒店服务和酒店管理，让顾客获得最大程度的满足。

（二）酒店 App

随着智能手机、平板电脑的不断发展，消费者成为移动应用程序的热衷使用者。移动应用程序正在全球范围内呈现爆发式增长，大多数人热爱他们的手机并且严重依赖手机。手机已经迅速成为人们首选“屏幕”，离开家之后，手机就成为人们的唯一“屏幕”。对于消费者来说，一部智能手机或平板电脑可以成为方便的购物伴侣。它可以提供实时的产品信息、价格、产品比较、建议和其他消费者评论，并能够获得电子优惠券、实现即时交易等。移动设备上的酒店应用程序为更深入地与消费者互动提供了一个没有时空限制的平台。

酒店 App 功能开发

酒店手机 App 为酒店拓展会员规模、开展会员营销提供了前所未有的便捷条件，为酒店降低对 OTA 的过度依赖提供了可能，并可以通过对客户资源的管理提高营销和竞争能力。目前大多数连锁发展的酒店集团都已经开发出酒店 App，将互联网上的网站简化优化后实现在移动网络上的宣传和销售。酒店 App 是酒店在移动端的官网。

（三）酒店信息管理系统及内部管理改革

酒店要选用先进的计算机信息管理系统，使营销部与前台部门及后台需要的部门之间联网，共享信息。营销部则要设立营销信息系统管理岗位，负责利用酒店互联网站点向外界宣传、接受网上预订，保证酒店内外信息的及时收集和传输。酒店各部门可以设计各种以顾客为中心的线上营销活动，这些活动从设计到实施的过程中，除了营销部和对客服务部门参与外，其他任何部门都应该积极配合，有时还要改革相应的业务操作流程，以适应以顾客为中心的线上线下融合的新的服务要求。营销部还要广泛收集市场信息，有计划地、定期地、有针对性地进行市场调研，收集酒店市场需求动向及客源动态信息，了解竞争对手的经营状况、促销活动及价格情况等，为正确决策提供充分、有效的数据资料，确保指挥正确。

二、会员体系构建和会员营销管理

会员营销在酒店行业并不新鲜，但网络尤其是移动互联网应用让酒店极大地提高了会员营销在信息传递和会员黏性方面努力的效率。酒店官网的营销应该以会员营销为核心。会员营销就是通过构建会员体系、制定权益及定价策略，持续为会员提供全新的产品体验和服务，从而提升会员的消费力、增强会员黏性的一种营销策略。

（一）会员体系构建

酒店产品包括住宿、餐饮、康乐产品都可以开展会员营销，各类会员之间也可以打通共享。会员体系优劣评价指标包括：（1）会员规模。核心会员在三位数以上是开展会员营销的第一个门槛。规模的大小又决定了能划分的层级数，基数越大越利于分层。比如有酒店将会员就分为 4 层，即黑金、钻石、白金、黄金等。（2）复购率。高频的产品天然具有活性，比如酒店餐饮产品的活性天然优于住宿产品。需求周期越短越利于维护，需求频率也决定了酒店会员的活跃度，只有活跃的会员才更有价值。（3）可扩展性。这一指标是指围绕会员可以挖掘的价值的多样性。酒店值得投入更多成本去维护高净值顾客。

上面三个维度是会员体系评价需要考虑的，会员体系搭建还需要建立一个有效的会员通路。一是要建立固定的触达渠道。酒店一般将普通会员纳新的主渠道设定在前台，在客人入住的时候引导客人下载酒店 App，进行注册成为酒店的会员，将酒店与客人强关联起来；辅助渠道可以利用外部渠道，包括公众号、网络广告渠道，外部渠道要考虑运营成本，注意投入产出比。二是要建立跟踪系统，跟踪、记录会员客人的每一次消费，也包括各辅助获客渠道进行的消费，要将相关信息都融入会员体系中。

（二）会员营销管理

会员营销的根本目的是促进销售和宣传品牌。会员体系构建起来以后，就要对会员进行引入、维护和转换，拉新、促活、增加黏性、进行品牌宣传等都是会员营销的基本工作。

拉新是会员营销需要持续努力去做的。会员引入的方式多种多样，可以通过消费、充值、购买等获得会员身份，也可能通过邀请或直接申请成为会员。但要注意的是，过低的门槛会增加后续促活和增强黏性的难度；相对而言，高标准门槛纳入的会员，都是精准客户。酒店一般会在纳新时就设定不同入会门槛，给予会员不同权益，确定相应的会员等级。

会员维护指的是通过各种努力促进会员对酒店产品采购的同时保持会员对酒店品牌

和会员身份的认同。促活的方式包括激活、签到赚积分等。消费后的等级进阶（升降）、积分累积、积分商城权益兑换、会员待遇等都可以从心理、行为和权益等方面增强会员的品牌黏性。会员维护也包括对会员档案的管理、会员消费行为的跟踪。促销的所有方案都可以上线针对会员进行营销。

会员转换是会员维护的特别部分，主要是指会员身份的变化，酒店要有相应的机制方便会员实现这种变更。比如会员到期或资格消失时，要建立会员挽回机制，提醒续费或有条件延期等。另外，如果允许会员身份转让，那实现转让后，对酒店而言就是纳入一个新会员，相应地对新会员的营销机制就要启动。另外一种是会员身份的变化，从餐饮会员转向康乐会员或者转向其他类型会员等，酒店也要有相应的机制适时加强营销。

思考与讨论

携程网的会员与酒店 App 会员对酒店而言有什么差别？

任务二 运营酒店 App

App 是英文 Application 的简称，指智能手机的第三方应用程序，也被称为移动应用或手机客户端应用。随着我国移动互联网市场规模的不断突破，App 应用生态日趋完善，App 的营销价值日益突显。以吸引和方便客人购买为目的的酒店 App 也成为酒店企业尤其是酒店连锁集团越来越重要的直营渠道。

一、酒店 App 的营销价值

酒店 App 的营销价值来自六个方面。一是移动数据。无论是手机品牌数据、App 安装数据还是 App 使用数据，都能够让酒店企业更精准地定位目标顾客，并进一步了解他们的喜好和需求。二是 LBS（基于位置的服务）。LBS 是移动营销最关键的功能，借助 App，酒店能够获取用户的位置数据，并基于该数据向用户推送更具有针对性的营销信息。三是实时推送，可以帮助酒店实现适时营销。四是移动互动，意味着酒店拥有了与消费者开展线上线下互动的无限可能。五是移动电商，让用户可以随时随地进行采购。六是客服系统。利用移动 App，酒店各类营销工具如会员卡、代金券、折扣券等都可以实现电子化，不仅简化客服流程，还能及时与顾客交流，获取用户的反馈。

酒店几乎可以将一切营销所需的工具融入 App 各项功能，借助这些功能，酒店就能够全面地展示相关营销信息。优质的内容和灵活多样的互动能够更好地吸引并留住客人，App 用户的高转化率和强黏性也易于酒店品牌的打造。另外，当用户安装了酒店 App，他就已经成为酒店 App 用户和一个潜在的酒店客人，因此保证 App 的良好体验和酒店产品的良好体验同样重要。

思考与讨论

用手机上网查询，看看能检索出哪些酒店 App。注意酒店 App 的名称及酒店 App 与酒店预订 App 之间的差别。

二、酒店 App 推广

（一）增加 App 扫描率的关键点

在移动营销时代，二维码是不可或缺的工具，App 营销也同样如此。为了缩短用户安装 App 的周期，扫码下载安装无疑是最快捷的方法。然而，生成二维码很简单，增加扫描率却不简单。那么，增加扫描率的关键点在哪里呢？

1. 告诉用户扫码有优惠

想要让用户扫码，首先要让用户看到你的二维码。展示酒店二维码很方便，直接贴出去即可，但用户为什么要扫描酒店的二维码呢？因此，在让用户扫码之前，酒店需要依靠其他营销方式引起用户的兴趣，让用户想要进一步了解酒店品牌、产品或服务。在酒店前台，告诉客人扫码成为会员有入住优惠，是吸引客人扫码的关键。

2. 告诉用户 App 里有什么

当用户被酒店的营销信息所吸引时，想要进一步了解时，在告诉用户为什么的同时，也要告诉用户酒店的二维码里有什么。最直接的方法当然是“扫码送优惠”，比如扫码安装即送入住优惠券等。与此同时，你还要告诉用户扫码之后会出现什么，是微博号、微信公众号，还是 App，或是付款码。有些时候，酒店前台员工要帮助客人下载酒店 App。

3. 让用户扫得到

并不是所有的入住客人都有耐心等在前台下载酒店 App，这时 App 折页广告是个更好的选择，尤其当客人了解到 App 有优惠时。带入酒店客房的 App 折页广告下载率一直比较高。当然，将二维码印刷在户外广告上或在线上进行营销，也是很好的选择，尤其在购物节等促销活动期间。

（二）增强 App 的支付功能和发票功能

酒店 App 对消费者而言属于功能类 App，帮助消费者预订客房、餐饮点单等。与这些功能相配套，消费者希望能够实现在线支付，酒店应该根据 App 布局，让消费者可以方便地进行自主在线支付，而不是另外再设收款码或是扫描客人支付码进行支付。在线电子开票是另一项很重要的客人希望实现的功能。现在很多酒店的做法是前台开票后发送给客人，其实也可以整合进 App 中，由客人自主开票。功能类 App 完美体验的关键是让消费的 App 使用体验达到极致。

三、酒店 App 营销技巧

App 一定程度上是酒店网站在手机移动端的再现，由于手机使用上的便利性，极大地增加了酒店产品推广和营销的可能性。

（一）实施产品促销

顺应消费者的消费行为习惯的改变，酒店不仅可以把打折、买赠等促销海报上线，还可以结合手机 App，增加与消费者的互动进行互动促销。实时关注消费者的需求与喜好，可以更有效地进行促销。利用酒店 App 进行促销，有利于降低促销成本，将新品信息和促销优惠信息实时、精准地传递给有效顾客群，还可以通过更贴身、更具互动性的服务提高用户黏性，增加 App 使用频次。在 App 方便酒店管理顾客的同时，消费者也可以随时随地地管理自己的优惠券或者个人积分等信息，便捷而又安全。

（二）设计品牌活动

App 营销并非“一锤子买卖”。用户安装酒店 App 之后，某款产品或某项服务可以作为促销内容，但 App 营销的主题必须是酒店品牌。通过 App 的各项营销活动，酒店需要不断塑造和丰富酒店的品牌形象，并让用户认可酒店品牌价值。品牌主题相关活动形式多种多样，关键在于融合两个要素：一是社交化，让营销活动充满社交价值，给予用户社交分享的动力；二是本地化，营销活动不能局限于虚拟世界，应该实现“落地”。对酒店而言，酒店餐饮和康乐营销的本地化相对容易一些，转化率比较高；客房的本地化面对更大的营销范围，由于差旅的指向性，度假型酒店的吸引力会优于商务酒店。

（三）进行精准推送

精准推送是 App 营销的重要手段。很多 App 进入用户手机之后，却没有被打开过几次，直到用户清理手机内存时，才发现这款 App，并卸载。而消息推送则是“刷存在感”的有效方法。但也不能盲目推送消息“强行刷存在感”，当用户每天看到大量推送，却没有一条是他感兴趣的，那么 App 的结局就只有两个——屏蔽与卸载。因此，推送消息一定要做到精准，根据每个用户的相关数据，分析用户的使用偏好和潜在需求，推送给他们真正想要的消息。

（四）开展大数据营销

在互联网时代，尤其是移动互联网时代，大数据营销是任何营销方式的基础。在 App 营销中，酒店更应该发挥自有 App 的作用，对移动数据进行采集和分析。即使是在第三方平台上开发的 App，如微博、微信等，也要想办法尽可能获得相关数据。比如大多数 App 在用户注册时，都会要求用户输入性别和生日信息，酒店就可以据此通过送祝福、送积分、送优惠等进行精准营销。与此同时，酒店还要建立专业的数据分析团队，从庞大的数据中挖掘出真正的价值。

学思之窗

大数据的应用和技术是在互联网快速发展中诞生的。数据安全、个人信息保护是大数据应用的前提和底线，但酒店行业也出现过会员数据泄露的情况。利用大数据营销时，也曾有打车软件、旅游软件出现过或疑似出现过“大数据杀熟”的情况。探讨“大数据杀熟”侵犯了消费者哪些权益及可能给酒店造成的影响。

（五）加强定位营销

与 PC 互联网营销相比，移动营销最关键的区别在于利用酒店的 App 可以对用户进行 LBS 定位。所谓 LBS 定位营销，就是基于用户位置，为用户提供相关的服务。在各类促销活动中，酒店可以融入 LBS 定位元素，在 App 中开发类似“足迹”的功能，让用户通过位置签到，来获得一定的奖励，从而增强 App 的用户黏性，也可以基于地理位置的信息进行精准信息推送，为用户提供本地化的活动体验。酒店企业仅需要位置和时间两个数据，就可以进行精准的目标客户定位，然后通过信息推送提高营销绩效。

任务三　策划在线广告

随着消费者在互联网上的时间越来越多，许多企业正在把越来越多的营销预算投向在线广告，以促进品牌销量或者把访问者吸引到自己的网站、移动端和社交媒体网站。

一、在线广告的优缺点

在线广告的优点包括：一是交互性强，实现广告信息发送者与接受者之间的即时、双向沟通；二是瞬时传播，广告的传递不受地域、时空限制，其传播速度有时是非常惊人的；三是针对性强，大数据可以帮助酒店企业分析市场与受众的需求以及相应的平台特征，提供有针对性的营销内容；四是成本相对较低，与传统广告相比，在线广告制作费用少、制作周期短，而且广告内容修改方便，是一种实时、灵活、低成本的广告形式；五是可控性好，酒店可以实时监测广告的浏览量、点击率、目标受众接触广告信息的时间和地区分布等，便于酒店评估广告效果；六是形式多样，在线广告通过图、文、声、像传递出酒店产品丰富的多感官信息，加上方便的互联网订购、交易和结算方式，极大地增强了在线广告的实效。

在线广告的缺点包括：一是受网络覆盖率和用户自主意识较强等影响，网络广告的到达率可能没有预期的那么高；二是信息技术更新和广告投放渠道更迭过快，推高了网络广告的投放成本；三是网络广告监管困难，存在收费标准不一、访问量造假等现象，导致网络广告发展的无序和混乱状态；四是在线广告创意受限，比如 Web 页面上的旗帜广告效果虽然很好，但是创意空间却非常小，其常用的最大尺寸约 15 厘米宽、2 厘米高，要在如此小的空间里创作出有足够吸引力、感染力的广告，对广告策划者来说是一个巨大的挑战。

思考与讨论

在互联网时代，消费趋势呈现出“体验化”“场景化”的特征，消费者选择某一品牌，喜欢的不是产品本身，而是产品所处的场景，以及场景中自己浸润的情感。酒店不只是客房，它可能是咖啡馆、艺术画廊、party 空间、SPA 馆，或者是意想不到的惊喜。讨论哪些可能是“00 后”“10 后”喜欢的消费场景，让酒店可以跨越产品的功能性来在线推广酒店。

二、在线广告的形式

在线广告和传统媒体广告相比最大的区别在于它具有链接功能，用户可通过点击链接进入相关的网页获取更多的信息，可以说是传统平面媒体广告在网络中的延伸。常见的广告形式有以下五种。

（一）旗帜广告

旗帜广告分为横幅广告和竖式广告两种。横幅广告一般出现在网站主页的顶部和底部，竖式广告一般设在网站主页的两侧。旗帜广告可以分为静态、动态和交互式三种，最常见的尺寸是 468mm×60mm 和 468mm×80mm，目前还有 728mm×90mm 的大尺寸，格式以 swf 文件最常见。

（二）按钮广告

按钮广告也称图标广告，通常被广告主用来宣传其商标或品牌等特定标志。按钮广告有 125mm×125mm、120mm×90mm、120mm×60mm、88mm×31mm 四种尺寸。按钮广告是一种小面积的广告形式，可以通过减小面积来降低企业购买成本，但偏小的尺寸使得广告表现手法较简单，多用于提示性广告，常见的有 jpg、gif、swf 三种格式。除普通按钮外，还有悬浮按钮和漂移按钮，这些按钮大都具备鼠标响应功能，当鼠标移动至或点击该图标广告时即可以打开所链接的网页信息。

（三）弹出式广告

弹出式广告是一种在网页上弹出具有独立广告内容的窗口。弹出式广告一般出现在浏览器最前方的窗口，不论用户想看还是不想看，都必须手动打开或关闭。由于人们天生对移动的物体更感兴趣，因此弹出式广告能有效吸引用户的眼球。很多调查数据显示，网民对弹出式广告这种霸道的形式日益感到厌烦，现在国内的很多网站也会限制弹出式广告的数量。另一种改良方式是插播式广告，在一个网站的两个网页切换的过程中插入网页广告。

（四）文本链接广告

文本链接广告是指以文字链接的广告，即将网页中的相关文章设置为链接的广告形式，或者在热门站点的 Web 页上放置可以直接访问的其他站点的链接，通过热门站点的访问，吸引一部分网民点击链接的站点。文本链接广告既能达到软性宣传的目的，又对浏览者干扰最少、广告成本低，是最有效果的网络广告形式。但通过文字来传达信息，信息量比较有限，很难有好的创意。

（五）搜索引擎广告

搜索引擎广告是指企业根据自己的产品或服务的内容、特点等，确定相关的关键词，撰写广告内容并自主定价投放的广告。当用户搜索到其投放的关键词时，相应的广告就会展示，如果关键词有多个用户购买，则根据竞价排名原则展示，只有用户点击才会收费、不点击不收费。

三、在线广告计价方法

（一）影响在线广告价格的因素

1. 印象和网页浏览率

印象指含有在线广告的页面被浏览的次数，一次就是一个印象。网页被浏览的次数越多，在人们视觉中留下的印象越深。在一定时间内统计出来的浏览次数称为网页浏览率。但印象只是可能给浏览者留下一个视觉印象，并没有形成点击广告的行为，甚至有的浏览者为了提高浏览速度而将浏览图形的功能关闭，那么广告可能连视觉印象都没有留下。

2. 点击次数与点击率

点击次数是指在线广告被访问者点击浏览的次数。点击率是某一个在线广告被点击的次数在网站被浏览次数中所占的比例，目前可以用百度统计来监测。点击率与点击量是两个不同的概念，后者是衡量网站流量的一个指标，也被称为页面浏览量，指来访用户点击页面的次数。

3. 网络广告的幅面大小与位置

一般情况下，广告的面积越大，其效果越好，但广告面积越大，其价格也越高。网络广告放置在网站的主页位置的效果要比内部的页面好，放在网页上方比下方效果好。

4. 网络广告服务商的知名度

网络广告服务商是提供网络上相关的应用服务的提供者。网络广告服务商的知名度越高、流量越大，其广告的价位越高。

（二）网络广告收费模式

1. CPP 模式

CPP（Cost Per Purchase）广告收费模式根据每单销售价格来决定广告费用，这种模式把产品销售和广告支出联系起来。只有在网络用户点击广告并进行在线交易后，才按销售金额付给广告站点费用。

2. CPM 模式

CPM（Cost Per 1 000 Impressions）意为每千人印象成本。CPM 模式是根据页面访问次数来计算广告费用的收费模式。按访问人次收费已经成为在线广告的主流。广告图形或文字在数字媒体终端上每显示 1 000 次为 1 个收费单位，如果一个在线广告的单价是 50 元每 CPM，那么广告投入 5 000 元则可获得 100×1 000 次播放机会。

3. CPC 模式

CPC（Cost Per Thousand Click-Through）模式按每点击在线广告 1 000 次作为计费标准。与 CPM 相比，CPC 更科学、更细致，它按实际单击次数而不是页面浏览为计算标准，排除了有些网民只浏览页面而不看广告的情况，相应地，CPC 的成本较高。尽管如此，CPC 比 CPM 更受欢迎，因为它能直接、明确地反映网民是否对广告内容产生兴趣。

4. 包时计费模式

包时计费就是买断某一时期的广告，实行固定收费制，通常以日、月、年等为计价单位。它操作简单，对网站技术水平要求较低，不需要对浏览量、单击率进行统计，而且广告主与网站之间的权利、义务关系也简洁明了，大多数小网站普遍采取这种方法。但这种计费模式的广告投入和实际效果是脱离的，不利于广告主对广告效果进行测评。

5. 依据位置、时段和广告形式的综合计费模式

这种计费模式以广告在网站中出现的位置、时间段和广告形式为基础对广告主征收固定费用。这种计费模式不与显示次数和访客行为挂钩，酒店可以根据预算来确定广告支出。

6. PFP 模式

PFP（Pay-for-Performance）是指根据每千次展现收费，即将 CPM 变为按业绩收费的模式。按业绩收费无论对网站还是广告商来说都是比较公平的，业绩可以是点击次数、销售业绩、导航情况等。

项目小结

酒店官网和酒店 App 是酒店信息传播的官方渠道。酒店产品网上销售后必须到店消费，因此酒店官网营销体系必须包含酒店信息系统。会员营销是酒店官网和酒店 App 营销的核心，App 更具有营销价值。酒店可以在 App 上进行产品促销、设计品牌活动，通过大数据、手机定位等进行精准信息推送，提高营销效率。在线广告是酒店数字营销的另一种工具，可以用于推广酒店品牌、产品和服务，也可以用于推广酒店 App，是一种实时、灵活、低成本的广告形式。

实训练习

一、名词解释

网络营销　　移动营销　　会员营销　　会员维护　　App　　印象

CPP 模式　　CPM 模式　　CPC 模式　　PFP 模式

二、单项选择题

1.（　　）决定了酒店会员的活跃度。

A. 需求频率　　B. 供求关系　　C. 价格　　D. 品牌

2. 签到积分在会员营销中主要是为了（　　）。

A. 拉新　　B. 促活　　C. 增强品牌黏性　　D. 进行品牌宣传

3. 会员营销的根本目的是促进销售和（　　）。

A. 增加复购率　　B. 扩大会员规模　　C. 挖掘会员价值　　D. 宣传品牌

4. 酒店 App 对消费者而言属于（　　）App。

A. 社交类　　B. 资讯类　　C. 功能类　　D. 游戏类

5. 增加 App 扫描率的关键点是（　　）。

A. 告诉用户扫码有优惠　　B. 告诉用户 App 里有什么

C. 让用户扫得到　　D. 以上都是

6. 强行刷存在感的消息推送，容易适得其反，消费者可能会屏蔽或（　　）酒店 App。

A. 卸载　　B. 关注　　C. 下载　　D. 安装

7. 酒店 App 仅需要位置和（　　）两个数据，就可以对目标客户进行精准定位。

A. 城市　　B. 时间　　C. 距离　　D. 以上都不是

8. 将网页中的相关文章设置为链接的广告形式称为（　　）。

A. 旗帜广告　　B. 按钮广告

C. 文本链接广告　　D. 搜索引擎广告

9. 网站主页上不会出现的广告形式有（　　）。

A. 旗帜广告　　B. 按钮广告

C. 弹出式广告　　D. 搜索引擎广告

10. 按点击在线广告次数作为计费标准的在线广告计费模式是（　　）。

A. CPP 模式　　B. CPM 模式　　C. CPC 模式　　D. PFP 模式

三、多项选择题

1. 数字营销的消费者相对于传统营销渠道的消费者而言具有较强的主动性，酒店建立（　　）显得尤为重要。

A. 酒店官网　　B. 品质形象　　C. 品牌形象　　D. 酒店 App

2. 酒店官网的主要目的是（　　）。

A. 在互联网上创建一个宣传窗口　　B. 实现酒店和顾客互动

C. 促销酒店产品与服务　　D. 搜集顾客信息

3. 会员营销的基本工作包括（　　）。

A. 拉新　B. 促活　C. 增强品牌黏性　D. 进行品牌宣传

4. 以下属于会员维护工作的有（　　）。

A. 品牌宣传　B. 促活

C. 会员档案的管理　D. 会员消费行为跟踪

5. 酒店 App 的营销价值除了来自可以获得相应的顾客数据、移动电商外，还有（　　）。

A. LBS　B. 实时推送　C. 移动互动　D. 客服系统

6. 酒店 App 可以开展的促销活动包括（　　）。

A. 打折促销　B. 优惠券促销　C. 积分促销　D. 买赠促销

7. 酒店品牌活动设计的两个关键要素是（　　）。

A. 主题化　B. 品牌化　C. 社交化　D. 本地化

8. 旗帜广告可以分为（　　）。

A. 静态广告　B. 动态广告　C. 交互式广告　D. 以上都不是

9. 影响在线广告收费标准的因素有（　　）。

A. 印象和网页浏览率　B. 点击次数与点击率

C. 网络广告的幅面大小与位置　D. 网络广告服务商的知名度

10. 不与在线广告显示次数和访客行为挂钩的计费模式有（　　）。

A. CPP 模式

B. 包时计费模式

C. 依据位置、时段和广告形式的综合计费模式

D. PFP 模式

四、判断题

1. 数字营销的消费者面对酒店营销总是被动的。（　　）
2. 酒店 App 为酒店与消费者互动提供了一个没有时空限制的平台。（　　）
3. 酒店 App 的推广无法降低酒店对通过 OTA 获客的依赖。（　　）
4. 酒店 App 是酒店在移动端的官网。（　　）
5. 二维码是酒店 App 推广的重要工具。（　　）
6. 酒店客房的酒店 App 折页广告对于增加 App 扫描率没什么帮助。（　　）
7. 酒店 App 在线支付并不重要。（　　）
8. 在线广告是一种实时、灵活、低成本的广告形式。（　　）
9. 在线广告的效果较难评估。（　　）
10. CPM 模式能直接、明确地反映网民是否对广告内容产生兴趣。（　　）

五、简答题

1. 酒店官网营销体系一般包括哪几个部分？
2. 简述评价酒店会员体系的标准。
3. 什么是酒店 App 营销价值的来源？
4. 酒店 App 的营销技巧有哪些？

5. 简述在线广告的优缺点。

六、分析与实践

1. 比较两家同星级的酒店网站，分析异同和优缺点。
2. 为酒店设计一个酒店 App 上推广的品牌营销活动。
3. 为酒店设计一个增强会员黏性的积分政策。
4. 设计一个酒店的文本链接广告。

项目三 社交媒体营销策划

知识目标

- 了解社交媒体营销优势
- 熟悉社交媒体营销基本策略
- 掌握酒店自媒体运营要点和营销基本策略
- 掌握微信营销的基本方法

技能目标

- 能够熟练运营酒店自媒体

素养目标

- 遵守社会主义道德规范，坚持做自律守法的酒店自媒体

互联网应用、数字技术和数字设备的兴起催生了一系列在线社交媒体和数字社区。无数独立商业社交媒体的兴起，为消费者提供了聚集社交与交换信息、观点、图片、视频和其他内容的在线场所。消费者在哪里聚集，营销人员必然会出现在哪里。就像营销人员正在学习如何使用社交媒体来吸引顾客一样，社交媒体本身也在学习如何让它们的社区成为一个适合营销内容的平台，这对社交媒体用户和品牌都有好处。社交媒体营销是利用社交网络、在线社区或者其他互联网协作平台媒体来进行营销、公共关系和客户服务维护开拓的一种营销方式。社交媒体主要是指具有网络性质的综合站点，其主要特征是站点内容由用户自愿提供，而不是直接的雇佣关系。在社交媒体中，营销需要采用社交思维，而不是传统思维模式。

任务一 了解社交媒体营销

一、社交媒体的营销优势

2000 年互联网泡沫破灭之后，互联网进入 Web 2.0 时代，社交网络开始萌芽，并很

快成为互联网时代的主题，也成为众多企业数字营销的重要工具；随着智能手机的逐渐普及，移动社交应用不断丰富，移动社交为营销创造了空前的便利，为企业创造了更广阔的营销机会。社交媒体营销对企业而言有五个方面的优势。

（一）大数据应用

在大数据时代，数据已经成为企业最重要的资产。基于移动社交平台，企业可以搜集到各种文字、图片、视频、位置信息等，通过对这些信息数据进行分析，企业就可以完善自身的用户建模，从而摆脱让人厌恶的“硬广”，以更具诱惑的社交广告吸引用户。

（二）精准投放

对于任何营销活动而言，只有精准地将合适的广告推送给合适的用户，才能以最小的成本发挥最大的价值。社交媒体带来的大量信息数据是真正的精准营销基础。通过与社交媒体或平台合作，企业甚至能够把握住用户的每个需求、每个位置，从而在合适的时间、合适的地点，为其送上合适的广告。

（三）内容营销

社交媒体让所有企业都有机会开展内容营销。内容营销不是发广告。社交平台上有很多营销号辛苦积攒了大量的粉丝，但一发广告，就被纷纷“取关”。但同样有很多账号的广告不会引起用户的反感，原因在于它们发布的广告内容更易让人接受，而在平时，它们会为用户推送大量的优质内容。

（四）账号价值挖掘

几乎每个网民都有一个甚至多个社交账号，这些账号记录了用户日常生活、工作的点点滴滴。移动营销可以进一步挖掘这些账号的价值，将用户的网络行为与账号连接，一方面，帮助企业获取用户社交账号的一些基本信息，另一方面，当用户账号为酒店发声，实现社交网络与酒店品牌连接时，企业品牌的社交营销也获得了便利。

（五）支付方便

移动社交能够吸引大量的关注，而移动支付的蓬勃发展中，借助微信支付、支付宝支付等，社交平台的营销价值更加凸显。另外，在移动支付环节，手机验证等环节也得到极大简化，基于极为便捷的移动支付，粉丝的消费行为也更加顺畅。

二、打造社交媒体营销思维

在传统的大众媒体时代，营销人员大多会与大众媒体（如电视、广播、报纸）合作，以一种高频、暴力的模式，将营销信息强行灌输给用户，这种一对多的传播方法，就是传播思维。传播思维确实有着不错的营销价值，但在社交媒体中，每个人都有着极高的自由度，没有人能够限制任何合规内容的发布，但也没有人能够强制用户关注特定的信息。在社交媒体里，如果信息得不到用户的认可，其结果就只有被屏蔽、取关、拉黑。

即使用抽奖活动吸引了大量粉丝，但结果公布之后，如果只是一味发布广告，那用户也会直接“取关”。社交媒体营销应当以社交媒体思维进行思考，用社交语言进行沟通，以社交法则进行运营，而不是传播思维的简单复制。

社交媒体营销思维下的酒店账号运营至少要完成以下四个步骤。一是明确酒店的营销特质，这点不需要隐藏，明确目标的社交账号才不会浪费彼此的时间，对酒店而言，由此吸引到的用户才更有价值。二是社交账号的背景板应该力求精致，以体现酒店的等级和品位。三是分享优质内容。发布酒店促销信息为用户提供价值外，还可以发布或分享酒店与美好生活相关的内容，致力于为用户生活增加价值。分享或转发内容时，要注意分辨内容的来源和真实性，坚守版权和真实内容，成为一个合格的谣言粉碎机。四是与粉丝保持良好的交流和互动，点赞、分享、评论等都是互动。互动过程中要注意坚持立场、表达想法，而不是一味地取悦粉丝。

三、社交媒体营销的基本策略

（一）品牌策略

酒店社交媒体营销要将酒店和品牌紧密融合起来，做到让营销号能代表品牌，通过品牌和产品与消费者建立联系是社交媒体营销最重要的环节。这一方面需要营销号能够更好地展现出企业的品牌和文化价值，另一方面需要酒店注重本身产品的质量，保持产品的市场竞争力。社交媒体营销不是一蹴而就的，而是需要经过调查研究了解需求，在保证产品质量的基础上，不断将企业的品牌和文化融入其中，这样的社交媒体营销才能为酒店带来更大的发展。

（二）口碑策略

社交媒体上信息大爆炸并且传播速度很快，消费者的口碑几乎意味着营销的一切。一是要鼓励消费好评并积极进行社群传播，好评返现或好评红包可以激励消费者积极晒图评价。二是要及时处理负面口碑。首先，对于恶意差评要严肃认真处理，对真实差评，要第一时间向用户道歉，争取谅解，尽量私下解决，并请求对方删除差评；其次，要积极弥补损失，并对酒店产生的不良影响进行公关；最后，建立机制进行质量改进，避免类似的错误再次发生。

（三）流量策略

PC 互联网时代，“流量为王”是定律，到了移动互联网时代，很多人开始忽略流量，将爆品、社交、场景等要素摆在更重要的地位，但事实上，以流量盈利的核心仍然未变，区别在于如何获取更多、更热、更有效的“新流量”。社交媒体中，消费者主权和意见领袖并存，认识全新的 SOLOMOME 消费群，才能做到有针对性地引导流量。SOLOMOME 是指社交消费群（Social consumers）、本地消费群（Local consumers）、移动消费群（Mobile consumers）和个性消费群（Me consumers）。

思考与讨论

私域流量是近几年非常火的营销名词。有人认为私域流量和域名、商标、商誉一样属于企业私有的经营数字化资产。有人认为私域流量约等于会员渠道。讨论公域流量、它域流量和私域流量的区别。

（四）粉丝策略

粉丝营销是近几年颇为火爆的热点，在微信、微博等移动社交平台上，或专业如知乎、豆瓣等社区中，粉丝策略都颇具实践意义。酒店做好粉丝营销的关键，一是明确营销账号定位，用差异摆脱平庸；二是细究内容，用内容吸引粉丝；三是增强互动，用关怀发展“死忠”粉丝。在移动社交时代，粉丝互动可以是评论、转发、抽奖，也可以举办各种活动。需要注意的是，粉丝互动必须以粉丝需求为中心，尽可能地淡化营销的痕迹。

自有媒体推动私域运营

（五）内容策略

内容营销远难于渠道营销，但在移动互联网时代，渠道是途径，内容才是基石。只有当高质量的内容投放到多渠道中时，才能发挥最大的效益。一是内容原创，切忌“标题党”；二是图文并茂，认真排版；三是用爆品思维、用户思维、场景思维、体验思维支撑酒店产品。就营销图文而言，原创、结合时事热点、短小精悍的内容才能吸引粉丝关注。

任务二 打造营销自媒体

一、了解自媒体

自媒体（又称“公民媒体”或“个人媒体”），是为个体提供生产、积累、共享、传播内容，兼具私密性和公开性的信息传播方式，是指私人化、平民化、普泛化、自主化的传播者，以现代化、电子化的手段，向不特定的大多数或者特定的单个人传递规范性及非规范性信息的新媒体的总称。自媒体平台包括微博、微信、贴吧、短视频平台等社交媒体开放平台。

移动社交的蓬勃发展，推动了自媒体时代的到来。社交媒体让人们可以接受各种独立来源的资讯，对事物作出自己的判断。低成本、高效率、强交互的自媒体营销就此产生。在自媒体时代，任何人或企业都可以成为一个媒体，向粉丝推送各种信息，表达自己的观点。酒店可以通过打造自媒体，借助各社交平台，获取自有的强大媒体渠道。自媒体几乎可以完成数字媒体能完成的所有任务，让酒店企业可以自由构建自己的社交网络，拥有更大的话语空间与自主权。

学思之窗

自媒体是一种媒体，不管是企业运作还是个人运作，都是面向大众发表意见、传播信息，应当按照媒体自律的要求，尊重媒体传播规律、遵守媒体传播伦理，要遵守一定的行为规范。探讨酒店在自媒体信息发布中的注意事项。

二、自媒体运营要点

酒店自媒体营销有其独特性，其营销价值是通过为顾客提供信息服务来实现的，因此，自媒体运营应该是一项长期、持续的工作，应该定位于服务客人而不只是营销酒店。酒店自媒体运营要注意以下几点。

（一）选择适合的平台

酒店一定要选择适合自己产品的平台，要考虑各自媒体平台的搜索收录情况、传播力度情况以及用户群体结构。我国现有的自媒体平台中，有“抖音是魔术师、微信是品牌大使、微博是官方发言人、知乎是玩家、小红书是颜值党”的说法，不同的平台有不同的角色定义、不同的内容创作方式和不同的营销方法。酒店要想经营好自媒体，必须选准平台，为不同平台设定不同的角色，匹配不同的内容和推广手法。

（二）加强与消费者互动

与消费者的互动不但可以了解消费者对于产品以及品牌的意见和心理，还能鼓励消费者关注酒店品牌，拉近与消费者的距离，使消费者更容易接受品牌的理念。互动方式多种多样，从推广角度讲，特价房、抽奖等是涨粉的最佳方法，良好的住宿体验是增强用户黏性的关键。

（三）增加信息的可读性

自媒体时代，网络只是渠道，信息黏度决定传播力度，决定信息传播方向和广度。信息黏度取决于信息内容，具有娱乐精神的内容才有可能获得大量的传播；另外，联合社交媒体中的意见领袖进行宣传，比如公众人物的博客、知名草根微博等，可以实现更广泛的传播。

（四）做好线上口碑营销

口碑营销的核心是让消费者帮助营销。线上口碑营销，就是让消费者或网民通过网络平台（如论坛、博客、微博、微信、视频分享网站等）分享对品牌、产品或服务的相关讨论以及相关信息内容的营销模式。线上的口碑营销与线下的口碑营销相似，具有传播速度更快、定位更精准等优势，是传统广告媒体传播的有效补充，越来越被企业包括酒店重视。

思考与讨论

网络时代，口碑的影响力不断攀升，越来越多的消费者选择网络预订酒店，线上口碑已经成为消费者决策的重要参考因素。酒店经营者一直都了解口碑的重要性，请思考如何设计有效的口碑推广活动。

三、自媒体营销的注意事项

酒店做网络营销的目的，最直接的是想通过平台投放宣传片或带货、订房等，但在自媒体上，这些都是用户不想看的。只想做宣传、砸钱获取流量，或者只想投放自己认可的作品，而不考虑自媒体营销中的频率、内容、体裁等，就很难会吸引到流量进而变现。自媒体营销需要注意以下七个方面。

（一）数据分析

酒店做自媒体营销，首先要考虑数据和营销逻辑，就是进行数据分析。只有将自媒体营销建立在一定的数据之上，才能找到突破口。数据分析的数据一是来源于酒店现有的顾客数据，二是自媒体运营累积的用户数据。前者是酒店的现实市场，会员顾客可以通过酒店自媒体增加忠诚度；后者包含有酒店潜在的客源市场，是酒店自媒体可以开拓的潜在市场。用户所有的特征数据都是自媒体营销可用于分析的数据。另外，自媒体运营要确定关键的成功指标，包括用户数、转化率、在网站上停留时间、品牌提及次数、评论等，通过这些指标的改进来提高自媒体的营销效果。

（二）用户画像

营销的目的是了解客户，使产品或服务适合他们并进行销售。有了用户数据的支持，企业就可以为客户绘制清晰的画像，包括年龄、位置、职称、收入、产品痛点、最常用的平台等，构建客户喜欢看什么、客户关注的方向等。通过不同的标签组合，企业就能圈定目标用户进行精准营销。

（三）产品体验

产品体验是指在自媒体营销平台上展示酒店产品的优点和质量时给用户留下的感受。酒店自媒体应该先做服务再做营销，服务能够让用户体验优化。客户点进去之后体验如何，消费者感兴趣的各部分是否展示到位，对于产品在自媒体营销平台上的销售非常重要。图文并茂、短视频是酒店产品和品牌广受欢迎的展示方式。

（四）自媒体布局

移动社交时代的自媒体营销平台很多，不同营销平台往往又有非常不同的营销策略，营销效果也相差甚远。而运营好自媒体需要有系统的规划，并进行持续的投入，还要有一支精诚合作的运营团队。实际运营中，由于资金和人力有限，酒店应集中精力做好

1～2 个自媒体营销平台，不要求多而要求精。酒店需要根据自身的产品属性、用户特征，结合不同自媒体平台的调性，来决定选择哪些平台进行运营，不同平台又该采用何种内容形式、运营策略。目前酒店行业主流的自媒体营销平台是微信。

（五）传播策略

自媒体运营时要注重企业账号的“人性化”。很多酒店企业还是习惯于发布各种“官方言论”，一味地假大空、高大上，只会让用户反感。自媒体时代，想要获得用户的认可，企业自媒体必须在运营战略下，做到有个性、有情感、够真实。另外，酒店在自媒体营销的时候必须追求差异化，追求符合自己酒店产品的文化个性，才能在众多的自媒体营销竞争中显露独特。跟上社会热点、让客户参与其中，是推文获得广泛传播的重要策略。

（六）内容创作

自媒体营销的内容形式有很多，包括视频、图片、图文、手绘等，针对不同的客户要选择不同的形式但更应该注意的是内容。从自媒体内容定位角度来看，酒店真正要做的是成为酒店领域相关知识的化身，而不只营销酒店。就选题而言，自媒体要从消费者角度拓宽选题思路，通过互动从用户那里收集问题，转化为一个个关注点和选题点，提供客户所需要的资讯和服务，这样的内容才是受众的刚需，可以引发用户共鸣，吸引用户关注并转发，促进潜在客户转化成目标客户。

（七）售后服务

自媒体营销平台上销售的酒店产品，虽然最终要在线下体验，酒店本身有投诉处理体系进行服务投诉处理，但客人会进行消费点评，除要重视回复外，更重要的是要做好售后服务，包括服务质量改进等，在对客回复中予以报告，让客户放心产品的质量，收获更多的回头客。

任务三　开展微信营销

微信营销是借助安装了安卓系统、苹果系统等系统的手机或者平板电脑中的移动客户端进行的区域定位营销，商家通过微信公众平台，结合微信会员管理系统展示商家微官网、微会员、微推送、微支付、微活动等形成的线上线下微信互动营销方式。使用微信仅需要耗费少量流量就可以跨通信运营商、跨操作系统平台快速发送免费语音、短信、视频、图片和文字。微信提供公众平台、朋友圈、消息推送等功能，用户可以通过“摇一摇”“搜索号码”“附近的人”、扫二维码方式添加好友和关注公众平台，并可以把看到的精彩内容分享给好友或者分享到微信朋友圈。

一、微信朋友圈营销

（一）图文营销

营销人员个人账号的营销，最为关键的是朋友圈营销，最基本的方式是图文信息。营销时，一是明确身份定位；二是通过回答各种专业问题，努力将自己塑造成某个领域的专家，而不是纯粹的业务员；三是进行巧妙的图文搭配，吸引好友关注。营销时要注重体现产品品质，价格设定必须匹配好友的消费能力，并要切实消除好友的各种疑虑，可以通过产品对比、协同营销等提高可信度。

（二）小视频营销

朋友圈小视频的时长限制是 30 秒。30 秒做不了太多的事，但也要做到精致，并匹配身份定位，起到刺激欲望和愉悦心情的作用。小视频不要发布硬广，也不要发用户不感兴趣的内容。布置精美的客房、美味的糕点菜肴、酒店优雅的环境氛围等都可以是小视频的主题。

（三）位置营销

既然选择朋友圈营销，那就不能浪费任何一块“橱窗”。在发布朋友圈信息时，除了文字、图片、视频之外，还可以选择加入位置信息，甚至可以通过“创建新的位置”，将广告语编辑至位置信息里。

（四）朋友圈转发

对于个人账号而言，朋友圈转发可以突破个人账号的朋友圈限制。在发布朋友圈内容时，文字字数、图片数量、视频时长都会受限，营销人员可以通过转发在其他平台或是酒店公众号中的营销文章到朋友圈中实现引流，也可以通过营销活动，让消费者消费之后在朋友圈发布进行推广。

二、微信群营销

微信群营销的前提是要有微信群，自主建群是微信群营销最简单的方式。微信好友数量的上限是 5 000 人，微信群数没有限制，但每个群组的人数上限是 500 人。营销人员建的群，既不能将所有好友放入一个群中，也不能盲目地随意建群，虽然微信群的数量没有上限，但是营销人员的精力有限。因此，营销人员应该掌握合理的分群方式，尽快筛选出群内最有价值的用户，再通过分组建群的方式，对价值用户进行分类管理，以社群营销的手段维护好社群关系，增加用户转换率和用户黏性。群组可以按好友、意向用户、初次消费、资深消费进行专门分组，以确定不同营销方向。另外，要保证每个微信群的活跃用户占比维持在 10%左右，以保证微信群的质量和氛围。为了保证微信群的氛围，尽量多建 100 人以内的小群。500 人群看似十分“高大上”，但因为陌生人过多，500 人很难实现互动，大多数用户会直接屏蔽或退出。

除了自主建群之外，营销人员也可以加入别人的微信群进行营销活动。加群营销切忌硬广，否则除了营销效果不佳之外，群主还随时可能将你踢出微信群。借群营销要记得持续价值输出，也可以与营销团队一起加群，共同合作，将特定账号打造成群内价值导向者。

三、微信公众号/小程序营销

（一）订阅号、服务号与小程序

微信公众号是移动时代的企业官网，是企业的品牌大使。适用于营销的微信公众号分为订阅号和服务号两种。两者的共同之处是都有消息推送功能，但服务号的推送频率是每月四次，而订阅号的推送频率是每天一次。订阅号通过优质内容的分享和推送，用更具“人情味”的营销方法，加速传播并积累忠诚用户。但由于订阅号在微信接口上的限制，诸如客服功能、微信卡券、微信商城、模板消息、微信支付等功能都无法使用，因此，酒店往往还设立服务号或开发小程序。服务号和小程序的作用相当于 App，满足企业客服、业务办理以及在线支付等系列需求。服务号可以通过设置，让用户获得更多的自助服务，这就意味着，即使没有专业的运营团队，只要开发得足够完善，服务号也能发挥出极佳的效用。微信小程序相比传统的 App 应用，不需要下载安装，用人们的手机内存就可以使用。电商小程序已经成为当下非常受关注的一种营销工具。

（二）微信公众号/小程序运营与维护

1. 阅读量增长技巧

（1）标题明确简洁，不做“标题党”。公众号/小程序营销是一个长期交互的过程，一次的“标题党”或许会让你的阅读量增加，但随之而来的则是阅读量和粉丝量的双降。

（2）营造紧张氛围，给予用户“机不可失，时不再来”的感觉。注意不要在营销信息标题中添加日期，以免那些不常翻看信息的用户，因为信息“过期”而直接忽略。

（3）配图恰到好处。微信的图片分辨率标准是 720×400，因此，在配图时，首先要根据该分辨率制作更加精良的图片。其次，在消息推送给用户时，要尽量将图片的重要信息集中在中间部位，以免配图的上下部分被遮蔽时信息缺失。

（4）提供有价值的内容。持续提供有价值的内容，会养成用户的阅读习惯，即使穿插一些“无价值”的营销信息，也不会遭遇阅读量骤降的窘迫。内容有价值的标准是用户喜欢，可以是幽默风趣的段子，可以是逻辑严谨的新闻，也可以是新产品推荐。

（5）掌握推送时段。在推送文章之前，要对用户的查阅习惯和生活习惯进行调查，尽可能瞄准最佳时段。一般而言，公众号用户工作日可以分为上班途中（7:00—9:00）、上午时间（9:00—12:00）、午休时间（12:00—14:00）、下午时间（14:00—17:00）、即将下班（17:00—18:00）、下班途中（18:00—20:00）和睡前时间（20:00—22:00）7 个时段，每个时段都有不同的场景特色，酒店可以根据产品特色和营销内容发布相关信息。

（6）重视数据统计。公众号运营中一定要重视相关数据的统计，如粉丝数、阅读人数、阅读次数、转发分享次数等，并据此进行分析，发现用户喜欢的标题、配图、内容、浏览时段等信息，并迅速作出调整。

2. 菜单栏设计技巧

(1) 抓住核心需求。菜单栏里究竟应该放入什么内容，哪些可以作为一级菜单，哪些应当放入二级菜单，哪些应该舍去，这些都要根据用户的核心需求结合酒店的营销需要进行抉择。

(2) 设计展现方式。即菜单栏的设置要符合美工需要。酒店必须考虑菜单栏的名字、特殊符号的引用等与酒店的品牌形象契合，进行风格化的定制，深化用户印象。

(3) 实时变动设置。酒店应该根据营销需要和用户反映，对菜单栏进行变动，增加新的促销菜单，或者删减不常用的功能。在举办促销活动时，酒店还可以推出菜单栏的“活动特别版”以吸引用户关注。

思考与讨论

关注一家酒店或酒店集团的微信公众号，分享公众号的菜单及其中的软文。讨论哪些菜单是必需的，哪些主题的软文比较受欢迎。

项目小结

社交已经成为互联网时代的主题，移动社交更为营销创造了空前的便利。社交媒体营销有用大数据摆脱硬广、实现精准广告投放等优势。品牌策略、口碑策略、流量策略、粉丝策略、内容策略是社交媒体营销的基本策略。作为酒店社交媒体营销主体的酒店自媒体，需要通过数据分析、用户画像、产品体验、自媒体布局、采用人性化的传播策略，加上优质的内容和良好的售后服务来吸引流量进而变现。微信是目前酒店社交媒体营销非常重要的一个平台，酒店可以根据产品不同性质开展朋友圈、微信群、公众号和小程序营销。

实训练习

一、名词解释

社交媒体营销　　社交媒体　　自媒体　　产品体验　　微信营销

二、单项选择题

1. 社交媒体的主要特征是（　　）。

A. 内容由用户提供　　B. 聚集性社交场所

C. 信息爆炸　　D. 自由度高

2. 社交媒体思维与传播思维最大的不同是（　　）。

A. 营销特征　　B. 营销内容　　C. 沟通方式　　D. 以上都是

3. 粉丝营销最需要做到的是（　　）。

A. 差异化营销　　B. 优化内容　　C. 加强互动　　D. 以粉丝需求为核心

4. 自媒体营销是（　　）的营销。

A. 低成本　　B. 高效率　　C. 强交互　　D. 以上都是

5. 自媒体时代，（　　）决定传播力度，决定信息传播方向和广度。

A. 传播渠道　　B. 信息黏度　　C. 信息内容　　D. 品牌

6. 自媒体营销最重要的评价指标是（　　）。

A. 用户数　　B. 转化率

C. 在网站上停留时间　　D. 品牌提及次数

7. 微信好友数量的上限是（　　）人，微信群数没有限制，但每个群组的人数上限是 500 人。

A. 5 000　　B. 4 000　　C. 3 000　　D. 2 000

8. 微信朋友圈营销最基本的方式是（　　）。

A. 图文信息　　B. 小视频　　C. 图片　　D. 文字

9. 微信群营销最重要的工作是（　　）。

A. 建群　　B. 分类管理　　C. 激活用户　　D. 以上都不是

10. 酒店晚餐比较适合的推送时段是（　　）。

A. 上班途中　　B. 午休时间　　C. 即将下班　　D. 下班途中

三、多项选择题

1. 社交媒体的营销优势，除方便的在线支付外，还有（　　）等优势。

A. 大数据应用　　B. 精准投放　　C. 内容营销　　D. 账号价值挖掘

2. 下面选项中，（　　）属于社交媒体营销的基本策略。

A. 产品策略　　B. 品牌策略　　C. 流量策略　　D. 粉丝策略

3. 负面口碑处理流程包括（　　）。

A. 严肃认真处理　　B. 积极弥补损失　　C. 进行质量改进　　D. 鼓励社群传播

4. SOLOMOME 是指（　　）。

A. 社交消费群　　B. 本地消费群　　C. 移动消费群　　D. 个性消费群

5. 自媒体是（　　）的信息传播者。

A. 私人化　　B. 平民化　　C. 普泛化　　D. 自主化

6. 酒店自媒体运营要注意（　　）。

A. 选择合适的平台　　B. 加强与消费者的互动

C. 增加信息的可读性　　D. 做好线上口碑营销

7. 自媒体运营应该选择（　　）的传播策略。

A. 人性化　　B. 差异化　　C. 官方化　　D. 标签化

8. 微信公众号营销，涉及（　　）营销。

A. 订阅号　　B. 服务号　　C. 小程序　　D. 微信群

9. 公众号运营中一定要重视相关数据的统计，发现用户喜欢的（　　）等。

A. 标题　　B. 配图　　C. 内容　　D. 浏览时段

10. 微信公众号菜单栏设计要注意（　　）。

A. 提供有价值的内容　　B. 抓住核心需求

C. 设计展现方式　　D. 实时变动设置

四、判断题

1. 酒店的内容营销其实就是广告。（　　）

2. 对真实差评，酒店要第一时间向用户道歉，争取谅解，尽量私下解决，并请求对方删除差评。（　　）

3. 酒店社交媒体营销号营销的是产品，不能代表品牌。（　　）

4. 在移动互联网时代，渠道是途径，内容才是基石。（　　）

5. 自媒体不能完成数字媒体所能完成的所有任务。（　　）

6. 酒店的美好生活视频适用于所有自媒体平台。（　　）

7. 酒店自媒体运营时要注重酒店账号的“人性化”。（　　）

8. 微信公众号往往是移动时代的企业官网，是企业的品牌大使。（　　）

9. 酒店产品用户具有指向性，微信公众号无须特别考虑信息发布的时段和场景特色。（　　）

10. 微信公众号菜单栏应该可以根据营销需要和用户反映进行实时变动。（　　）

五、简答题

1. 简述社交媒体的营销优势。

2. 社交媒体营销的基本策略有哪些？

3. 自媒体运营的要点是什么？

4. 自媒体营销要注意哪些事项？

5. 微信营销有哪几类营销方式？

六、分析与实践

1. 选择一个自媒体平台，了解该平台上自媒体的运营特点。

2. 关注一个酒店的自媒体，搜寻它进驻了多少平台，在各平台上各有什么运营特点。

3. 设计一个酒店微信营销方案。

参考文献

1. 柏从新．移动互联网营销实战宝典［M］．北京：人民邮电出版社，2016.
2. 崔波，胡顺利．酒店市场营销［M］．北京：化学工业出版社，2020.
3. 冯平，刘焱飞，朱中域．私域流量［M］．北京：机械工业出版社，2019.
4. 贺霄娟，陈莹．新媒体网络营销［M］．大连：大连理工大学出版社，2020.
5. 贺学良，王华．酒店营销原理与实务［M］．北京：中国旅游出版社，2012.
6. 黄华，等．新视野酒店销售经理进阶手册［M］．北京：企业管理出版社，2013.
7. 加里·阿姆斯特朗，菲利普·科特勒．市场营销学［M］．赵占波，孙鲁平，赵江波，等译．北京：机械工业出版社，2019.
8. 李琳．网络营销与案例分析［M］．西安：西安电子科技大学出版社，2019.
9. 李雯．酒店营销部精细化管理［M］．北京：人民邮电出版社，2011.
10. 李祖武．酒店市场营销［M］．合肥：中国科技大学出版社，2018.
11. 刘芳，李红梅．市场营销基础与实务［M］．2版．北京：人民邮电出版社，2020.
12. 刘晓琳，孙赫．酒店市场营销［M］．2版．北京：中国旅游出版社，2020.
13. 刘晓明．酒店产品营销［M］．北京：中国财富出版社，2013.
14. 王秋明．酒店市场营销实务［M］．北京：清华大学出版社，北京交通大学出版社，2013.
15. 肖云山．新编酒店营销与公关管理［M］．南京：江苏美术出版社，2013.
16. 杨永波．社群营销［M］．北京：人民邮电出版社，2018.
17. 叶伯平．宴会设计与管理［M］．北京：清华大学出版社，2011.
18. 一分钟情景营销技巧研究中心．会议营销［M］．北京：中华工商联合出版社，2009.
19. 赵伟丽，魏新民．酒店市场营销［M］．北京：北京大学出版社，2014.
20. 周显曙，丁霞．酒店营销实务［M］．北京：清华大学出版社，2013.

图书在版编目（CIP）数据

酒店营销与数字化实务 / 胡敏主编 . -- 北京：中国人民大学出版社，2022.9
新编 21 世纪高等职业教育精品教材 . 旅游大类
ISBN 978-7-300-30990-3

Ⅰ.①酒… Ⅱ.①胡… Ⅲ.①饭店－市场营销－高等职业教育－教材 Ⅳ.①F719.2

中国版本图书馆 CIP 数据核字（2022）第 168586 号

新编 21 世纪高等职业教育精品教材·旅游大类
酒店营销与数字化实务
主　编　胡　敏
参　编　王伯启　潘　澜　郑昭彦　仝洁洁
Jiudian Yingxiao yu Shuzihua Shiwu

出版发行	中国人民大学出版社		
社　　址	北京中关村大街 31 号	**邮政编码**	100080
电　　话	010－62511242（总编室）		010－62511770（质管部）
	010－82501766（邮购部）		010－62514148（门市部）
	010－62515195（发行公司）		010－62515275（盗版举报）
网　　址	http://www.crup.com.cn		
经　　销	新华书店		
印　　刷	唐山玺诚印务有限公司		
开　　本	787 mm×1092 mm　1/16	**版　　次**	2022 年 9 月第 1 版
印　　张	15.5 插页 1	**印　　次**	2025 年 1 月第 5 次印刷
字　　数	338 000	**定　　价**	42.00 元